IL ÉTAIT UNE FOIS

LES BARBARIANS

Éditeur : Nathalie Courtois
Conseiller éditorial : Kader Djelti
Conception graphique : César Drouin
Maquette : Franck Desplats
Iconographie : Clothilde Bollard-Duval

Vous pouvez consulter notre catalogue général
et l'annonce de nos prochaines parutions sur notre site :
www.cherche-midi.com

92, avenue de France
75013 Paris

IL ÉTAIT UNE FOIS
LES BARBARIANS

Textes de Gilles Navarro
Conception de Denis Charvet

le cherche midi

#FRANCE
2023
BORDEAUX

Barbarians pour
l'éternité : à Guy,
« Patou », Jacques,
Jean-Pierre et Serge.

Jean-Pierre RIVES (à gauche) a créé les Barbarians, en 1977. Avec son compère Jacques Fouroux (3e sur la photo) et Serge Kampf (à droite), patron de Capgemini, ils ont permis à cette belle idée de naître, grandir, puis subsister. Denis Charvet (2e à gauche) a pris le relais pour que la flamme ne s'éteigne pas.

« UNE RELIGION SANS CURÉ NI BON DIEU »

Président des Barbarians français pendant vingt-six ans, Guy Basquet nous a quittés le 1er février 2006, à l'âge de 85 ans. Troisième ligne de grand talent, il avait été 33 fois international et 24 fois capitaine du XV de France. Quand j'ai pris le relais, je me doutais bien que les ennuis allaient (re)commencer. Mais le pire est arrivé : on m'a démontré que personne d'autre que le Président ne pouvait écrire et signer cette préface. Signer, va encore, mais écrire ? Rien n'y a fait, j'ai dû m'exécuter ! Alors voilà.

Il était une fois, dans un château du côté de Sarlat, quinze copains qui avaient décidé de ne plus se quitter. Et neuf mois après – c'est le délai habituel chez les humains – naissait le B.R.C. (Barbarian Rugby Club), avec quinze papas ! Enfance difficile, il ne commença sa croissance qu'à l'âge de 12 ans. Il en a 40 aujourd'hui, mais il n'a pas encore l'âge de raison, il rêve. Il rêve d'un monde plus ovale.

Le B.R.C. est un club de rugby. Mais un drôle de club. Il n'a ni stade, ni terrain d'entraînement, ni obligation de participer à une compétition régulière, ni joueur sous contrat, ni même la moitié d'un kiné. Et pourtant il est affilié à la FFR et reconnu d'utilité publique. On me prête d'avoir dit un jour « le B.R.C. c'est la Suisse du rugby », mais quand j'ai dit cela, je ne savais pas que la Suisse avait une armée. Maintenant, je le sais, c'est Serge qui me l'a dit (pas Blanco, l'autre !) et comme il est un peu suisse, on peut le croire. Lui, il pense plutôt que le B.R.C. c'est une sorte de religion. Une sorte d'église où il n'y aurait ni curé, ni Bon Dieu. Il est très difficile d'y entrer et impossible d'en sortir ! Certains ont essayé – Jacques (Fouroux), « Patou » (Paparemborde) – et ils sont toujours là ! On pense à eux, on les cite en exemple, on les aime toujours. D'autres vont arriver, on les aime déjà.

Le B.R.C. a grandi dans la rue mais Serge (pas Kampf, l'autre !) lui a permis certains jours de mener la vie de château à Brindos. Jamais au complet, souvent sans programme, les survivants, profitant de la quiétude des lieux, s'y sont interrogés : sommes-nous les derniers dinosaures d'une époque révolue ? Ou bien décidons-nous d'être les parrains d'une génération de nouveaux romantiques du rugby ? Bousculés par l'urgence, nous avons fait notre choix : nous n'étions que 24, mais par un prompt renfort, nous serons bien cinq cents en arrivant au stade. Quant à moi, comme disait Ledru-Rollin, il faut bien que je les suive puisque je suis leur chef !

Jean-Pierre Rives

« UNE DEUXIÈME FAMILLE... »

Je suis devenu Barbarian grâce à mon père, un 1er mai de 1980, à Agen. Ce jour-là, derrière les talenquères du stade Armandie, j'ai eu une véritable révélation. Il m'avait accompagné à Agen, assister au premier match de leur jeune existence. Pour la première fois, je découvrais un maillot magique avec ses nuances de bleu, très classe. Mais surtout, ceux qui le portaient étaient mes plus grandes idoles, qui avaient réussi le Grand Chelem 1977, sous le capitanat d'un certain Jacques Fouroux. Et puis il y avait Jean-Pierre Rives. Bien plus qu'une idole. Une rock star ! Ma rock star à moi ! Ce 1er mai a changé ma vie, façonné mon destin à tout jamais. J'ai su instantanément au plus profond de moi qu'un jour, j'appartiens à cette caste. Pendant le trajet retour vers Cahors, je me suis fait une promesse : "Un jour, moi aussi, je serai un Barbarian ! Je porterai ce maillot !"

Cinq ans plus tard, je suis sélectionné pour jouer avec les Barbarians, qui doivent affronter le Japon à Cognac. Je venais de fêter le titre de champion de France avec le Stade Toulousain, et j'étais retenu pour la tournée estivale en Argentine avec le XV de France. Jean-Claude Skrela, alors entraîneur du Stade Toulousain, me dit : "Tu as reçu un télex de Jean-Pierre Rives..." Je reste incrédule, mais effectivement, un message de JPR m'est destiné, où il est écrit : "Bravo champion ! Bon match en Argentine. Signé : JPR".

Je pars en Argentine, où je ne joue pas les tests et je ne gagne donc pas de "cape". À mon retour, vers le mois d'octobre, le téléphone sonne. "Allo, c'est Jean-Pierre Rives..." Je crois à une blague et je réponds : "Arrête de faire le con !" La voix revient : "Non, non, c'est bien moi, Jean-Pierre Rives..." Je me mets à trembler. Je bafouille. Il m'explique qu'il part tourner une publicité pour Banania à Biarritz, et il me dit : "Viens avec moi !" J'y suis allé. Et il m'a même fait jouer dans la pub. Je me souviens qu'il avait gagné 5 000 francs pour le tournage. À l'époque, c'était une jolie somme. Le soir, il me lance : "On va au casino !" On est allé jouer au casino de Biarritz, on a tout perdu mais on a passé une super soirée... Mémorable ! Jean-Pierre m'a avoué plus tard qu'il aurait adoré être Jo Maso ! Il l'a certainement un peu retrouvé à travers moi.

Quinze jours plus tard, j'étais enfin à Cognac. Ce jour-là, 22 octobre 1985, est resté magique, gravé à jamais dans ma mémoire. Je l'ai vécu comme un rêve éveillé. Devenir Barbarian, au côté de Jean-Pierre Rives, "Casque d'or", qui va disputer l'un de ses derniers matchs, était encore plus fort que si j'avais été appelé en équipe de France, moi qui ne suis pas encore international ! Je me souviens de tout. De ses paroles avant l'entraînement. "Bon, on va aller s'entraîner !" On a joué à toucher pendant une heure... Ce match a conditionné beaucoup de choses pour ma vie future, celle de sportif, ma vie d'homme aussi. C'était un accomplissement. Celui d'un rêve de gamin, enfin réalisé. Cette appartenance au maillot, superbe, est née ce jour-là à Cognac, contre les Japonais. J'en étais tellement fier.

Ce jour-là, à Cognac, j'ai eu l'impression d'appartenir à une famille. Les Barbarians représentaient une deuxième famille. Pour la vie. Je ne l'ai jamais quittée depuis !

Depuis plus de quinze ans, j'ai eu le privilège d'accompagner les Baa Baas à travers le monde, dans le rôle du manager. Le rugby a beau évoluer, les générations se succéder, le cœur des joueurs bat toujours aux accents des Barbarians ! Je m'étonne parfois, en les regardant évoluer à l'entraînement, de voir en eux ces enfants de la balle que nous avons tous été, obsédés par une même envie : prendre du plaisir, en restant libres et heureux. Sur chaque tournée, une nouvelle aventure humaine voit le jour, des amitiés naissent, le plaisir et la passion partagée restent identiques, toujours au rendez-vous.

Après toutes ces années, tous ces périples, je l'affirme haut et fort : les Barbarians, plus que jamais, ont leur place dans le concert international. Mais surtout le rugby a besoin des Barbarians pour continuer à rêver tous ensemble !

Denis Charvet

« Ce match a conditionné beaucoup de chose pour ma vie future [...] C'était un accomplissement. Celui d'un rêve de gamin, enfin réalisé. »

« L'ESSENCE MÊME DU RUGBY »

Par Antoine Dupont

Antoine Dupont n'était pas international lorsqu'il fut appelé par les Barbarians, en 2016. Il éclaboussa de son talent le match contre l'Australie à Bordeaux. Dans l'esprit cher aux Baa Baas.

« Ça fait presque sept ans, déjà, que j'ai joué ce fameux match des Baa Baas à Bordeaux[1], contre l'Australie ! Ce n'était pas l'équipe type australienne, mais il y avait quand même de nombreux titulaires des Wallabies[2] et jouer contre une deuxième équipe d'une nation en tournée, c'est du costaud ! Quand j'ai été appelé chez les Barbarians, je n'étais pas encore international. J'étais arrivé à Bordeaux avec mes coéquipiers du Castres Olympique. On ne devait pas être aussi nombreux au départ, mais par le jeu des forfaits, des clubs qui ne souhaitaient pas avoir trop de joueurs sélectionnés, on s'était retrouvés à cinq Castrais[3] dans le groupe.

Pour moi les Baa Baas, c'était avant tout un état d'esprit. La philosophie reposait sur la convivialité. Je savais que chez les Baa Baas, on faisait venir de bons joueurs de rugby, qui étaient aussi de bons mecs, pour passer de bons moments ensemble. Ça rappelait la philosophie du rugby, l'ambiance de nos villages. Je me trouvais replongé à mes débuts, chez moi, à Castelnau-Magnoac. Un sport de copains, de clocher. On savait, en venant, que la préparation du match ne serait pas optimale. Passer du rugby à toucher sur la plage à l'apéro, quand tu es rugbyman professionnel, ça prête à sourire. Jouer un match de rugby contre une nation de l'hémisphère Sud, qui plus est, ce n'est pas facile. Mais tout se joue au mental. La philosophie de jeu, le rugby-champagne marié au rugby de clocher permettent d'accomplir des miracles. On a battu l'Australie !

---

1. Le 24 novembre, au stade Chaban-Delmas de Bordeaux, les Barbarians ont dominé l'Australie (19-11).
2. Will Skelton, le deuxième ligne de La Rochelle, était le capitaine australien ce jour-là.
3. Outre Antoine Dupont, figuraient dans l'équipe : Julien Dumora, Julien Caminati, Rodrigo Capo-Ortega et Loïc Jacquet.

Un essai de Lakafia en fin de match, après une action où je parviens à prendre le dessus sur la défense australienne. C'était important de gagner. Parce qu'à l'époque, les Barbarians manquaient de légitimité sportive. Le contexte était un peu compliqué. La FFR était venue au soutien pour faire des Baa Baas cette équipe de France A qui n'existait plus, et donner du temps de jeu à de jeunes joueurs en devenir. Chaban était plein à craquer, un jeudi soir! Incroyable. Sur l'essai qui nous fait passer devant au score, je suis au départ de l'action. Ma famille est dans les tribunes. Ça reste pour moi un souvenir fort!

Je me souviens que c'est la première fois que je croisais "Rafa" [Raphaël Ibañez, aujourd'hui manageur du XV de France]. Il était l'entraîneur des Baa Baas avec "Garba" [Xavier Garbajosa]. On se retrouvera souvent par la suite... Pour un jeune joueur à l'époque, ce genre d'expérience est extrêmement important. Ça m'a fait gagner en maturité dans un groupe mixte, où jeunes et autres coéquipiers plus expérimentés parviennent à se trouver malgré une préparation minimaliste, sans stratégie particulière. Jouer dans un autre contexte que celui du club, au plus haut niveau international, avec les exigences que cela implique, est bénéfique. Tout en conservant l'état d'esprit Baa Baas : des copains et du rugby! L'un ne va pas sans l'autre. Les qualités humaines au cœur de l'idée. Les Barbarians nous ramènent à l'essence même du rugby! ”

« Tout se joue au mental ! La philosophie de jeu, le rugby-champagne marié au rugby de clocher permettent d'accomplir des miracles. »

▶ Antoine Dupont échappe à un plaquage australien, le 24 novembre 2016 à Bordeaux. Au bout de l'effort, les Barbarians inscriront l'essai de la victoire. Le public de Chaban-Delmas venait de voir briller une étoile naissante dont on reparlerait.

1890

Lorsqu'il part en tournée dans le Yorkshire, avec son équipe du Jesus College de Cambridge, en ce mois de décembre 1884, William Percy Carpmael ne se doute pas de l'impact que ce voyage aura sur sa vie. Carpmael est un fervent sportif, qui pratique le cricket, rame pour son club d'aviron et court le *steeple-chase*. Mais c'est au rugby, à l'université, ou sous le maillot rouge et noir du Blackheath FC, club de la banlieue sud-est de Londres, qu'il prend le plus de plaisir. Il gagnera d'ailleurs le Varsity Game 1885 avec les rugbymen de Cambridge. La tournée des copains du Jesus College va durer une semaine, au cours de laquelle ils jouent quatre matchs en cinq jours ! L'ambiance autour des rencontres et les liens d'amitié tissés en cette semaine festive enchantent tous les participants. « Tottie », surnom donné à Carpmael par ses coéquipiers, n'a qu'une hâte dès son retour à Cambridge : revivre pareils instants.

SACRÉ WILLIAM !

Cinq ans plus tard, il organise un voyage dans les Midlands et le Yorkshire pour les Clapham Rovers, club du sud londonien. Le 8 avril 1890, à Bradford où ils viennent de jouer un match amical, Carpmael réunit ses camarades des Southern Nomads, équipe folklorique formée par des joueurs passés par Cambridge ou Oxford, au Leuchter's Restaurant, du nom d'un émigré prussien qui a fait prospérer son affaire. « Tottie » veut leur soumettre l'idée d'une équipe de rugby itinérante, qui irait prêcher dans tout le pays la bonne humeur, la convivialité et entretenir les bonnes relations créées grâce au rugby. L'équipe ne serait pas uniquement réservée aux joueurs anglais, mais ouverte aux cousins du Royaume Uni, les Écossais, Irlandais ou Gallois, et à tous les joueurs, sans distinction d'origine, de couleur de peau ou de croyance. Plus tard dans la soirée, au bar de l'Hôtel Alexandra, le plus luxueux de Bradford, la joyeuse troupe entérine avec fougue l'idée de William Percy. Dans l'euphorie de cette soirée mémorable, Carpmael aurait alors lancé à la cantonade : « *We are all barbarians* »... Nous sommes tous des Barbares ! Mais on ne connaît pas véritablement l'origine de cette appellation. Certains prétendent qu'il s'agit d'une allusion à la plus grande défaite de la légion romaine commandée par le gouverneur Varus, écrasée par les Barbares germaniques d'Arminius dans la forêt de Teutobourg, en l'an IX. D'autres assurent que l'appellation Barbarians a été choisie comme un défi à ceux qui présentaient les rugbymen comme des barbares. Le secret, William Percy Carpmael l'emportera avec lui dans sa tombe, lorsqu'il sera enterré en décembre 1936 du côté de Menton, terrassé par la maladie l'ayant contraint à l'exil au soleil de la Côte d'Azur.

Huit mois après la soirée de l'Alexandra, le 27 décembre de cette même année 1890, les Barbarians jouent, et gagnent, leur premier match officiel sur la côte nord-est de l'Angleterre, face aux Hartlepool Rovers (9-4). Deux jours plus tard, on les retrouve à Bradford (6-6) mais le troisième match à Swinton, prévu le mardi 30 décembre, est annulé à cause du terrain gelé.

Carpmael et sa troupe arborent fièrement leurs nouvelles armoiries, celles des *Jolly Rogers*, les pirates anglais : une tête de mort et deux os de hanche blancs croisés sur un fond noir. Le noir, le blanc des Joyeux Gredins deviendront les couleurs de cette équipe à nulle autre pareille. Chaque joueur est autorisé à porter les chaussettes aux couleurs de son club. L'Histoire est en marche...

Dès lors, William Percy Carpmael n'aura de cesse de développer son idée. Il édicte les statuts, affine le règlement interne, tient à jour par écrit les activités annuelles et le récit des élucubrations de ses Barbarians, qui débarquent dans les stades avec une charrette faisant office de saloon ! La charrette voyage par le train et les joyeux lurons l'acheminent ensuite vers le stade où ils évoluent. Les Barbarians demandent juste à leurs hôtes de participer aux frais de voyage, de payer le gîte et le couvert, ainsi que quelques pintes de bière... La réputation des Barbarians se propage rapidement, de Londres à Liverpool, de Newcastle au pays de Galles. Les matchs ont lieu pendant les fêtes de fin d'année ou à Pâques, lorsque les Barbarians font sonner les cloches chez les équipes du Yorkshire d'abord, du pays de Galles ensuite.

Premier secrétaire honoraire du club qu'il a imaginé, William Percy Carmaël en devient aussi le premier président, en 1913. Il installe le siège des Barbarians dans les bureaux de l'entreprise familiale, un immeuble de Chancery Lane, en plein cœur de Londres.

Sacré William ! Il ne se contente pas d'administrer son équipe, il joue avec elle. Vingt matchs entre 1890 et 1897 ! Les Barbarians sont devenus, au fil du temps, un espace de liberté où chacun vient pour s'amuser. Le rugby est alors majoritairement pratiqué par les étudiants, qui trouvent dans ces tournées une échappatoire à l'éducation stricte prodiguée dans les grandes écoles. Libres sur le terrain, ils le sont aussi en dehors, écumant les pubs et d'autres endroits peu recommandables, loin du regard de leurs professeurs. Contraint de quitter l'Angleterre pour des raisons de santé, en 1927, Carpmael n'en reste pas moins en contact avec ses camarades. Les Barbarians s'installent alors à Penarth sur la côte galloise, à l'hôtel Esplanade. Leur style de jeu, leur liberté d'action attirent les foules. En privé, ils se comportent en gentlemen, selon des règles bien établies. Une anecdote rapporte que lorsque Miss Peggy, hôtesse d'accueil de l'Esplanade, intimait l'ordre de passer à table, si l'un des Barbarians faisait tomber ne serait-ce qu'un peu de tabac, il s'empressait de le ramasser... Les employés de l'hôtel de Penarth rapportent qu'il n'était rare pas de croiser l'un de ces drôles de joueurs de rugby un balai à la main nettoyant leur espace de vie !

En 1948, les Barbarians obtiennent la reconnaissance internationale lorsque la Fédération britannique, les Home Unions, leur demande de jouer un match rajouté au programme des Australiens en tournée. Ceci afin d'aider les Wallabies à financer un voyage au Canada. Le 31 janvier 1948, à l'Arm's Park de Cardiff, 45 000 spectateurs assistent à la victoire des Barbarians sur l'Australie (9-6). Les Baa Baas viennent de rentrer dans une nouvelle ère, celle d'une équipe incontournable qui sera opposée dès lors aux plus grandes nations du rugby, et ce jusqu'à l'évènement du professionnalisme.

Du Havre au Racing

Entre les Barbarians britanniques et français, il n'y eut qu'une seule rencontre, le 6 septembre 1994 au stade Charléty à Paris. Dans le sillage de leur demi de mêlée australien, Nick Farr-Jones, champion du monde en titre avec les Wallabies, les Baa Baas français s'imposèrent (35-18). Mais les Barbarians britanniques avaient déjà joué à deux reprises sur notre sol, les deux fois contre le Racing CF. En 1908, sur les terrains du Polo de Bagatelle, ils s'étaient imposés 13-0. Le 16 octobre 1982, ils sont revenus au Parc des Princes pour les festivités du centenaire du Racing. Les coéquipiers ciel et blanc de Jean-Pierre Rives et Robert Paparemborde laissèrent babas leurs adversaires d'un jour... 22-17. Auparavant, la bande de Carpmael avait accueilli sur son terrain de Blackheath les Parisiens du Stade Français, battus 33-0 en 1899, puis les Havrais, étrillés l'année suivante (41-3).

Le Grand Chelem 1977 du XV de France a marqué les esprits. Pour diverses raisons. Obtenu avec les quinze mêmes joueurs, il fut construit au sortir d'un match étouffant à Twickenham. Les coéquipiers de Jacques Fouroux triomphèrent (4-3 !) au terme d'une rencontre où la furia défensive française eut raison des ardeurs anglaises dans un temple douché par la réussite des Bleus. L'essai de Sangalli fut suffisant, la maladresse du buteur local, Marcus Rose, faisant le reste. Plus rien, dès lors, n'empêcherait les Français de réussir le sans-faute dans un tournoi où ils n'avaient pas été les plus brillants dans le jeu, mais certainement les plus efficaces, surtout en défense où ils n'encaissèrent pas le moindre essai !

Sept mois plus tard, lorsque les Barbarians britanniques affrontent les Lions, de retour d'une tournée magistrale en Nouvelle-Zélande, ils sont trois du Grand Chelem à être invités à Twickenham. La troisième ligne tricolore au complet : Jean-Pierre Rives, Jean-Pierre Bastiat et Jean-Claude Skrela. Outre-Manche, ce match a une saveur particulière, il est celui du jubilé d'argent de la Reine Elisabeth II,

LES JOYEUX DE LA REINE

présente dans les travées du temple londonien du rugby. Les Lions, battus par les Fidji sur le chemin du retour vers la Grande-Bretagne, veulent clore leur tournée en beauté. Sur le terrain, toutes les stars européennes du moment foulent la pelouse de Twickenham. Le match est superbe. La cohésion des Lions, façonnée par trois mois de tournée, leur permet de mener 15-0. Mais au fil des minutes, les Baa Baas reviennent dans le match et la crinière blonde de Rives flotte aux quatre coins du terrain. Une action impliquant les trois Français enflamme même le public. Elle échoue de peu. Le rythme est échevelé, les souffles deviennent plus courts et Rives est encore présent sur l'action du dernier essai des Baa Baas, lorsqu'il décale l'ailier anglais d'origine néo-zélandaise, D. J. McKay. En avant la musique ! Les Baa Baas sont bien revenus au score mais ils s'inclinent (23-14). « Je me souviens parfaitement de ce match, raconte Jean-Pierre Bastiat. Un grand moment. À l'époque, les réseaux sociaux n'existaient pas. Seul "Le Blond" parlait l'anglais. Après la rencontre, nous sommes allés au dîner de gala, donné dans un grand hôtel londonien, en smoking. La Reine, qui fêtait ses vingt-cinq ans de règne, est venue me saluer. Je me suis agenouillé. À chaque fois que je vois cette Dame à la télévision, les images de ma génuflexion me reviennent en tête ! Twickenham. Les meilleurs joueurs du moment sur la pelouse. La Reine. Et mes "frangins" avec moi. Le rêve ! D'autant plus magnifique qu'une blessure au genou m'empêchera de porter le maillot des Barbarians français ».

Rives est aux anges... blonds évidemment. Lorsqu'il rentre à Paris, extatique, et qu'il retrouve son compère Jacques Fouroux, capitaine du XV de France, il lui fait part de son enthousiasme. Il a pris un pied terrible sur le terrain. Un jeu joyeux, mais sérieux, sans contrainte, créatif, fait d'inspiration partagé avec des coéquipiers de talent. « Vivre cet événement fut un moment privilégié, raconte Rives. Dans ce stade de Twickenham, c'était comme si j'étais passé tous les jours devant l'église, et que ce jour-là, j'y étais entré ! Les joueurs français ont beaucoup à apprendre des Anglais et doivent les écouter. Je ne suis pas d'accord avec ceux qui reprochent à l'Angleterre de s'être enfermée dans son passé, de s'être repliée sur ses traditions. Avec les Baa Baas, il y avait un espace de liberté rebelle. Il fallait le vivre avec les quinze copains de l'équipe de France du Grand Chelem 1977. On savait que notre aventure allait se terminer bientôt, il fallait inventer un moyen de se revoir. Et peu importe quand ça démarrerait, puisqu'il y avait une farouche volonté d'aboutir ».

La foule énorme de Twickenham, enthousiaste, avait été ravie du spectacle proposé. Le temple était bondé, subjugué par le spectacle proposé. Pourquoi ne pas importer en France le concept des Baa Baas ? « Il y avait des Barbarians partout sur la planète rugby, poursuit-il. En Nouvelle-Zélande, en Australie, en Amérique du Sud, en Grande-Bretagne bien évidemment. Pourquoi pas en France ? Il fallait faire la même chose chez nous ». Il ne s'agissait pas d'évangéliser le rugby français, mais plutôt de le convertir à cette idée noble, qui venait de germer, arrosée par quelques journalistes ayant déjà suggéré la création d'une équipe de Barbarians français, les Jean-Jacques Simmler, Jean-Pierre Lacour, Henri Garcia, Denis Lalanne à *L'Équipe*, Georges Pastre au *Midi Olympique*. Il restait à planter la graine et à laisser pousser.

En bout d'alignement Jean-Pierre Rives, avec Jean-Pierre Bastiat juste devant lui, découvre les Baa Baas britanniques face aux Lions. Une idée jaillira de ce moment de plaisir à Twickenham.

Fouroux, convaincu de l'utilité d'un espace de liberté dans le rugby français, qui s'appellerait Barbarians, en parle avec le président de la FFR, Albert Ferrasse. « Bébert » aime bien Fouroux et « Le Blond ». Il les considère un peu comme ses fils spirituels. Mais il sait aussi que pareille idée ne se fera pas sans l'aval des Britanniques. Lorsqu'il a proposé la création d'une Coupe du monde à l'International Board, l'ancêtre de World Rugby, il lui a été répondu d'un air moqueur : « Continuez donc à penser, Albert ! »

ALBERT & ALBERT, TICKET GAGNANT

L'idée de Jacques Fouroux fait froncer les épais sourcils d'Albert Ferrasse, dont la conception du rugby est davantage radicale-socialiste façon Sud-Ouest que traditionnelle « versus British ». Et puis, que peut-il refuser à ses deux valeureux grognards qui ont triomphé dans le Tournoi 1977 ? Rien, ou pas grand-chose… Il dit « Oui, mais… » Le « mais » concerne la présidence de ce nouveau club à nul autre pareil. « J'accepte à la condition que vous nommiez Guy Basquet [alors vice-président de la FFR] à la tête des Barbarians… », leur dit-il. Histoire sans doute d'avoir un homme à lui dans la place. Et de ne pas laisser les deux lutins n'en faire qu'à leur tête ! Banco.

Il reste à aller obtenir l'autorisation des Britanniques. Guy Basquet et Marcel Martin, proclamé « ministre des Affaires étrangères de la FFR » parce qu'il est le seul à maîtriser la langue de Shakespeare, sont chargés de la mission. Ils sont reçus à Londres par le président des Barbarians britanniques, Herbert Waddell, ancien demi d'ouverture de l'Écosse victorieuse du Grand Chelem 1925. Qui s'étonne de la démarche de ses amis français. « Revenez me voir dans six mois… », leur dit-il. Marcel Martin est aussi rusé que patient. « Entendu », répond-il. Le dossier « Barbarians français » avance. Marcel Martin prépare les statuts, qu'il déposera en temps voulu à la Préfecture de Paris. Jean-Pierre Rives et Jean-Claude Skrela sont à nouveau appelés par les Baa Baas, en décembre 1978 pour affronter les All Blacks à Cardiff. « Jean-Pierre, qui parlait couramment l'anglais, est retourné voir le président des Baa Baas,

Herbert Waddell, pour savoir si on pouvait créer les mêmes en France, raconte Skrela… La première fois qu'il lui avait posé la question, Waddell n'avait pas dit "oui"… mais il n'avait pas dit "non" non plus ! » Le deuxième contact fut plus positif… On peut dire que Jean-Pierre a été l'instigateur de l'idée des Barbarians français. »

Lorsque Guy Basquet et Marcel Martin retourneront voir le dirigeant écossais, celui-ci leur donne le feu vert pour la création des Barbarians français. Avec une recommandation : « Soyez très vigilants à propos de l'esprit du jeu. Faites toujours attention à ne rien perdre de votre identité et de votre mentalité. »

Il restait à acter la naissance et à publier les bans.

Durant l'été 1978, la FFR avait tenu son congrès annuel en Périgord, à Sarlat, grâce à l'entregent du président du Périgord-Agenais, Jacques Salive, proche d'Albert Ferrasse, qui, entre autres fonctions, était le responsable de la loge présidentielle des invités de la FFR au Parc des Princes. Lors de cette assemblée générale, baptisée « congrès du foie gras », Albert Ferrasse avait fait la connaissance d'un autre Albert, Carrier-Delpeyrat, patron de l'entreprise éponyme. Le courant était tout de suite passé entre les deux hommes. Ferrasse, avec beaucoup d'à-propos, avait demandé à son nouvel ami s'il ne serait pas à la recherche d'un profil, style rugbyman dynamique, pour son entreprise. Albert 2, justement, recherchait un VRP pour assurer la promotion de ses produits ! Voilà comment Jacques Fouroux délaissa son poste de responsable des sports à la mairie d'Auch pour intégrer le numéro 1 du foie gras français. Il sera suivi quelques mois plus tard par Jean-Pierre Rives, rejoint par Jean-Luc Joinel ensuite. Le congrès de Sarlat, tous ceux qui y participèrent s'en souviennent. Albert Carrier-Delpeyrat savait traiter ses invités. Il offrit pour le repas des congressistes 550 terrines de foie gras truffé ! De quoi atténuer les difficultés de logement sur le Sarladais, les hôtels ayant été réquisitionnés pour le tournage d'une version américaine des *Misérables*, avec Anthony Perkins dans le rôle de Javert !

C'est au cours de ce congrès mémorable qu'Albert & Albert entérinèrent non seulement les blocs de foie gras, mais également l'idée d'organiser un match à Sarlat au mois d'août 1979 entre les vainqueurs du Grand Chelem 1977 et une sélection du Périgord-Agenais. Albert Carrier-Delpeyrat proposa même d'inviter tout ce joli monde pour la troisième mi-temps, chez lui, au château de Sirey.

L'ombre des Barbarians planait sur Sarlat ! Ou plutôt, comme le décrivit avec justesse Patrick Robin, futur arbitre de cette rencontre, « les lumières du rugby français allaient éclairer Sarlat… »

« Dis Albert… »

Lors de leurs discussions « d'affaires », Albert Ferrasse et Albert Carrier-Delpeyrat évoquèrent la possibilité de faire embaucher quelques cadres du XV de France par les établissements Delpeyrat. « Le cas Rives est venu sur la table », se souvient Christian Salive, fils de Jacques, président du comité du Périgord-Agenais, et futur président du CA Sarlat (1980-1985). Son père assistait à la discussion entre Albert 1er et Albert 2. « Les Anglais ne me comprennent pas quand je leur dis que Jean-Pierre Rives est étudiant en médecine, qu'il étudie pour devenir notaire… ou avocat… Tu n'aurais pas un poste pour lui, afin que les "Englishes" me fichent la paix avec ça ? » C'est ainsi que quelques semaines plus tard, Rives devint ambassadeur de la société Delpeyrat.

▶

Jacques FOUROUX peut avoir le sourire. Albert CARIER-DELPEYRAT (photo du haut) et Albert FERRASSE (photo du bas) viennent d'officialiser la naissance des Barbarians, par une belle soirée de l'été 1979 à Sarlat.

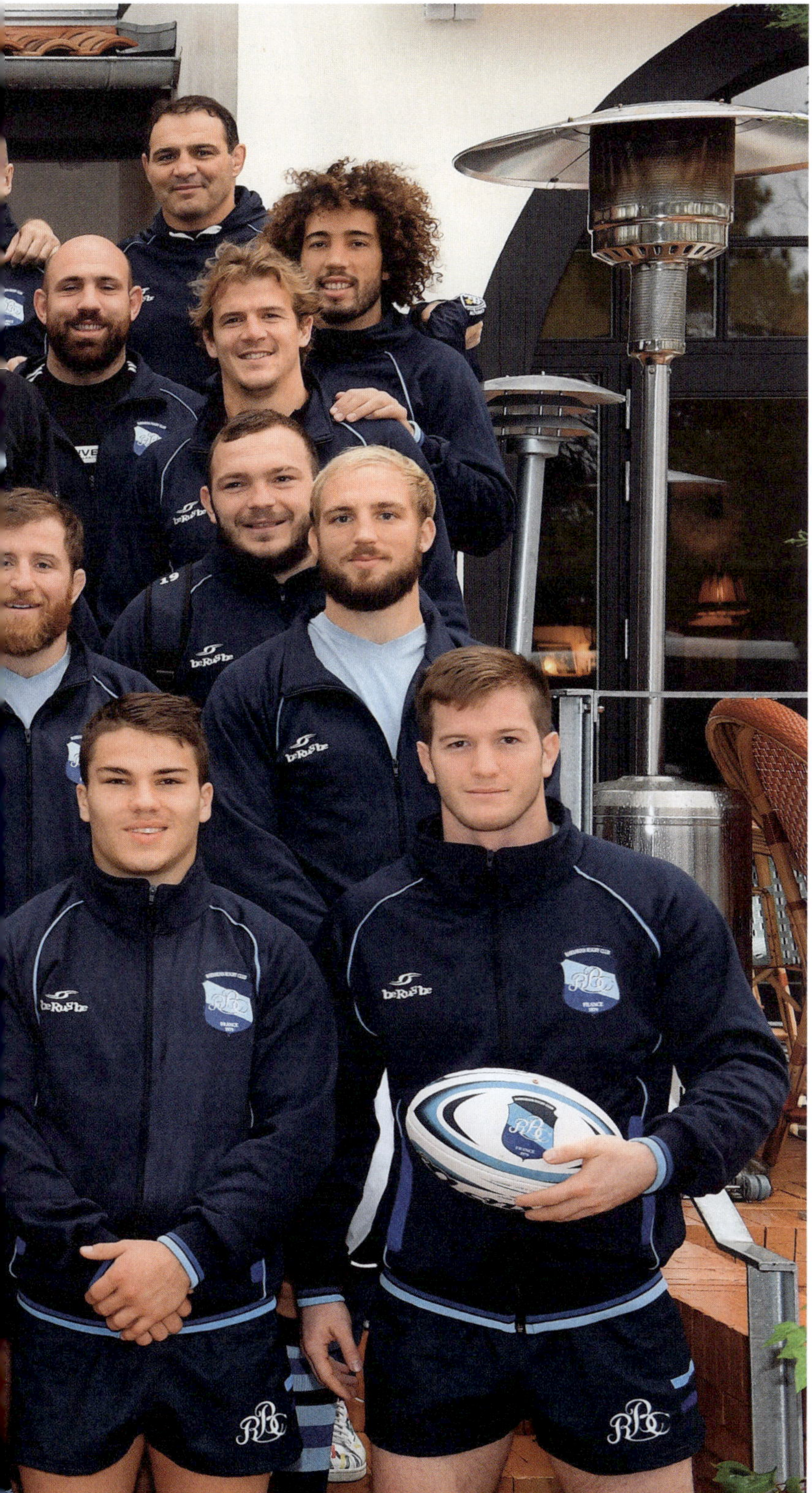

◀
Bordeaux, Hôtel Haïtza, 24 novembre 2016.
Les Barbarians posent pour la photo de famille avant d'aller affronter les Australiens.

MES « AMIGOS » DU XV DE FRANCE !

Par Gareth Edwards

Gareth Edwards est considéré comme l'un des meilleurs demis de mêlée de l'Histoire. Sélectionné à 53 reprises sous le maillot rouge des Gallois, il remporta sept fois le Tournoi, dont trois Grands Chelems (1971, 1976 et 1978), joua également dix fois pour les Lions britanniques en trois tournées (Afrique du Sud 1968 et 1974, Nouvelle-Zélande 1971). Enfin, il défendit onze fois les couleurs des Baa Baas entre 1967 et 1977.

« La France garde une place à part dans mon album de souvenirs. C'est à Colombes que j'ai joué mon premier match sous le maillot gallois, alors que je venais d'avoir 20 ans ! Nous avions perdu (20-14, 14 points de Guy Camberabero, son vis-à-vis), mais nous aurions pu gagner. Je me souviens que Jean Gachassin jouait à l'arrière. Je parle de lui parce que nos routes se croiseront souvent par la suite. L'année suivante, j'ai été retenu pour faire partie de l'équipe des Lions britanniques qui part en tournée pour deux mois et demi en Afrique du Sud. Mais au mois d'avril, alors que j'assistais au premier match de la tournée de Pâques que les Baa Baas effectuaient tous les ans à la même époque, affrontant dans l'ordre Cardiff, Swansea, Penarth ou Newport, qui opposait Cardiff, mon club, aux Baa Baas, un dirigeant des Barbarians est venu me voir : « Gareth, on a besoin de toi pour le match de lundi, à Swansea. » Le demi de mêlée qui aurait dû jouer s'était blessé, et ils étaient dans l'urgence. Je n'étais pas très chaud. J'avais tellement peur qu'une blessure me prive de ma première cape avec les Lions. J'avais demandé à mon club de ne pas jouer et ils avaient accepté de me remplacer. Je crois bien que c'est Billy Hullin qui avait joué derrière la mêlée de Cardiff. Et là, on me demandait d'aller défendre les couleurs des Baa Baas à Swansea... J'ai tenté timidement de refuser l'offre. "Oh non, s'il vous plaît, ne me demandez pas de venir à Swansea..." Mais pouvais-je refuser de jouer pour les Baa Baas ? Au mois de décembre précédent, j'avais honoré ma première cape barbarian face aux All Blacks.

Pour un joueur britannique, porter la tunique des Baa Baas est un hommage très particulier. Tous les joueurs rêvent de revêtir un jour le mythique maillot noir et blanc. D'abord, parce que c'est une invitation lancée aux joueurs, une forme de reconnaissance ! Celle de vos pairs, qui estiment que vous êtes non seulement un bon joueur de rugby, cela va de soi, mais aussi quelqu'un de réglo dans la vie. Votre personnalité en dehors du terrain compte autant que celle que vous démontrez sur la pelouse. Et puis c'est une équipe pleine de traditions, de celles qui ont fait l'histoire de notre sport. Par exemple celle de toujours sélectionner un joueur qui n'est pas international, que l'on veut récompenser pour ses états de service ou son état d'esprit. Ou encore d'apprendre la chanson des Baa Baas, "*For it's the way we have in the Baa Baas, and a jolly fine way, too...*", à chanter au fond du bus ou dans les vestiaires ! Être Barbarian, c'est aussi mettre un point d'honneur à gagner les matchs sans tenter la moindre pénalité. C'est marrant, parce que tu gagnes un Grand Slam [Grand Chelem] du Tournoi grâce à deux buts, tu es un héros. Si tu viens à faire gagner les Barbarians parce que tu as réussi un but de pénalité, tu risques fort de ne plus jamais être rappelé...

J'ai accepté l'invitation de jouer ce match. J'arrive donc à Swansea et avec qui je forme la charnière ? Jean Gachassin ! Ils l'avaient placé à l'ouverture. Un autre joueur français, l'arrière Claude Lacaze, avait été invité lui aussi. On s'est régalés parce qu'on parlait le même langage, celui d'un rugby rapide, tout en mouvement. Nous avons gagné 22-16. Quelques années plus tard, j'ai retrouvé Jean à Paris. J'avais été invité par Midi Olympique, et lui était devenu président de la Fédération française de tennis. Il nous avait invités à passer une journée à Roland-Garros. Inoubliable ! C'est aussi ça, l'esprit barbarian, créer des amitiés qui durent toute une vie.

Dix ans plus tard, en septembre 1977, j'ai fêté ma dernière sélection avec les Baa Baas à l'occasion d'un match de jubilé en l'honneur de la Reine, the Queen's Silver Jubilee, à Twickenham. Nous avons affronté l'équipe des Lions revenant de tournée en Nouvelle-Zélande. Il y avait avec nous votre fameuse troisième ligne, Jean-Pierre Rives, Jean-Pierre Bastiat et Jean-Claude Skrela, qui avait réussi le Grand Chelem dans le Tournoi. Quelques semaines auparavant, j'avais fait connaissance avec Rives à Pretoria, où nous avions été invités à jouer avec une sélection mondiale face aux Springboks[1]. J'ai retrouvé mes "amigos" français avec plaisir. Parce qu'avec eux, je savais qu'il y avait toujours du flair sur le terrain. J'adore ce mot, "flair" : sentir le jeu, flairer les bonnes opportunités. French flair. Les Français se devaient d'avoir des Baa Baas.

”

1. Pour ce match, remporté par les Springboks (45-24), quatre héros français du Grand Chelem 1977 avaient été invités par la fédération sud-africaine à jouer au Loftus Versfeld Stadium le 27 août 1977 : Jean-Pierre Rives, l'ailier de La Voulte Jean-Luc Averous, auteur de deux essais à Prétoria, Gérard Cholley et Alain Paco, remplaçant au talonnage.

Il n'avait pas la réputation d'un tendre. Lui ne s'en cachait pas. « Je ne revendique rien, disait Guy Basquet, premier président des Barbarians français. Sur le terrain, je n'étais pas un tendre. Il m'est arrivé de frapper un adversaire dans le feu de l'action. Mais c'était toujours des explications entre hommes, à la loyale. C'est vrai que je ne suis pas particulièrement aimable. Je ne suis pas diplomate non plus... Je tiens à mon indépendance pour rester honnête ! » L'autoportrait d'un homme sans concession.

Joueur, Basquet fut l'un des poids lourds de l'équipe de France, en qualité de numéro 8 (33 sélections) et de capitaine (24 fois). Exemplaire, il portait le brassard à Swansea pour la première victoire au pays de Galles (11-3), en 1948. Il récidiva en 1951, menant cette fois-ci le XV de France vers un succès historique à Twickenham contre l'Angleterre (11-3).

GUY BASQUET

Barbarian de cœur

Avec Agen, son club de toujours, il est champion de France en 1945, dominant le FC Lourdes de Jean Prat (7-3 au Parc des Princes). L'un de ses coéquipiers est Albert Ferrasse, avec qui il dirigera la FFR à partir de 1968. En 1947, il est au cœur d'un incident de la finale perdue face aux Toulousains, qui démontre bien le caractère du bonhomme. Milieu de la première mi-temps : l'ailier toulousain Sanchez est au sol, victime d'un coup de pied adverse. S'ensuit une pagaille monstre. Le capitaine toulousain exige l'exclusion du fautif, et l'arbitre de la finale montre le chemin de la sortie à... Guy Basquet. Ce dernier refuse, répliquant qu'il n'est pour rien dans l'incident. Il faudra l'intervention d'un représentant fédéral pour trouver un compromis. Basquet quittera le terrain jusqu'à la mi-temps... Cette mesure n'existait dans aucun règlement fédéral ! Il revint sur le terrain après la pause... Une décision qui renforçait le jugement des ennemis de Guy Basquet à qui ils reconnaissaient « un caractère de cochon »...

SHAMPOOING DYNAMIQUE
Cadum CRÈME À RASER
Cadum CRÈME À RASER

Devenu dirigeant, du SU Agen d'abord, à la FFR ensuite comme vice-président et président de la défunte commission de sélection, Guy Basquet est la cible des plus vives critiques et des commentaires les plus acerbes. Il ne cherche jamais à arrondir les angles, ne pratique pas la langue de bois, ne craint ni la joute verbale ni l'affrontement. Autant dire qu'il valait mieux être dans les petits papiers du sélectionneur... Il fait la chasse à ceux qui ne se fondent pas dans le moule. Avec ses cheveux longs et bouclés, sa gueule d'ange, son charme de séducteur, Jo Maso est la victime toute désignée. Le Catalan du RC Narbonne plaît aux médias, à la presse parisienne. Guy Basquet n'aime pas ce côté vedette. Résultat, Jo Maso, considéré alors comme le meilleur trois-quarts centre du monde, est écarté du XV de France.

Qui aurait alors imaginé Guy Basquet devenir le premier président des Barbarians français, institution libre et libertaire? Basquet paraissait si loin de l'esprit *so british* du concept... Un père fouettard à la tête de « la Suisse du rugby », ainsi que l'appelait joliment Jean-Pierre Rives, il fallait oser le mariage... C'est Albert Ferrasse qui suggéra l'idée, saugrenue pour certains, de placer son vieux compagnon agenais à la tête des Barbarians, en 1980. Un coup de maître. Sitôt enfilé son nouveau costume, Guy Basquet devint un autre personnage. Attachant, le ton policé, papa poule, attendrissant quelques fois, il donnait l'impression de vouloir être en paix avec sa conscience. Comme s'il avait quelque chose à se faire pardonner, il invita rapidement Jo Maso lors d'un match des Barbarians contre l'Argentine, à Dax, en 1982. « Il m'a appelé en me disant : "Je voudrais que tu sois barbarian..., se souvient Maso. Je sais que je t'ai fait du mal... même si je suis en paix avec ma conscience. On voudrait que tu nous rejoignes." Peut-être voulait-il ainsi démontrer qu'il pouvait avoir des états d'âme ? »

L'un des plus grands bonheurs du Guy Basquet président des Barbarians, fut certainement d'assister au premier match de son petit-fils, Jérôme Fillol, sous le maillot des Barbarians face aux All Blacks, en 2000, à Lens. Le jeune (22 ans) et prometteur demi de mêlée du Stade Toulousain était de la tournée en Argentine l'été précédent, en tant que remplaçant. Cette fois-ci, il est titulaire contre les Blacks. Son bonheur sera de courte durée. Premier plaquage. Jérôme se fracture le tibia, dès la deuxième minute du match. « Toute ma famille était dans les tribunes, se rappelle-t-il. Mes grands-parents, ma mère, ma tante avaient fait le déplacement à Lens. Mon grand-père m'avait remis mon maillot avant le match. Sobre. Émouvant, juste avec quelques mots. »

Jusqu'à la fin de sa vie, en 2006, Guy Basquet restera président des Barbarians français.

Le rendez-vous est pris. Les futurs Barbarians officialiseront leur naissance à Sarlat, le 11 août 1979. Les Barbarians britanniques ont donné le feu vert, Albert Ferrasse et Guy Basquet ont publié les bans, il reste à célébrer l'événement. Sur le terrain les futurs Barbarians s'imposent face à une coriace sélection du Périgord-Agenais (42-26, 16-16 à la mi-temps). Un triplé de Jean-Luc Averous, un doublé du « local de l'étape », Jean-Luc Joinel, plus des essais de Skrela, Bertranne, Paparemborde et Rives ont raison de la résistance périgourdine.

SARLAT : BAPTÊME AU FOIE GRAS

La troisième mi-temps est organisée en son fief du château de Sirey par le pape du foie gras, Albert Carier-Delpeyrat, devenu également l'employeur de Jacques Fouroux et Jean-Pierre Rives. Avec Denise, son épouse, ils jouent les maîtres de cérémonie. Le généreux mécène transforme la fête en un moment inoubliable. Il a fait les choses en grand. La soirée est restée mémorable.

« Quand tu arrivais en voiture au château, se souvient l'ailier Dominique Harize, à chaque virage était installée une table, où de jeunes gens sympathiques te proposaient une tartine de foie gras avec une coupe de champagne ! » La route, ainsi balisée pour rejoindre le château de Sirey, demeure des Carier-Delpeyrat, préfigurait une soirée festive. Certains convives prirent leur temps pour parcourir dans la campagne périgourdine les dix kilomètres séparant Sarlat de Prats-de-Carlux !

Des quinze du Grand Chelem 1977, ils se retrouvèrent à quatorze pour célébrer la naissance des Barbarians à Sarlat. Jean-Pierre Bastiat, Jean-François Imbernon, blessés, étaient bien présents en Dordogne. Seul manquait à l'appel Jean-Michel Aguirre, retenu à Hendaye pour raisons familiales... La fête fut belle, on l'imagine. Le foie gras, spécialité maison, servi en bloc, le champagne et le vin coulant à flots, la nuit sarladaise fut aussi gouleyante que pétillante. Au moment des remerciements, Albert Ferrasse, qui fêtait son soixantième anniversaire le lendemain, eut droit à son cadeau, remis par Jacques Fouroux. Les époux Carier-Delpeyrat ne furent pas oubliés par les néo-Barbarians. L'orchestre pouvait rythmer l'ambiance d'une soirée dans la plus pure tradition des banquets d'après-match du XV de France, terminée inéluctablement dans la piscine du château. Tout habillés pour certains. Ce devait être ce qu'il est communément appelé le bain du baptême... Les Barbarians, eux, étaient portés sur les fonts baptismaux, non pas un bénitier ou un bassin, mais la piscine du château de Sirey !

De lui, Jean Desclaux, l'entraîneur landais du fameux XV de France 1977 rentré dans l'histoire du rugby français et du Tournoi par un grand Chelem réussi avec les quinze mêmes joueurs, disait qu'il était « le petit timonier », tellement il tenait ferme la barre de l'équipe de France. Petit par la taille, qui lui vaudra un autre surnom, le « Petit Caporal » – référence faite à Napoléon –, grand par le talent et géant par l'emprise qu'il exerçait sur ses joueurs, le Gascon était un homme généreux, au franc-parler direct. Il avait du tempérament. « Jacques, expliquait encore « Toto » Desclaux, c'est de la braise, toujours en fusion. Et il arrive de se brûler lui-même par excès de précipitation. Il n'a pas appris la patience. Il faut qu'il monte au feu, tout de suite. C'est un chien de troupeau, qui aboie constamment, qui mord au jarret ses partenaires pour les ramener dans le droit chemin, si, par malheur, ils viennent à s'en écarter ».

JACQUES FOUROUX

Le cinquième mousquetaire

Le portrait est brossé. Fouroux avait ce que l'on appelle communément « une grande gueule ». Lorsqu'il s'agissait de défendre ses idées, ses copains, son équipe, il ferraillait comme un mousquetaire, ne craignait ni l'adversité ni les hommes du cardinal. Si Alexandre Dumas l'avait connu à l'époque où il écrivit son célèbre roman, sûr qu'il aurait rajouté un cinquième personnage à sa bande de fiers gascons. Et D'Artagnan n'aurait pas eu la part belle de l'histoire... Les conspirations, les machinations ne lui faisaient pas peur. Il s'en accommodait, en jouait, savait en profiter aussi. Meneur d'hommes hors pair, il aime diriger les hommes, un groupe. Lorsque Rives lui raconte la formidable expérience qu'il vient de vivre chez les Baa Baas britanniques, à l'automne 1977, avec Jean-Claude Skrela et Jean-Pierre Bastiat, de la camaraderie qui unit des joueurs venus des quatre coins du monde le temps d'un match, et son envie de créer une équipe de Barbarians français, Fouroux ne scille pas. L'idée lui plaît. Elle peut devenir le prolongement de la formidable épopée du Grand Chelem 77. Il se produira quelques mois plus tard un événement qui va chambouler le cours de sa carrière. Jacques Brunel, son compère gersois, devenu par la suite l'un des meilleurs entraîneurs du rugby français, et sélectionneur du XV de France (2017-2019), raconte les faits.

8
6

« Il s'est passé un événement incroyable, le 10 décembre 1977, lorsque Jacques a décidé de quitter le XV de France, se souvient Brunel. Lassé des critiques et des vacheries répandues dans son dos, il a pris la décision de claquer les portes de l'équipe dont il était pourtant le capitaine et qu'il venait de conduire au Grand Chelem ! Impensable. Ce genre de situation ne s'est pas produit souvent dans le rugby français. Jacques a toujours été controversé. La France du rugby aimait Richard Astre, et c'est Jacques Fouroux qui jouait demi de mêlée en équipe de France. Partout où il se produisait, à Béziers, le club de Richard Astre, à Perpignan ou ailleurs, il se faisait conspuer, huer, insulter. Lui ne bronchait pas. Le paradoxe, c'est que ses deux grognards du Grand Chelem, Michel Palmié le Biterrois, Jean-François Imbernon le Catalan, se seraient fait tuer pour lui lorsqu'ils se retrouvaient sous le maillot du XV de France. C'est un cliché, un raccourci du rugby français de l'époque. Il était titulaire en équipe nationale, mais pas considéré véritablement comme le numéro 1. Il savait ce qui se tramait en coulisse, connaissait ceux qui voulaient le virer. Il avait l'esprit très alerte. Alors en bon Gascon, fier et courageux, qui n'avait pas peur de ferrailler, il prit les devants... Il convoqua tout le monde, dirigeants de la FFR compris, dans l'hôtel de Clermont-Ferrand où le XV de France s'était mis au vert, avant le match face à la Roumanie, et il déballa son sac, régla ses comptes. Au sélectionneur Michel Pebeyre, l'un de ceux qui manigançaient dans son dos, il dit : "Vous voulez me virer ? Vous ne me virerez jamais ! Je pars ! Je vous annonce que je dispute aujourd'hui mon dernier match international." Et il a claqué la porte du XV de France. Ces choses-là, qui ont écrit l'histoire du rugby français, sont incroyables. Il fallait s'appeler Jacques Fouroux pour oser un truc pareil. »

Ambassadeur du foie gras

À l'époque, Fouroux occupe un poste de responsable des sports à la mairie d'Auch. Il se sent un peu à l'étroit dans son costume d'employé municipal. Le mousquetaire aime Auch et son Gers natal mais il ne lui déplairait pas d'étendre son territoire Il s'en est ouvert à Albert Ferrasse, président de la FFR, qui le considère comme le fils qu'il n'a jamais eu. Peu de temps après. Ferrasse a rencontré Albert Carrier-Delpeyrat, patron des établissements Delpeyrat, le « pape » du foie gras en France. Entre les deux Albert, le courant passe de suite en continu. « Monsieur Carrier, amateur de rugby, raconte Jacques Brunel, a demandé à Ferrasse s'il n'avait pas un international à lui proposer pour un poste d'ambassadeur de sa marque, un peu VRP, un peu responsable de la communication. "J'en ai un qui n'est plus international, mais qui ferait très bien l'affaire...", lui répondit Albert Ferrasse. Quelques semaines plus tard, Fouroux entrait chez Delpeyrat. »

La naissance des Barbarians n'est plus très loin. L'idée de créer une équipe française a reçu l'aval de la FFR, adoubée par les Britanniques qui aimaient bien « Le Blond ». Les textes sont prêts, entérinés par le congrès de la FFR 1978, qui a lieu en Dordogne... à Sarlat, en même temps que le tournage d'un téléfilm franco-américain, *Les Misérables*, avec Anthony Perkins dans le rôle de Javert !

Il ne reste plus qu'à signer l'acte de naissance. Ce sera chose faite le 11 août 1979, au château de Sirey, proche de Sarlat, dans le fief de la famille... Delpeyrat ! Fouroux, grand communicant devant l'éternel, a proposé à son patron, Albert Carrier-Delpeyrat de faire venir l'équipe du Grand Chelem jusqu'en Dordogne. Elle sera opposée à une sélection du Périgord-Agenais au stade du Madrazès. À l'issue de la rencontre, une fête formidable est organisée par les Delpeyrat au château du Sirey. Les Barbarians sont nés dans la douceur d'une soirée périgourdine.

Les bébés Baa Baas se retrouvent quatre jours plus tard à Béziers, jour de féria. Jacques Fouroux a souhaité venir soutenir Michel Palmié, condamné à verser 200 000 francs de l'époque (environ 30 000 euros) au talonneur du Racing CF, Armand Clerc, pour un coup de poing assommant et blessant. Le « Petit Caporal » est monté au créneau pour venir financièrement en aide à « la Palme », qui n'était pas d'or en ce temps-là... Fouroux proposa un match amical entre l'équipe du Grand Chelem et l'AS Béziers, cador français de l'époque. Faisant fi du désamour du public biterrois à son encontre, de sa rivalité avec Richard Astre, Fouroux enfourcha son destrier pour partir à l'aide de son copain en difficulté. « Ne dis rien et fais-le », lui suggéra « Tonton » Ferrasse. Ce jour-là, les futurs Barbarians, dans un maillot original, façon Harlequins – quatre grands carrés, le blanc de l'Angleterre, le rouge du pays de Galles, le vert irlandais et le bleu de France – vinrent défier le taureau biterrois dans l'arène de Sauclières. Il fut convenu que Michel Palmié jouerait une mi-temps dans chaque équipe. Les coups de corne ne manquèrent pas. Normal pour une corrida. « Il ne régnait pas une bonne ambiance sur le terrain, se rappelle Jean-Pierre Romeu. J'avais peur pour Jacques... Béziers, c'était un club à part. Et puis subsistait cette rivalité Astre-Fouroux... Il n'y eut pas de gifles, mais c'était tout juste ! » Béziers l'emporta au final, Palmié reçut une aide financière bienvenue. Jacques Fouroux savourait son succès. « Je crois que le véritable esprit des Barbarians est né lors de ce match à Béziers », assurera Jean-Pierre Rives un peu plus tard.

La carrière du « cinquième mousquetaire » touche à sa fin. Invité à son tour par les Baa Baas britanniques, en avril 1980, Fouroux joue deux matchs, à Penarth, puis Newport. Il comprend mieux alors le message que Jean-Pierre Rives lui a fait passer trois ans auparavant, perçoit l'esprit qui règne sur le terrain et en dehors. Le 1er mai 1980, « le Petit Caporal » est aux commandes de la première équipe officielle des Barbarians, qui bat l'Écosse au stade Armandie à Agen (26-22). Il commande la manœuvre sur le terrain, avec son fidèle ouvreur à ses côtés, Jean-Pierre Romeu. Des « grands chelemards » de 1977, seuls manquent à l'appel Jean-Michel Aguirre, Roland Bertranne et François Sangalli. Le bébé porté sur les fonts baptismaux, il ne reste plus à Jacques Fouroux qu'à tirer sa révérence. La suite de l'histoire s'écrira avec l'équipe de France, où il succède à « Toto » Desclaux. D'autres batailles attendent « le petit timonier »....

« J'ai porté les Barbarians sur les fonts baptismaux. » Jacques Brunel, l'ancien entraîneur du XV de France, sourit à l'évocation de ce souvenir inoubliable. Avec les Sarladais Robert Alibert [deuxième ligne], Gérard Secondat [centre ou ailier] et Gérard Poumeaud [ailier], tous invités dans la plus pure tradition des Baa Baas, Brunel était à Sarlat le 11 août 1979, convié à jouer le match préfigurant l'acte de naissance des Barbarians. Ce jour-là, il remplaça Jean-Michel Aguirre, l'arrière du XV du Grand Chelem, retenu au Pays basque par une fête prévue de longue date. Brunel était l'arrière du FC Auch,

JACQUES BRUNEL, BARBARIAN NUMÉRO 0

et raconte ce souvenir qui le fit Barbarian avant l'heure, « Barbarian numéro 0 » comme il le dit avec humour. Par la suite, il ne fut plus rappelé, mais ce jour-là, il savoura le bonheur de côtoyer les héros de 1977. « Je suis un usurpateur, puisque je n'ai jamais porté le véritable maillot des Barbarians, rigole-t-il. En fait, j'étais très copain avec Jacques Fouroux. Nous étions tous les deux gersois. Il est d'ailleurs venu terminer sa carrière au FC Auch (1976-1980), où je jouais à l'arrière. Jacques était une figure de la cité auscitaine. Je connaissais toute sa famille. Avant la création des Barbarians, Rives et lui travaillaient pour Delpeyrat. Juste avant le match de Sarlat, Jacques me dit : "On va créer les Barbarians ! On fait un match avec les vainqueurs du Grand Chelem 1977. Il manque un arrière, tu viens !" Voilà comment je me suis retrouvé à jouer ce match historique. »

Dans l'esprit de Fouroux, Brunel est le remplaçant idéal de Jean-Michel Aguirre. Il a la réputation de relancer à la première occasion, d'attaquer la majorité des ballons. Dans la pure tradition des Baa Baas...

« Enfin, précise-t-il, je n'attaquais jamais n'importe comment. Je ne voulais pas jouer pour jouer. Disons que j'étais un électron libre. J'étais pour la prise d'initiatives. Ce qui me plaisait, c'était la capacité des équipes à s'adapter aux décisions prises par ses joueurs... » Jacques Brunel ne fut jamais plus rappelé ensuite. Michel Droitecourt, remplaçant d'Aguirre en équipe de France, joua à l'arrière lors du premier match officiel, à Agen, le 1er mai 1980. Serge Gabernet (Toulouse), l'Irlandais Andy Irvine ou l'Anglais Marcus Rose se succédèrent ensuite, avant l'avènement de deux phénomènes, Serge Blanco et Jean-Baptiste Lafond.

Trente-sept ans plus tard, en 2017, Jacques Brunel fut invité par Denis Charvet à Bordeaux. Il lui fut remis le maillot des Barbarians, le vrai, bleu Oxford-bleu Cambridge-bleu de France. Le numéro 0 était enfin intronisé Barbarian...

Barbarians sans jouer

Curieusement, ils sont quatre du Grand Chelem à n'avoir jamais porté le maillot des Barbarians. Jean-Michel Aguirre, François Sangalli, Roland Bertranne et Jean-Pierre Bastiat étaient pourtant au départ de l'aventure, au printemps 1977. Mais les aléas de leurs carrières, blessures ou autre, les deux années écoulées pour mettre en ordre de marche les Barbarians français les empêchèrent de porter le fameux maillot bleu.

Sangalli et Bertranne jouaient à Sarlat (Dordogne) dans l'équipe baptisée « XV du Grand Chelem », le jour de la création des Barbarians français, le 11 août 1979. Mais cette première sortie « à blanc » des Barbarians demeura pour eux sans suite. Entre regrets et fatalité, chacun livre son sentiment sur ce « manque ».

Jean-Michel Aguirre

Arrière du XV de France auteur du Grand chelem 1977, Jean-Michel Aguirre a porté le maillot bleu à 39 reprises entre 1971 et 1980, et inscrit 123 points.

« Une belle histoire humaine »

« On ne peut pas dire que j'éprouve un manque à l'idée de ne pas avoir été un Barbarian sur le terrain. Ma grande fierté c'est d'avoir été de la tournée au pays de Galles des Baa Baas britanniques [1980], avec Jacques [Fouroux] et Jean-Pierre [Rives]. Le mois suivant, j'aurais dû jouer le premier match à Agen. Et puis il y a eu un twist avec Jacques. Mes relations particulières avec Fouroux ont fait que je n'ai pas été rappelé... À l'époque, j'étais suffisamment occupé par le rugby, à Bagnères ou en équipe de France, pour ne pas m'en offusquer. Mais je dois dire que ça me faisait râler quand je voyais qu'ils appelaient un arrière britannique pour occuper le poste chez les Barbarians [l'Écossais Irvine, l'Anglais Rose]...

L'idée était riche et belle. Elle nous a permis de tisser des liens indéfectibles et de transformer une aventure sportive en une belle histoire humaine. Les Barbarians nous ont permis de prolonger notre amitié après le rugby et le Grand Chelem de 1977. Une forme de continuité pour cette équipe qui a marqué, humblement et sportivement, l'histoire du rugby français. Sur le terrain, être Barbarian, c'est pouvoir exprimer une certaine conception du rugby, sans contrainte ni consignes précises. Et nous avions la chance, à Bagnères, d'avoir une culture de club similaire, où on ne nous imposait aucun diktat du jeu. Chaque joueur était responsable de celui pratiqué par l'équipe, et nos entraîneurs étaient avant tout des entraînants. En fait, nous étions tous des Barbarians dans l'âme ! »

▲

Les années ont passé. Les vainqueurs du Grand Chelem 1977 ont pris quelques cheveux blancs, mais leur plaisir de se revoir reste intact. Ici lors de leurs retrouvailles pour célèbre le trentième anniversaire de leur exploit, debouts, de gauche à droite : Alain Paco, Jean-Claude Skrela, Gérard Cholley, Michel Palmié, Jean Pierre Bastiat.
Assis : Dominique Harize, Roland Bertranne, Jean-Pierre Romeu, Jean-Michel Aguirre, François Sangalli et Jean-Luc Avérous.

Jean Pierre Bastiat

Troisième ligne centre de l'US Dax, Jean-Pierre Bastiat fut 32 fois international, dont 6 fois comme capitaine. Il était le numéro 8 du XV de France qui réalisa le Grand Chelem 1977.

« Ça reste mon grand regret »

« J'ai deux regrets dans ma vie de joueur de rugby : ne pas avoir pu soulever le bouclier de Brennus, et ne pas avoir porté le maillot des Barbarians avec les copains du Grand Chelem 1977...

Avec Dax, on a joué, et perdu, la finale de 1973 [face au Stado Tarbais] comme des cons ! Si je n'ai pas pu porter le maillot des Barbarians, c'est malheureusement parce que j'étais blessé. Je me suis abîmé le genou contre Brive en 1979. Ça m'a coûté la tournée de l'été 79 en Nouvelle-Zélande, alors que j'étais capitaine du XV de France ! C'est « Le Blond » [Jean-Pierre Rives] qui a pris le brassard. Lui, au moins, il a gagné à Auckland... Avec moi, on aurait peut-être perdu ! Mais j'aurais aimé être de cette tournée.

Pour la création des Barbarians, à Sarlat, j'étais dans les tribunes, et le 1er mai 1980, contre les Écossais, je n'ai pas pu jouer, toujours à cause de mon genou. Il m'a d'ailleurs contraint à la retraite sportive anticipée. J'avais décidé d'arrêter ma carrière internationale après le Tournoi 80. Je l'ai fait un peu avant...

Ces Barbarians, c'était une belle idée. Une histoire d'hommes, magnifique. Tu ne peux pas faire durer une histoire quarante ans si elle n'est pas magnifique... Jean-Pierre [Rives] avait eu la riche idée d'insister auprès des "gros pardessus" de la FFR. On leur tirait volontiers dessus, mais c'était aussi des hommes de cœur. Après leur naissance à Sarlat, célébrée par une belle fête, les Barbarians sont devenus des dénicheurs de talent, un club à part qui récompensait des joueurs méritants n'ayant pas eu la reconnaissance internationale qu'ils méritaient. L'histoire est belle, et elle continue toujours. »

Roland Bertranne

Trois quart-centre de Bagnères-de-Bigorre, Roland Bertranne a porté le maillot du XV de France à 69 reprises, dont 46 consécutivement (entre 1973 et 1979), ce qui constitue toujours le record pour un international français.

« Gachassin aurait fait un sacré Barbarian ! »

« Je ne peux pas dire que ça me manque de ne pas avoir porté le maillot des Barbarians, parce que je n'ai jamais couru après les titres ou les honneurs. Quand tu es sélectionné, c'est bien, tu es content. Si ça ne se fait pas... J'ai assisté à la création des Barbarians, aux bureaux directeurs, aux matchs. Blessé, je n'ai pas pu jouer contre l'Écosse à Agen. Ensuite, j'ai arrêté ma carrière en 1981...

Cette création est une belle idée, généreuse. Elle a permis à certains joueurs d'obtenir une reconnaissance, de se faire remarquer. À nous, ceux du Grand Chelem 1977, elle a permis d'entretenir notre amitié, de nous retrouver aussi pour passer de bons moments. L'esprit de liberté d'entreprendre, de tenter des choses impossibles, c'est un peu de l'utopie aujourd'hui. Le rugby s'est enfermé dans des schémas. Sauf chez les Barbarians ! Ils jouent pour se faire plaisir, faire plaisir aux autres... et gagner aussi !

Quand un international ou un jeune espoir enfile le maillot bleu, il devient un autre joueur. Même aujourd'hui. Il ne faut pas perdre de vue qu'au départ, le rugby n'était rien d'autre qu'un jeu, où la notion de plaisir était essentielle. Le professionnalisme en a fait un métier. Et enlevé beaucoup du plaisir. À Bagnères-de-Bigorre, cet état d'esprit était notre point fort. Chacun pouvait exprimer son talent, ses qualités. Grâce à des entraîneurs qui avaient la même vision des choses. François Labazuy, puis Guy Bedin et Francis Palu, Jean Gachassin ensuite nous ont permis de nous exprimer et de nous faire plaisir. Gachassin, en voilà un qui aurait été un sacré Barbarian si l'équipe avait été créée avant 1980... Lui, c'est simple, si le ballon ne lui arrivait pas là où il fallait, à la bonne hauteur, dans le bon timing, il t'engueulait ! »

François Sangalli

François Sangalli a formé, avec Jo Maso d'abord, Didier Codorniou ensuite, une paire de centres aussi élégante que talentueuse au RC Narbonne. International à 15 reprises, il était associé à Roland Bertranne au centre de l'attaque des Bleus lors du Tournoi 1977.

« Le Barbarian ? Un rugbyman libre ! »

« Nous, les vainqueurs du Grand Chelem 1977, sommes tous membres fondateurs des Barbarians... mais nous n'avons pas tous porté le maillot. Ce sont les aléas d'une carrière. Après le bouclier de Brennus avec Narbonne, en 1979, j'ai pris du recul avec le rugby. Je suis parti rejoindre Christian Trallero à Bédarieux en division 3. J'avais déjà mis un pied dans l'après-carrière. Je travaillais au Crédit Lyonnais, nous avions monté une société immobilière avec mon coéquipier narbonnais, André Marratuech, et ouvert un bar-restaurant à Port-Gruissan, le Pub XV. Je venais de subir une nouvelle intervention au genou, ma vie était en train de changer... J'étais malgré tout à Sarlat le jour de la naissance des Barbarians, en août 1979. Je n'ai pas été rappelé ensuite. Il faut dire qu'en 1980, je jouais en division 3... Ils ont préféré appeler Didier [Codorniou], c'est normal.

Par la suite, j'ai eu le bonheur de partager quelques voyages, en Australie, en Argentine, ou en Géorgie. Que de merveilleux souvenirs ! Pour moi, être Barbarian, c'est être un rugbyman libre. De ses choix, de son jeu, de son état d'esprit. C'est de ne pas rester confiné dans une forme de jeu stricte et rigide. C'est exactement le même état d'esprit qui nous animait à Narbonne, avec Jo [Maso], "Codor" [Codorniou], "Lulu" [Pariès], ou les frères Spanghero. Notre moteur, c'était le bonheur de jouer. Avec beaucoup d'insouciance et de plaisir, que nous partagions avec nos coéquipiers. Ce bonheur, sans pression aucune, les Barbarians en assurent la continuité. »

De gauche à droite : Jean-Pierre Bastiat, Jean-Luc Avérous, Jean-Michel Aguirre et Roland Bertranne.

UN WHISKY AUX PRUNEAUX

Le stade Armandie est bien garni, en ce jour de Fête du travail. Ce jeudi 1er mai 1980, Agen fête la naissance officielle des Barbarians français, neuf mois après qu'ils ont été enfantés du côté de Sarlat. Neuf mois, « c'est un délai habituel chez les humains », comme le dirait Jean-Pierre Rives. Ils auront quinze papas, ces fameux grands chelemards de 1977, auteurs d'un exploit qui ne sera jamais plus réalisé : Grand Chelem dans le Tournoi avec les quinze mêmes joueurs. Ils ne sont plus que onze, en ce 1er mai. Aguirre, Sangalli, Bertranne et Bastiat, tous blessés, manquent à l'appel. Pour le plus grand plaisir de l'arrière montferrandais Michel Droitecourt, des centres Henri Magois (La Rochelle) et Didier Codorniou (Narbonne) ou du troisième ligne briviste Jean-Luc Joinel, invités à célébrer la naissance des Barbarians au pays du pruneau. La marraine de l'événement est écossaise. Les historiens vous rappelleront que c'est un peu normal, si l'on se rappelle que l'Écossaise Marie Stuart fut reine de France, après son mariage avec François II, et que l'Auld Alliance a réuni Français et Écossais pendant près de huit siècles pour se défendre de l'ennemi commun, les Anglais. On a fêté en 1997 le sept-centième anniversaire de cette alliance qui permettait à tout Écossais d'obtenir sans encombre les lettres de naturalité leur accordant la nationalité française. L'histoire des Barbarians ne pouvait pas mieux débuter.

La Fédération écossaise ayant demandé à la FFR d'effectuer une tournée printanière en France, Albert Ferrasse les autorisa à venir affronter cette équipe naissante au nom bien britannique. Quelques critiques se firent entendre, normal, nous sommes en France… « Il fallait un début à l'histoire, rétorqua Jacques Fouroux, avec son bon sens gersois. Pour ne pas tomber dans l'à-peu-près, rien de mieux qu'une équipe qui possède des repères, qui a conservé ses bases. » Le public agenais s'en rendit compte au cours de la deuxième mi-temps. Menés 13-0 à la pause, apathiques, endormis, les Barbarians se font remonter les bretelles dans les vestiaires par Guy Basquet, leur président, Jacques Fouroux, leur capitaine, et Jean-Pierre Rives. « Il faut dire, raconte Jean-Pierre Romeu, que c'était la première fois que nous étions livrés à nous-mêmes la veille d'un match. Nous n'étions pas tenus, chacun faisait ce qu'il voulait… » Certains en profitèrent au-delà du raisonnable, jouant la troisième mi-temps avant les deux premières, oubliant que le whisky était un breuvage élaboré dans les brumes écossaises... La paire Palmié-Imbernon fut aussi royale au bar qu'elle ne l'était en deuxième ligne sur les terrains du tournoi. Il fut impossible de les extirper de leurs lits avant le déjeuner. On comprend mieux leur début de match mou et sans envie. « C'était un match un peu folklorique au début », avoua Robert Paparemborde, avec un humour tout béarnais.

Vexés, les avants barbarians reprennent les choses en main. Vous voyez ce que je veux dire... Les avants écossais se font malaxer comme au bon vieux temps... du Grand Chelem 1977. Pim-pam-poum ! Les fameux pruneaux d'Agen sont distribués et le match est remis à l'endroit. À l'heure de jeu, deux essais de Fouroux et Harize et la botte de Romeu ont permis de remettre les compteurs à zéro. 13-13, le match peut commencer ! Les Barbarians s'imposeront finalement 26-22, Joinel et Fouroux achevant le travail en rajoutant deux essais supplémentaires.

Charly Nieucel, le deuxième ligne agenais rentré en début de deuxième mi-temps pour remplacer Palmié, est ravi de pouvoir jouer avec ceux de 1977. D'autant plus que le week-end précédent, il s'est bien embrouillé avec les Toulousains en huitième de finale du championnat, perdu par Agen (4-9)... « J'ai vécu un drôle de paradoxe, raconte-t-il. Souvent, les grosses préparations débouchent sur de petites parties. Là, avec une demi-heure de décrassage et des combinaisons apprises à la va-vite, on a fait un super match ! Et puis c'était bien de se retrouver sous le même maillot que Skrela et Rives. J'étais fier de jouer avec eux. »

Un autre joueur est heureux de porter le premier maillot des Barbarians, le talonneur agenais Daniel Dubroca, qui était remplaçant du France-Écosse de 1977. Et pour répondre à l'invitation des Barbarians, il a laissé son beau-père, Jean Pano, ancien pilier de Villeneuve XIII puis de l'équipe de France, travailler seul dans leurs vergers de pommiers. « Mais c'était un privilège d'être un remplaçant dans une pareille équipe... réplique-t-il. L'équipe de 77 a marqué les esprits en même temps qu'elle marquait son territoire. Tout le monde voulait respecter le maillot. Les avants mâchaient le travail et les actions allaient ensuite à quinze... Jouer avec ces mecs-là fut pour moi une formidable expérience. Merci à JFI [Jean-François Imbernon] qui a demandé à sortir et m'a permis de jouer les dernières vingt minutes du match. Respect ! J'ai pu rentrer sur le terrain d'Armandie pour faire partie de l'histoire. À l'époque, c'était dur pour moi. Jacques Fouroux ne m'a jamais fait de cadeau. Je suis resté longtemps devant la porte du XV de France avant de pouvoir l'ouvrir. Il m'a fait tirer la langue. Mais se retrouver à Agen, chez moi, avec ceux du Grand Chelem, vous ne pouvez pas imaginer l'immense plaisir que j'éprouvais... Je n'étais plus dans la peau d'un invité mais dans celle d'un véritable membre de la famille. »

Un autre « invité » à la fête agenaise a gardé un souvenir ému de l'instant, le trois-quarts centre de La Rochelle Henri Magois. Il avait connu les honneurs de la sélection en 1968. Douze ans après, il retrouvait le niveau international. « Cette invitation fut pour moi aussi forte qu'une sélection en équipe de France, avoue-t-il. J'étais loin d'imaginer que j'existais aux yeux de cette génération. Quel merveilleux accueil ! Le soir, avant le match, nous avons évoqué nos souvenirs. Le lendemain matin, après le forfait de François Sangalli, on m'apprenait que j'étais titularisé au côté de Didier Codorniou. Après le déjeuner, vers 11 heures, il y eut la remise des maillots. Une grande cérémonie, longue et émouvante. Guy Basquet a eu un mot pour chacun. "C'est la première fois que ce maillot va vivre. Il faudra qu'il vive sur le terrain", nous a-t-il dit. De retour au vestiaire, une fois le match terminé, nous étions fiers d'avoir effectivement fait naître et vivre ce maillot. Je vous l'assure, celui-là, je ne l'échangerais à aucun prix. »

Barbarian d'un jour. Barbarian toujours.

« TON SOURIRE À LA MAIN… »

Par Jean-Loup Dabadie

Académicien depuis 2008, Jean-Loup Dabadie était un homme de lettres aux multiples facettes. Romancier, parolier (il a composé des chansons pour Serge Reggiani, Michel Polnareff, Jacques Dutronc ou Julien Clerc), il a écrit pour le théâtre et le cinéma. Metteur en scène dramatique, scénariste et dialoguiste, il a marqué son époque. Grand amateur de rugby, sport qu'il pratiquait en folklo, il s'est éteint le 24 mai 2020, à l'âge de 81 ans. Il nous a laissé ce texte, en hommage à ses amis barbarians.

« Michel Pomathios, je l'ai vu jouer, les amis ! Trois ans avant qu'il ne devienne le premier Français invité par les Barbarians britanniques ! C'était un après-midi de 1948, j'étais petit garçon. Ce samedi-là, Colombes battait des ailes, deux ailes merveilleuses : Maurice Siman, de Castres, et Michel Pomathios, du LOU.

Je me présente : Jean-Loup Dabadie, de Grenoble. Mon oncle René, ex-demi de mêlée du FCG, nous avait amenés à Paris, son fils et moi, pour le match du tournoi contre l'Angleterre ! Pourquoi ? Pour l'amour fou du rugby, sport que nous enseignaient dès la naissance les femmes de la famille, ma grand-mère, mes tantes, ma mère. Il nous avait fallu payer notre voyage rêvé en bonnes notes sonnantes et trébuchantes, en composition française, en thème latin et en version grecque. Qu'est-ce que je disais ? France-Angleterre ! Les Coqs. La Rose. La Marseillaise. La pelouse. God Save the Queen. Et la France qui gagne, 15-0 ! J'allais rester émerveillé à vie.

Voici la compo, comme nous disons entre jeunes aujourd'hui… Alvarez – Siman, Junquas, Dizabo, Pomathios – (o) Terreau, (m) Bergougnan – Matheu, Basquet (cap.), Prat – Moga, Soro – Caron, Jol, Buzy…

Finalement, je demande à messieurs les correcteurs de ne pas corriger[1]. Désolé, je ne peux

1. Lucien Caron était bien à gauche en tête de mêlée. En revanche, ce n'est pas le Bayonnais Louis Junquas qui jouait au centre, mais le Bressan Maurice Terreau. À l'ouverture, le Toulonnais Léon Bordenave formait la charnière avec Yves Bergougnan, tandis qu'au talonnage, le Palois Lucien Martin officiait « dans la cage », en lieu et place du Biarrot Marcel Jol !

plus modifier l'équipe qui joue depuis si longtemps dans ma mémoire, équipe où Yves Bergougnan tenait l'archet. L'élégance, le style de sa passe, tel le style d'une phrase, longue, ondulée – ou brève, en tout cas soudaine, lançant la vague et la maîtrisant du regard... Bergougnan était un Barbarian français sans le savoir. *Nolens volens.* Bon gré, mal gré... Ce jour-là, il tape un drop[2] derrière sa mêlée et rentre aux vestiaires comme un danseur à peine fatigué. La victoire en dansant.

Est-ce ce souvenir lumineux qui me valut d'être sélectionné par Serge Kampf, Serge le Magnifique, pour entrer dans le livre des Barbarians ? Peut-être... Ce ne sont quand même pas les quelques passes échangées avec d'autres cadets du CASG dans la brume glaciale de Jean-Bouin qui auront fait de moi une légende ! Ni le fait qu'au lycée Louis-le-Grand, durant mes années d'hypokhâgne et de khâgne, notre professeur d'"éducation physique" se nommait "Zézé" Dufau ! Capitaine en activité de l'équipe de France... et si humble avec ses élèves. Le monde à l'envers !

Sur le bateau ou dans le train, on festoyait dans les compartiments. À un journaliste anglais qui lui demandait ce qu'ils mangeaient avant les matchs, Robert Soro répondit sérieusement : "Ça dépend de l'état du terrain !" Une fois, à Cardiff, nous avions pris une valise sévère. J'entends encore la douce voix de "Peïo" Alvarez : "Il faut dire qu'on a laissé beaucoup de points dans la terrine de maman Moga !"

Gloire à vous, les Barbarians français, jusqu'à la fin des temps, à votre cœur d'or et à votre beau maillot bleu, bleu et bleu... Restez ouverts !

”

2. À cette époque, le drop valait 4 points, mieux qu'un essai ou une pénalité, 3 points chacun.

Jean Dauger, depuis son balcon au Paradis des artistes, s'en délectait par avance. Les All Blacks chez lui, à Bayonne, face à cette nouvelle équipe des Barbarians revendiquant un rugby de mouvement. « Le Prince de l'attaque », qui aurait fait un formidable Barbarian, ne pouvait pas manquer pareille fête, dans un Parc des sports Saint-Léon enthousiaste, stade rebaptisé plus tard de son nom (en 2001). Il ne fut pas déçu. Les Barbarians se montrèrent à la hauteur. Jean Dauger s'enthousiasma, et le public basque avec lui, pour applaudir le formidable essai inscrit par le centre toulousain Thierry Merlos.

ANDY & ANDY, ROIS DE BAYONNE

Un modèle du genre, parti d'une relance de son camp, avec passes sur un pas de Martinez puis Viviès, un *tchik-tchak* du « Merle » conclu par une course de soixante mètres. Les Barbarians prenaient l'avantage (9-6) juste avant la mi-temps. « Moi, c'est à l'apéro que je gagne les dixièmes », s'était amusé Merlos en chambrant Andy Irvine, premier joueur étranger invité à porter le maillot des Barbarians. La veille du match, au bar de l'hôtel, Irvine avait supplié son ouvreur, Bernard Viviès : « *Please*... on va attaquer ? » Pas le genre de consigne qu'il fallait répéter à l'Agenais. « Et comment qu'on va attaquer... Des vestiaires si tu veux ! Tu attaqueras comme tu le voudras, comme tu le sentiras... » Et Viviès, la moustache frétillante, de trinquer avec Irvine à la santé du jeu d'attaque. « C'est la première fois... et la dernière que j'ai bu du vin avant un match, s'amusait l'Écossais. D'autres, apparemment, avaient plus l'habitude que moi ! »

Robert Paparemborde n'en revenait pas de se retrouver dans le même vestiaire qu'Irvine. « Ça nous faisait tout drôle, s'amusait-il. Porter le même maillot de celui qui était notre cible privilégiée quand nous jouions contre les Écossais... Nous le craignions tellement. Nous avions l'habitude de nous motiver en pensant à lui, aux misères qu'il allait nous faire... » La magie des Barbarians.

De retour dans les vestiaires, Irvine est aux anges. Tellement qu'« Ivanhoé », surnom donné par Roger Couderc, commettra deux erreurs en seconde période, qui offriront le gain du match aux All Blacks. Qu'importe. Les relances pleines de panache, les gestes techniques de classe dont il avait gratifié ses coéquipiers faisaient de lui un Barbarian avec un grand B. « On ne lui avait donné aucune consigne, se souvient Roland Petrissans, un des quatre joueurs bayonnais sur le terrain avec Belascain, Pardo et Bournebougle. Jouer avec lui était plaisant. »

« C'était fabuleux, raconte Bernard Viviès. Jouer les All Blacks sans aucune pression, il n'y a que les Barbarians qui pouvaient t'offrir un tel plaisir. On démarrait le match avec une seule envie : nous amuser. Et comme dans les vestiaires, Jean-Pierre [Rives], Jacques [Fouroux] dédramatisaient les situations, on se régalait ! Ce jour-là, je retrouvais mon vieux compère, "Gégé" Martinez. On avait fait ensemble toutes les sélections de jeunes, avec la sélection des Pyrénées d'abord, puis les équipes de France cadets, juniors, scolaires. Jamais avec le XV de France. On était tellement complices tous les deux, on se trouvait les yeux fermés ! » Et pas que sur les terrains... La troisième mi-temps de Bayonne est restée dans les mémoires... Avec Merlos, Blanco ou Pardo, festaïres dans l'âme, ils revisitèrent les célèbres fêtes locales. « Nous avions terminé la soirée à San Sebastian, se souvient "Lolo" Pardo. Avec "Le Merle" et Bernard [Viviès], on avait pris l'autoroute, qui venait juste d'ouvrir. Nous avions passé la frontière sans nous arrêter, tous feux éteints... On avait la connerie ! Pourquoi ? Peut-être que l'un d'entre nous avait oublié ses papiers, c'est possible... Ou par jeu. Sur l'autoroute, inaugurée récemment, je ne savais pas très bien où étaient situées les guérites de la douane ! On s'était arrêtés à Irun boire quelques gin tonics... très toniques ! Il fallait mettre douze glaçons par gin tellement les verres étaient grands ! »

Tandis que Viviès, son coéquipier agenais, partait en bringue avec ses « zozos » « Lolo » et « Merlo », le talonneur Jean-Louis Dupont avait du mal à redescendre sur terre. « Vous vous rendez compte, moi, un tout petit agriculteur du Lot-et-Garonne, je me retrouvais face aux All Blacks à côté de Paparemborde. Face à Graham Mourie et Hika Reid [talonneur All Black]... Et le haka pour couronner le tout ! » Il réalisait tout le sens d'une phrase de « Lolo » Pardo, magnifique : « Le Paradis, je connais ! J'y ai été ! C'est un match de rugby... avec les Barbarians ! Ils ont la potion magique ! » Le gin tonic ?

Peu importait que le dernier mot de ce match soit finalement revenu aux Blacks (28-18). Et puis, un Andy l'avait finalement emporté. Non pas Irvine, le néo-Barbarian, mais l'ancien deuxième ligne tarbais Andy Haden, qui deviendra une légende en Nouvelle-Zélande. *Adishatz* !

▶
Serge BLANCO est l'une des icônes du rugby français… et des Barbarians. Face aux All Blacks, à Bayonne, il tient en respect son vis-à-vis, Stuart Wilson.

13
7
14

« J'ENVIE LES JOUEURS FRANÇAIS »

Par Andy Irvine

Andy Irvine, surnommé « Ivanhoé », est l'une des légendes du rugby écossais. Sélectionné à 51 reprises entre 1972 et 1982, il a inscrit 9 essais. Il a joué 9 fois pour les Lions en 3 tournées (1974, 1977 et 1980). Premier joueur étranger invité à porter le maillot des Barbarians français (1981) contre les All Blacks à Bayonne (défaite 18-28), il a été retenu à 16 reprises avec les Baa Baas britanniques (1973-1979).

« Tout d'abord, je dois avouer que j'ai ressenti comme un honneur et un privilège d'être choisi pour jouer avec les Barbarians français face aux All Blacks ! Un sentiment d'autant plus fort que j'étais le premier "étranger" à porter ce maillot. S'il faut évoquer le match proprement dit, sachez qu'il est toujours décevant de perdre. Mais je me souviens que notre performance était louable, pour une équipe, rassemblée au tout dernier moment.

Ceux qui me connaissent le savent, je suis depuis toujours un très grand admirateur du rugby pratiqué en France. J'ai joué de nombreux matchs pour l'Écosse et si je demeure profondément écossais, j'envie les joueurs français ! Ils jouent dans un style, avec un flair et une passion qui n'ont pas leur équivalent chez nous. C'est pour cette raison que je garde un grand souvenir de la partie jouée avec les Barbarians français, avec Serge Blanco, Laurent Pardo ou Robert Paparemborde. À l'issue de ce moment tellement particulier, on m'a offert un emblème. Il est censé commémorer ma sélection avec les Barbarians français et occupe depuis cette époque une place de choix dans le hall d'entrée de ma maison.

Le rugby a énormément changé ces dernières années. J'espère que des équipes comme les Barbarians français ou britanniques continueront de vivre et de prospérer. Pour avoir porté leurs deux couleurs, elles symbolisent à mes yeux le plus excitant et le plus distrayant de ce jeu. »

Les Barbarians grandissent au fil des ans. Pour leur cinquième sortie, ils invitent l'Australie dans la plus pure tradition des Baa Baas britanniques, c'est-à-dire que le match est programmé en baisser de rideau de la tournée d'automne. Une garantie de spectacle, l'équipe visiteuse étant débarrassée de toute forme de pression.

1983

LES BARBARES DE LA RADE

Le public toulonnais a rempli le stade Mayol pour venir voir les frères Ella, Campese ou Poidevin. Il ne sera pas déçu. L'équipe australienne joue un rugby enthousiasmant, animé par le premier Aborigène retenu chez les Wallabies, dont il sera capitaine, Mark Ella. Avec son frère Glen, ils inscriront d'ailleurs les deux premiers essais pour leur équipe. À l'ouverture, Mark Ella, malgré un physique « normal » donnait une autre dimension au jeu. Il cherchait à attaquer les défenses en allant chercher la ligne d'avantage ou en la défiant par de petits coups de pied tactiques. « Ses tours de passe-passe, ses leurres et ses feintes en tout genre étaient hypnotiques », s'amusera à raconter l'un de ses coéquipiers. Philippe Sella, tout jeune international qui enfilait pour la première fois de sa carrière prometteuse le maillot des Barbarians, fit les frais du talent de son presque homonyme... Coffré avec le ballon par l'ailier Brendan Moon sur un astucieux coup de pied à suivre de Mark Ella, il dut relâcher le ballon, ramassé par l'ouvreur australien pour le premier essai du match. Jusqu'alors, on avait surtout les maillots bleus à l'attaque. Dès le coup d'envoi, l'arrière bayonnais Claude Uthurrisq, champion de pelote basque, roi de la *cesta punta*, avait allumé le feu en relançant son premier ballon. Persuadé qu'il fallait prendre les Australiens à leur propre jeu, le futur docteur, venu en train jusqu'à Toulon entre deux examens de médecine, avait décidé d'opérer à sa façon en jouant tous les ballons à la main... Rives et Sella entretinrent l'espoir, mais les artistes australiens eurent le dernier mot. Mayol crut à l'égalisation lorsque son « chouchou », le troisième ligne du RC Toulon, Philippe Coulais, inscrivit le quatrième essai français. Mais le buteur Guy Laporte, d'ordinaire si précis, manqua la transformation qui frôla un poteau... du mauvais côté. Un simple détail pour Jean-Charles Orso, troisième ligne niçois monté d'un cran pour ce match, tout heureux de découvrir l'univers des Baa Baas français. « Ce fut intense, digne d'un match international, expliquait l'international français privé du deuxième test-match contre les Australiens à cause d'une blessure à l'œil. Ces rendez-vous sont des lieux d'échange où l'on fait sauter les barrières, où l'on va plus facilement vers les autres, où l'on cherche à découvrir une autre culture. On a le temps de se côtoyer, de se parler, d'apprendre à se connaître. Je n'avais pas eu le temps de philosopher avec Andrew Slack, le capitaine australien. Mais j'avais été heureux de boire quelques bières avec lui et de le retrouver trois ans plus tard avec le XV de France, à Brisbane ».

Si ce match de Toulon fut le premier d'Orso, en revanche il fut le dernier de Robert Paparemborde sous le maillot aux trois bleus. Il pouvait quitter le navire l'esprit tranquille. Lui qui souhaitait voir ses Barbarians s'émanciper venait de constater combien son équipe était devenue mature.

La fête, si belle, faillit pourtant être gâchée par la vilaine blessure au mollet du demi de mêlée rochelais Jean-Pierre Elissalde. « Je me suis déchiré le mollet gauche, se souvient-il. À l'époque, j'étais encore en concurrence avec Gérald Martinez pour le poste de numéro 9 en équipe de France. Je tournais bien. En cours de match, je suis touché au mollet. Je termine le match à l'agonie. J'avais mal. Le docteur Pène m'a administré une piqûre aux corticoïdes pour soulager la douleur. Le lendemain, la douleur était toujours aussi intense, je souffrais comme rarement... » Au moment de quitter l'hôtel des Baa Baas, et de monter dans l'avion pour Bordeaux, Laurent Pardo sent bien que son coéquipier de la veille n'est pas au mieux de sa forme. Il l'accompagne jusqu'au quai de la gare Saint-Jean, où Elissalde doit prendre le train pour rentrer chez lui, à La Rochelle. « J'étais KO debout, poursuit ce dernier. Je monte dans le train, qui avait Saintes pour terminus. Abruti par les calmants, je me suis assoupi. J'ai raté l'arrêt à La Rochelle et je me suis retrouvé à Saintes, sur une voie de garage. Ce sont les femmes de ménage du train qui m'ont trouvé là et m'ont réveillé. Je ne pouvais pas marcher. J'ai appelé une ambulance. Elle m'a conduit immédiatement à l'hôpital. Mon kiné au stade Rochelais est arrivé et nous avons vu le professeur Olivier qui nous dit : "Il faut opérer tout de suite !" Je faisais une hémorragie interne. Le sang de l'hématome s'était coagulé entre le muscle du mollet et l'os. Le tibia compressait mon nerf sciatique et le muscle s'était nécrosé. Le soir même j'étais opéré. Je suis rentré chez moi quarante jours plus tard, après cinq opérations ! Et j'ai rejoué au rugby cinq mois après le match de Toulon... Je crois que c'est pendant cette période que j'ai commencé à avoir des cheveux blancs. Il faut dire que je ne savais pas si j'allais finir paralysé de la jambe gauche... Il me reste en souvenir une cicatrice de quarante centimètres au mollet. Selon mon humeur, je dis que j'ai été mordu par un crocodile... ou un requin... Ça dépend des jours ! »

Quand il apprit, bien plus tard, la mésaventure de Jean-Pierre Elissalde, Jacques Fouroux promit au Rochelais de venir fêter son jubilé avec une équipe des Barbarians. Ce qui se réalisa à La Rochelle, en 1988.

« J'ai souvent dit que je n'étais pas fait pour jouer au rugby, et pourtant j'y ai joué pendant quinze ans ! J'ai une explication : si je n'avais pas été blond, je n'aurais pas été moi. Et si je n'avais pas été moi, je n'aurais peut-être pas joué au rugby... Donc, si je joue au rugby, c'est probablement parce que je suis blond ! »

Évidemment, présenté comme ça...

Tout Jean-Pierre Rives résumé en une phrase. Sa définition sur la relativité ne mettra pas en péril celle d'Albert Einstein. Mais elle cible à merveille le personnage. Autodérision, humour au bout des lèvres, pince-sans-rire, le Toulousain donne l'impression de tout prendre à la légère. Ce qui n'est pas le cas. Jouer sérieusement sans se prendre au sérieux, telle aurait pu être sa devise. Hors des terrains, il cachait son jeu derrière les paravents d'une nonchalance et d'une sorte de je-m'en-foutisme qui exaspéraient parfois ceux qui ne le connaissaient pas bien. « À l'époque, se souvient Jean-Pierre Romeu, il se moquait de tout. Il arrivait toujours en retard à l'entraînement, traînait des pieds pour

JEAN-PIERRE RIVES

Les enfants de « Casque d'Or »

s'entraîner... » Jean-Pierre Bastiat, son compère de la troisième ligne des Bleus du Grand Chelem 1977, l'avait surnommé « L'Amnésique », comme s'il débarquait d'une autre planète pour s'entraîner ou jouer un match. « Il n'aimait pas s'entraîner, c'est sûr, renchérit Bastiat. Mais quand il y était, il n'en sortait plus. Et dans les matchs, je ne sais pas où il allait chercher son énergie et sa volonté. Il mettait le compte-tours au-dessus de la normale. »

Dès qu'il foule l'herbe d'un terrain de rugby, Rives déborde d'activité. Il n'hésite pas à mettre sa tête blonde dans des regroupements périlleux. Cette chère tête blonde qui fera de lui un héros des temps modernes, l'icône du rugby français. Tout ce qu'il n'aimait pas en fait... Il préférait la notion de partage, d'amitié, ce rendez-vous sur le pré qui crée des liens indéfectibles. « Dans notre sport, avouait-il, ce qui est formidable, c'est qu'on se reconnaît sans se connaître... » Lui était reconnaissable entre mille. Sa tête blonde attirait sur lui tous les regards, lui valait d'entendre aussi toutes les moqueries. « Dans le rugby, j'aurais connu les pires insultes », disait-il. Les spectateurs s'enthousiasment pour sa générosité ; ses coéquipiers se rallient à sa crinière ; ses adversaires le ciblent avec facilité ; et les jolies dames fondent sous le charme du « Blond »... Cette chevelure lui vaudra un surnom, « Casque d'or », imaginé par le seizième homme des Bleus, Roger Couderc. Le commentateur fétiche du XV de France récupérera le maillot ensanglanté de son « petit », lors du banquet de France-Galles, le 19 mars 1983. Le célèbre maillot blanc et rouge, du sang... de Serge Blanco, percuté violemment par son capitaine sur un plaquage. Ce fut le cadeau d'adieu de « Casque d'or » à l'indéfectible défenseur du rugby qui venait de commenter son dernier match pour Antenne 2. « Roger, en fait, fut mon premier directeur de marketing, se marre Rives. Quelque part, si j'ai existé, c'est grâce à lui ! »

L'exemple des Baa Baas

Après le Grand Chelem de 1977 et la retraite internationale de Jacques Fouroux, Jean-Pierre Rives hérite du brassard de capitaine d'un XV de France conquérant, qui s'en va défier les All Blacks sur leurs terres, à l'été 1979. Il est le fer de lance du succès historique des Bleus, un 14 juillet à Auckland. La première victoire française au pays du long nuage blanc. Un moment de bravoure qui amplifie son aura. Rives est alors à l'apogée de sa carrière.

Retenu avec les Barbarians britanniques après le Grand Chelem 1977 pour défier les Lions britanniques à Twickenham, le jour du jubilé de la Reine, il revient de Londres les yeux pétillants et le cerveau en fusion. Le rugby français devait avoir ses Barbarians ! « Ça reste un souvenir inoubliable, raconte son vieux compère toulousain de la troisième ligne, Jean-Claude Skrela, lui aussi invité à la *garden-party* londonienne avec Jean-Pierre Bastiat. On a pris du plaisir durant tout le séjour. Nous nous sommes régalés sur le terrain... et en dehors. La veille, jamais on n'aurait pensé que nous allions jouer un match de gala emblématique contre les Lions de retour d'une tournée en Nouvelle-Zélande. Nous étions au pub à boire des bières, lui tournait au coca, dans la plus pure tradition britannique. Le lendemain, nous nous sommes retrouvés dans le temple de Twickenham, avec ses tribunes en bois, ses vestiaires où l'on se baignait dans de vraies baignoires, à l'ancienne. Nous trouvions ça génial ! Les journalistes venaient nous interviewer, nous étions en train de nous frotter le dos dans une baignoire ! Une autre époque, une autre ambiance. Je me souviens de sa première discussion avec le président des Baa Baas [Herbert Waddell]. Il lui a dit : "Ce serait génial si on pouvait avoir les Baa Baas en France..." Comme il parlait parfaitement l'anglais le courant est tout de suite passé. Le président n'a pas dit oui... il n'a pas dit non non plus... Leur deuxième contact sera décisif. » Jean-Pierre Rives revient à Paris avec une idée fixe : les Gaulois doivent avoir leurs Barbarians. « Ce n'était pas le rugby préféré de Jacques Fouroux, s'amuse Skrela. Le jeu débridé, ce n'était pas son dada. Mais bon, la conviction de Jean-Pierre a persuadé Fouroux. Ils se sont approprié l'idée, l'ont défendue auprès des dirigeants de la FFR. Jean-Pierre reste l'inventeur, la cheville ouvrière, l'instigateur, tout ce que tu veux, des Barbarians français. »

Le duo Rives-Fouroux va déployer toute son énergie pour mener à bien ce rêve un peu fou. À leur grande surprise, Albert Ferrasse, le président de la FFR, qui n'est pas un fan du *made in Britain,* les soutient dans leur entreprise. À une seule condition, qu'ils prennent son adjoint, Guy Basquet, pour président. Les Barbarians verront le jour, par une jolie soirée du mois d'août 1979, à Sarlat. Un an plus tard, ils jouent leur premier match à Agen, face aux Écossais. Fouroux est capitaine, Rives son bras droit. Il peut commencer à marteler ses messages : « Jouez, amusez-vous, régalez-vous, prenez du plaisir ! » avant de rajouter : « Soyez bons, soyez mauvais, mais ne soyez jamais médiocres ! Ne jouez pas comme des lapins domestiques. Faites-vous plaisir ! » Dix ans durant, il mettra son talent, ses relations et son énergie à faire des Barbarians un club à part, une équipe pas comme les autres, avec l'âme d'un enfant capable de s'émerveiller à la seule vue d'un ballon, ovale bien sûr... « Pour aimer le Rugby [le R majuscule est intentionnel], il faut aimer le temps qui passe. On peut douter de soi, parce qu'on est sûr des autres. Il faut croire au passé et rêver le futur pour le construire. Pour aimer le Rugby, il faut être passionné, car seuls les passionnés sont passionnants. » Une fois sa carrière de joueur achevée, « il a arrêté parce que le ballon devenait de plus en plus petit, et le terrain de plus en plus grand... » Il s'investit davantage

13

encore pour défendre la place des Barbarians dans le rugby français au début des années 1990. Avec Paparemborde et Palmié, Rives est élu au comité directeur de la FFR. Il négocie un espace de liberté avec le nouveau président, Bernard Lapasset, en prenant soin de ne pas mêler les Barbarians aux joutes politiques qui ont embrasé le rugby français. À la grande surprise de ses anciens coéquipiers, « Le Blond » va au charbon. Marcel Martin, alors dirigeant de l'ERC et du comité des cinq Nations, le désigne comme le « Gardien du temple ». « Parce que, dit-il, il a voulu le premier protéger ce club tout en souhaitant l'ouverture. » C'est dans ce sens que seront cooptés en 1992 les Maso, Boniface... et Serge Kampf. L'industriel isérois deviendra le bailleur de fonds... et le sauveur des Barbarians. « Les Barbarians français ne voulaient pas prendre le risque de disparaître dans les inévitables travers de la consanguinité », assure Jean-Pierre Bastiat. Il est nommé président des Barbarians, mais assure une présidence discrète. Ce qui fait dire à Serge Kampf : « Les Barbarians sont une église, mais dieu n'est jamais là... » Lui réplique du tac au tac : « Serge, il secoue un cocotier d'où rien ne tombe. Le pôvre ! » Quand il rejoint ses Baa Baas, une fois l'an, Rives retrouve très vite ses repères, joue avec les mots, distille ses phrases magnifiques qui en font un rugbyman à part. Il arrosait ses soirées au coca, ce qui le rendait suspect aux yeux de ses coéquipiers... « Il était peut-être moins con que nous », ose Bastiat. Il assumait pleinement sa différence, l'entretenait même. « Le rugby, dit-il un jour, est un sport qui permet aux enfants d'être plus rapidement des hommes et aux hommes de rester plus longtemps des enfants. » Une phrase qui colle à la peau de l'éternel gamin.

Quarante ans ont passé. Fouroux et « Patou » sont partis. « Le Suisse » (Serge Kampf) aussi ! « Dieu », ainsi que le surnommait Kampf, est toujours là. « Le Barbarian Rugby Club est une religion, une sorte d'église sans curé ni bon Dieu. Il est très difficile d'y entrer et impossible d'en sortir. »

Difficile de terminer ce portrait sans offrir un dernier plaisir de la magie des mots que Jean-Pierre Rives verbalise si bien : « Sur le terrain, j'ai essayé de faire comme les autres et je n'y suis pas tout le temps parvenu... » On pourrait rajouter qu'en dehors des terrains, il a toujours voulu ne pas faire comme les autres. Et il a fort bien réussi !

« AU NOM DE L'AMITIÉ, DE TOUTES LES AMITIÉS »

Par Richard Bohringer

César du meilleur acteur à deux reprises (en 1985 et 1998), Richard Bohringer a joué au théâtre, au cinéma, pour la télévision, a animé des émissions radio, écrit des livres, sorti trois albums de chansons. Grand amoureux de l'Afrique, il a obtenu la nationalité sénégalaise en 2002. C'est par Denis Charvet qu'il découvre le rugby. Une amitié qui ne s'est jamais démentie depuis.

« J'ai dû voir jouer deux fois les Barbarians dans ma vie, mais je ne me souviens plus en quelle occasion… Quelle importance ? J'ai le souvenir de mecs tout à fait étonnants, comme "le Petit Prince", Codorniou, et ses compagnons, qui pratiquaient un rugby tout à fait limpide. Ils offraient au spectateur que j'étais la quintessence de ce plaisir intense procuré par ce sport de rugby qui recèle en lui toutes les qualités qui font les hommes, et toutes les errances de ces qualités. L'amitié, la solidarité, la fraternité exprimées par des joueurs de grande qualité. C'était à la fois bouleversant de les voir jouer, et exaltant.

Le lien qui m'unissait aux Barbarians, c'était Denis, bien sûr. Une grande amitié me liait à Paul, son père, "Casi"… Il était mon oreille, mon confident, comme un grand frère. Quand je rentrais, fracassé, d'une virée nocturne et que j'éprouvais le besoin de confier mes états d'âme, mes états d'homme, c'est lui que j'appelais. Il pouvait être 4 ou 5 heures du matin, il répondait toujours. Et je lui déballais tout ce que j'avais sur le cœur ! Toute la famille Charvet était formidable pour moi. Je me souviens d'une finale de championnat [1985], où un joueur magnifique avait illuminé la rencontre. Il exprimait avec son corps, sa vélocité, ses arabesques, un mental formidable. C'était un cheval fou, un cheval ardent, doté d'une très belle âme, qu'il a su garder au fil du temps, et défendre contre vents et marées. Ce jour-là, au Parc des Princes, j'étais assis à côté de sa grand-mère, Geneviève, que l'on surnommait "Minette". Elle avait un vocabulaire, des mots que je ne comprenais pas. Je ne pigeais rien à ce qu'elle me disait ! Elle parlait "d'obus qui transperçait le ciel"... ou "d'une balle qui déchirait l'air"... Fallait comprendre qu'elle parlait de son Denis, qui transperçait les défenses à la vitesse d'une balle ou d'un obus ! À un moment du match, elle a eu une phrase formidable. Le stade était baigné de la lumière ensoleillée d'une belle journée de début d'été. Une partie du Parc était illuminée par le soleil, tandis que l'autre restait dans l'ombre. Et elle a sorti ces mots magiques : "Denis, emmène le ballon dans le soleil, ce sera beau à voir..." Elle avait vu juste "Minette" !

Les Barbarians étaient faits pour Denis. Ou l'inverse. L'amitié qui le liait à Jean-Pierre Rives, à l'origine de cette équipe à nulle autre pareille, cette amitié indéfectible, qui jamais ne s'est démentie malgré les vicissitudes ou les entourloupes de la vie, a fait la légende des Barbarians. Jean-Pierre, le grand frère, libre comme l'air, a pris sous son aile Denis, le petit frère, libre comme... l'air ! Et cette amitié partagée, cette putain d'amitié qui est le ciment des hommes, on la retrouve chez les Barbarians. Ils sont une belle invention, qui a réuni en son sein des joueurs hors normes. Tous les cadors de cette époque, les années 1980-1990, ont voulu goûter à l'ambiance si particulière des Barbarians. Comme un bol d'air pur dans un sport si dur. Les autres ont adhéré et participé aux escapades rugbystiques qui débordent largement des deux mi-temps d'un match pour s'en aller faire des sauts de carpes dans l'ivresse de la nuit, ces échappées enivrantes qui font les écailles un peu moins brillantes, mais qui forgent des amitiés éblouissantes et écrivent des histoires magnifiques. Comme celle des Barbarians !

"

Jacques Fouroux l'avait promis à Jean-Pierre Ellisalde, après sa mésaventure de 1983 à Toulon : « Les Barbarians seront là pour ton jubilé ! » Il tiendra sa parole. Lorsque le demi de mêlée rochelais tire sa révérence sportive, au mois de mai 1988, les Barbarians viennent participer à la fête pour un week-end de folie ! Une folie douce, orchestrée par un maître de cérémonie expert en la manière, Yvan Caris, président du Stade Rochelais et instigateur des « Rugbyfolies », trois jours dédiés au rugby, un par mi-temps... « Caris, architecte de métier, était le créateur des Archiball, une équipe folklo qui a marqué son époque, raconte Elissalde. Il était très doué pour organiser les troisièmes mi-temps, un peu moins pour gérer les comptes... C'est lui qui organisa ce week-end resté dans les annales. Moi, j'avais joué le lever de rideau avec La Rochelle, contre l'Aviron Bayonnais, mon deuxième club de cœur. Et puis les Barbarians ont fait disjoncter Deflandre... » Opposés aux Irlandais de Willie Anderson, ils ont formé

« RUGBYFOLIES » À LA ROCHELLE

une équipe qui a fière allure, avec les renforts du demi de mêlée champion du monde néo-zélandais David Kirk, venu d'Oxford où il terminait ses études, et du deuxième ligne australien de Brive, Peter FitzSimons. C'est ce dernier qui servit d'interprète dans le vestiaire pour traduire les recommandations du stratège All Black. Gérard Bertrand, ancien troisième ligne du RC Narbonne, invité à la fête rochelaise, est resté sous le charme de la personnalité de celui qui avait soulevé la première Coupe du monde de rugby l'année précédente à Auckland. « Avant le match, raconte Bertrand, David avait pris la parole une dizaine de minutes. J'étais marqué par son gabarit, fluet, sa petite taille. Mais quelle intelligence, quelle autorité. Pendant cinq minutes, il a martelé son message. "Respectez les fondamentaux : plaquage, mêlée, protection en touche... Et vite, le ballon derrière !" Difficile de ne pas suivre les directives d'un tel chef d'orchestre. Au côté de Kirk, Franck Mesnel dirigea la manœuvre avec brio, abreuvant ses lignes arrière, en majorité ses potes du showbiz au Racing (Jean-Ba Lafond, Éric Blanc) de ballons aussi savoureux qu'une cuillerée de caviar. L'ouvreur du Racing, en écoutant Kirk, avait oublié les préceptes de Jacques Fouroux, « ses réflexes de Pavlov » comme il les surnommait... « Jacques nous disait toujours : "Mettez-y la manière, mais il faut gagner !" Moi, je me posais la question : vaut-il mieux gagner pour commencer à s'amuser ? Au Racing comme avec les Barbarians, nous pensions que nous gagnerions avec plus de facilité si nous nous amusions davantage... Au final, nous nous étions plutôt bien amusés. Il faut dire qu'au Racing Club de France, nous formions

AIG

déjà une équipe fortement inspirée par l'esprit barbarian ! C'est avec cet esprit que les joueurs du showbiz deviendront champions de France deux ans plus tard… »

Ces questions existentielles réglées, le festival rochelais pouvait débuter. Au final, sept essais, quatre pour Jean-Baptiste Lafond et un doublé pour l'arrière Serge Blanco, concrétisèrent la domination des Barbarians, larges vainqueurs des Irlandais (41-26). « C'était l'époque de la rivalité Blanco-Lafond pour le poste d'arrière en équipe de France, poursuit Gérard Bertrand. La suprématie du numéro 15 était en jeu. Jacques Fouroux avait eu une phrase merveilleuse pour arbitrer le duel entre les deux. Sur une course, Blanco avait pris le meilleur sur Lafond, d'un petit rien, vingt centimètres… Fouroux, qui avait le sens de la formule, s'adressa à Lafond en ces termes : "Tu vois, Baptiste, il te reste encore vingt centimètres à gagner pour le dépasser…" » À La Rochelle, ce fut Jean-Ba qui l'emporta, auteur de quatre essais et d'un total de 29 points, record de points inscrits sur un seul match par un Barbarian.

Dans cette constellation d'étoiles, la présence de joueurs moins connus, tradition barbarian oblige, apporta sa touche de fraîcheur. Le deuxième ligne rochelais Jean-Pierre Ramade, qui avait abandonné l'espace d'une journée la traite de ses vaches, se délectait de ce qu'il vivait. « Je ne nourrissais aucun complexe vis-à-vis des noms présents, mais j'étais tellement heureux de voir Kirk venir à notre rencontre et se mettre à notre niveau, de parler avec Gérard Bertrand, homme de la terre comme moi, ou d'écouter Jacques Fouroux, avait quelque chose d'irréel… » L'autre Rochelais invité, le pilier Alain Lescalmel, n'oubliera jamais le clin d'œil adressé par Jean-Pierre Garuet avant l'heure de jeu. « Il a simulé une blessure pour que je puisse jouer la fin du match… » Ça c'est Baa Baas !

Le match terminé, les bandas pouvaient se déchaîner, Jean-Pierre Elissalde recevoir son poids en vin de Saint-Estèphe, « du Haut-Marbuzet », et les potaches du showbizz parisien déclamer à qui mieux mieux les répliques d'Audiard, immortalisées par Belmondo et Gabin dans *Un Singe en hiver.* « Ils n'avaient pas arrêté de toute la soirée, soupire Jean-Pierre Elissalde, revenu s'installer à La Rochelle, où il tient une brasserie, Aux vieux crampons, à une portée de fusil de Marcel-Deflandre. Ils connaissaient tous les couplets par cœur. C'était la nuit des artistes ! » Pour leur rendre hommage, concluons par cette tirade de Jean Gabin, que les Barbarians pourraient réciter par cœur : « Si quelque chose devait me manquer, ce ne serait plus du vin, mais de l'ivresse ! » Celle d'un week-end aux « Rugbyfolies » par exemple !

RBC

LA LÉGÈRETÉ DU RUGBY

Par David Kirk

David Kirk restera dans l'histoire comme le premier capitaine à avoir soulevé la Coupe du monde, en 1987, à Auckland. Ce demi de mêlée talentueux ne jouera que 17 fois (11 en tant que capitaine) pour les All Blacks, un problème de tendon mettant un terme à sa carrière alors qu'il n'est âgé que de 27 ans. Tandis qu'il a repris des études à Oxford, il est invité à jouer à deux reprises pour les Barbarians français, en 1988.

« La grande force du rugby néo-zélandais, c'est l'intensité de son environnement. Chaque match important est disséqué, analysé. Chaque joueur de renom est au centre de toutes les discussions, scrupuleusement observé et comparé à ses pairs du moment et du passé. Seul le meilleur est assez bon ! C'est l'une des principales raisons de la réussite des All Blacks depuis plus d'un siècle !

Les Barbarians français m'ont montré qu'il y avait une autre façon d'honorer les anciens et de donner aux jeunes. Si le poids des responsabilités chez un All Black peut être très lourd à supporter, le même fardeau chez un Barbarian français peut être léger. Un Barbarian français ne participe pas seulement à l'histoire et à l'avenir du club, il donne aussi une idée du rugby, en dehors de l'histoire.

Les Barbarians sont reconnus pour démontrer la légèreté du rugby. Ils sont libres de reconnaître la nature fugitive de l'action et sont la parfaite illustration de la légèreté : ils acceptent que les quatre-vingts minutes d'un match de rugby ne puissent être vécues qu'une fois, jouées qu'une fois avec les mêmes joueurs, et qu'elles ne contiennent qu'une fois ces moments de divine inspiration. Cette légèreté est dans le même temps l'expression d'une inaltérable et éternelle idée du rugby.

Je n'échangerai pas un seul moment de ma carrière chez les All Blacks. En toute humilité, j'ai été à la fois un héritier et un légataire de la plus fière tradition de rugby dans le monde. Mais sans les Barbarians français, je n'aurais jamais connu la véritable légèreté du rugby. C'est le cadeau qu'ils m'ont fait ! »

AFRIQUE DU SUD
BARBARIANS
31 OCTOBRE 92
STADIUM NORD
Communauté Urbaine de Lille

1992

Le 30 juin 1991, l'Apartheid était officiellement aboli en Afrique du Sud. Après un aparté de cinquante-huit ans, le pays sortait de l'isolement et pouvait se préparer à devenir la nation arc-en-ciel chère à Nelson Mandela, leader de la cause noire, libéré de prison en février 1990. Les Springboks, fierté de l'Afrique du Sud, peuvent renouer contact avec les tests internationaux, les tournées, les échanges. Ils posent leurs bagages en France, seul pays européen qui leur ait tendu la main pendant leur traversée du désert, grâce aux bons rapports entretenus par les présidents des deux fédérations : Ferrasse et Craven. Deux tests ont été conclus. À la surprise générale, les Springboks se sont imposés à Lyon (20-15) avant de s'incliner le samedi suivant au Parc des Princes (29-16). Le 31 octobre, avant de rejoindre l'Angleterre, les coéquipiers de Naas Botha sont à Lille pour célébrer le jubilé Serge Blanco. Les travées du stadium nord, à Villeneuve d'Ascq, sont bondées. Blanco a formé son équipe, où figurent

LES SPRINGBOKS PERDENT LE NORD

huit joueurs mettant eux aussi ce jour-là un terme à leur carrière internationale : ses copains du Biarritz Olympique, Pascal Ondarts, Patrice Lagisquet et Jean Condom. Le Dacquois et futur Biarrot Laurent Rodriguez. Un Toulonnais, Éric Champ, un Toulousain, Denis Charvet, un Agenais, Philippe Sella. Sans oublier Didier Camberabero, le Biterrois de La Voulte. « Un très fort souvenir, raconte Patrice Lagisquet. Pour notre génération, c'était un événement exceptionnel. Nous pensions ne jamais jouer contre les Springboks. Là, enfin, nous allions les jouer ! »

Ce match du souvenir allait en laisser d'autres, impérissables, à ceux qui le disputèrent. Lagisquet, de retour de blessure après quatre mois d'absence, inscrivit le seul essai des Baa Baas, à la demi-heure de jeu. Éric Champ et Abdel Benazzi, qui s'étaient sévèrement « frités » quelques mois plus tôt en demi-finale du Du Manoir, lors d'un explosif Agen-Toulon, firent la paix des braves. Ce match était resté en travers de la gorge du « Barbare de la Rade », privé de finale du championnat – contre le B.O. de Serge Blanco – et du titre des Toulonnais qui s'ensuivit, pour cette bagarre. Finalement, « Éric le rouge... et noir » s'assit sur sa rancœur pour lever le verre de l'amitié avec Benazzi. « On a fait la paix et la fête, sourit Benazzi. Je me suis alors souvenu d'un article paru dans un journal anglais qui me fustigeait parce que j'avais été choisi par les Barbarians pour affronter les All Blacks en 1990. J'étais suspendu pour avoir été expulsé avec le XV de France, en tournée en Australie. Le journaliste anglais estimait qu'un Barbarian se devait d'être irréprochable. J'avais compris la leçon… »

Et puis, appelé pour la première fois chez les Barbarians, Philippe Saint-André roulait de grands yeux ronds. « J'étais le petit "jeunot", se souvient-il, un gars de la nouvelle génération. L'ancienne faisait ses adieux au public et moi j'étais intronisé dans "une famille". L'adoption ne fut pas facile puisque sur le premier ballon d'attaque, la passe sautée que m'adressait Charvet fut interceptée par John Small. Essai, 7-0. Et Denis qui me glisse en souriant : "Je crois qu'on n'a pas bien commencé…" Finalement, nous gagnons. J'étais fier d'avoir accompagné Serge Blanco pour son dernier match international. Fier de découvrir Jean-Pierre Rives ou André Boniface dans les vestiaires lillois. C'est comme si j'entrais dans L'Encyclopédie du rugby… »

Et puis, il convient de dire un mot, ou plusieurs, sur Serge Blanco, qui tira ce jour-là sa révérence. Sur une jambe… Un problème d'adducteurs lui fit comprendre qu'il valait mieux arrêter de martyriser son corps. Après quelques minutes de jeu, il fait une « biscouette cachuète » pour se débarrasser d'un adversaire et botte en touche. Crac, un adducteur lâche. Piqûre. Douleur. « J'ai voulu sortir et je me suis entendu répondre par mes coéquipiers : "Si tu sors, on sort tous !" Il boite soixante-dix minutes durant, mais finalement les Barbarians résistent aux furieux assauts sud-africains et s'imposent 25-20, grâce notamment à la botte de Didier Camberabero. Le lendemain, *L'Équipe* pouvait titrer à sa Une, en hommage à « la bande à "Sergio" » : « Un bancal, quatorze Blanco ! »

« C'était un jubilé collectif, plaisanta l'autre héros du jour, l'ouvreur biterrois Didier Camberabero. Pas question de lâcher après la blessure de Serge. Alors, on a joué chacun à 14,1 pour faire 15 ! À partir de là, même si ce match était très sérieux, on a dévissé le frein à main. » Un bonheur immense envahit les acteurs de ce match mémorable. En de pareils instants, on aimerait arrêter l'horloge du temps. C'est ce que firent les vainqueurs de Lille. Revenus à leur hôtel pour se changer en vue du banquet, ils prolongèrent si longuement leur « dernière tournée » qu'ils arrivèrent au dîner de gala avec plus d'une heure de retard. Lorsqu'ils firent leur entrée dans la salle de réception, ils croisèrent les Springboks, vexés, qui s'en allaient ! Ce petit incident protocolaire aura ses conséquences, un an plus tard…

Loin de se laisser décontenancer, les Barbarians redoublèrent de drôlerie. « Les Springboks faisaient la tronche, se souvient Blanco. Mais moi je crois que je n'ai jamais autant ri que ce soir-là. Lorsque les officiels furent partis, on s'est retrouvé entre nous, et là, Jacques Fouroux a démarré un numéro désopilant… » Avec Jean-Patrick Lescarboura, ils décidèrent de refaire la FFR. Et commencèrent à attribuer les maroquins à tout un chacun… Le très réservé Jean Condom, se voyait attribuer le ministère de la Communication. Laurent Rodriguez, anesthésiste bien connu sur les terrains de l'hexagone, était promu ministre de la Santé publique… La Culture, forcément, allait dans le tablier du sculpteur ferrailleur Jean-Pierre Rives. L'attribution du poste de ministre de l'Intérieur intéressait beaucoup de monde. Devant l'abondance de candidats, on ne sut pas trop à qui le confier… « On rigolait comme des bossus, se souvient Blanco. Notre nouveau gouvernement fédéral avait belle allure. Sauf que personne ne sut qui fut nommé Président ce soir-là… »

Un an plus tard, Serge Blanco reçut une invitation inattendue. Morne Du Plessis, capitaine des Springboks de 1980, lors de la première sélection de Serge Blanco à Pretoria, organisa un match d'anciens, en invitant l'arrière devenu recordman français des sélections avec le XV de France. Ayant eu vent de ce qui s'était passé à Lille l'automne précédent et estimant que l'arrière des Bleus méritait une autre attention de la part des Springboks, il lança l'invitation au Biarrot, qui l'accepta à la seule condition de pouvoir faire des écoles, des *clinics* en anglais, dans les townships. « Je voulais pouvoir aller librement dans les endroits défavorisés pour faire entendre une parole un peu différente. Lorsque je suis arrivé au Cap, tous les Springboks de 1980 étaient là. Même les plus féroces défenseurs de leur maillot et de leurs idées. Les Botha, Serfontein, Louw, Mollman entouraient Morne Du Plessis pour m'accueillir. Il n'en manquait pas un ! Ça a été un véritable tournant dans la relation entre les Springboks et le monde du rugby. Au cours de mon voyage, j'ai pu voir toute une population noire ou métisse se montrer très fière de ma présence, comme réhabilitée. Sur le moment, je ne comprenais pas très bien ce qui m'arrivait. J'étais comme vénéré par tous ces gens que je ne connaissais pas. Et eux me disaient que sans moi, et le combat que j'avais mené en France après le test de 1980, l'Apartheid n'aurait pas été évacué si vite. Enfin, celui qui a fait le plus gros du travail, je vous rassure, reste quand même Nelson Mandela ! »

Le voyage terminé, Blanco réhabilité, Morne Du Plessis eut des mots très forts. « Pour que Serge Blanco soit assuré de notre respect, nous avions décidé de l'inviter en Afrique du Sud. Ce fut une incroyable visite. Comme le retour d'un héros, ou le retour d'un fils dans notre pays. Au stade, 20 000 spectateurs sont venus voir jouer des vétérans de notre rugby, au seul prétexte que Serge Blanco était des nôtres. Et les images de son arrivée, dans une décapotable blanche, avec la foule tout autour, en majorité des gens de couleur, reste un moment d'une grande intensité. C'était magnifique ! Un instant très fort ! »

Deux ans plus tard, les Springboks gagnaient la Coupe du monde, chez eux, à Johannesburg. Et Nelson Mandela, maillot vert et or sur les épaules, remettait au capitaine sud-africain François Pienaar un trophée scellant la réconciliation nationale. Qui sait si l'histoire de Serge Blanco n'a pas eu une petite incidence sur ce retour en grâce des Boks. Avec les Barbarians en toile de fond...

« Notre gouvernement fédéral avait belle allure. Sauf que personne ne sut qui fut nommé Président ce jour-là... »

SUD OUEST
14

◀
À la mi-temps de ce Barbarians-Australie 2005, Guy Novès, entraîneur d'un jour avec Philippe Rougé-Thomas (debout à gauche) et Serge Laïrle (casquette, debout à droite), est satisfait de son équipe. La suite sera plus délicate...

Il est né Barbarian. A grandi Barbarian et fini... Barbarian. Toute sa carrière, Serge Blanco a incarné le profil du Barbarian type. Libre, insaisissable, talentueux, audacieux, gouailleur, plein d'humour et d'amour. Dès qu'il eut quitté le ventre douillet d'Odette, sa mère adorée, il n'eut de cesse de mener l'échappée belle. Celle qui illumine le jeu sur un terrain de rugby.

Jean-Pierre Rives le surnommait « El Mago ». Le Magicien. Non pas qu'il transforma les foulards en lapins, ni les chapeaux en colombes. « Non, je le surnommais ainsi parce que les choses extraordinaires lui paraissaient normales... » Tout compte fait, à la réflexion, il était quand même un peu magicien, capable de quelques tours de passe-passe sortis tout droit d'une boîte magique. Que ce soit sous le maillot du Biarritz Olympique, son club de toujours, du XV de France ou des Barbarians, certains de ses éclairs de génie sont restés dans l'imaginaire collectif, inscrits en lettres dorés dans l'encyclopédie du rugby français. Comme l'essai de 110 mètres inscrit aux Anglais dans le Tournoi 1991 par Philippe Saint-André, dans le temple de Twickenham s'il vous plaît. On joue la dixième minute du Crunch et l'Angleterre mène 3-0. Une pénalité de l'arrière et buteur Marcus Rose, échoue près des poteaux. Pierre Berbizier récupère le ballon, regarde autour de lui et au lieu d'aplatir, sert Blanco qui lui réclame le ballon. « El Mago » relance depuis son en-but, joue parfaitement un trois-contre un que Jean-Baptiste Lafond, Philippe Sella, puis Didier Camberabero bonifient un coup de pied de recentrage pris au rebond par Philippe Saint-André ! Une course de 110 mètres après un ballon anodin ! Les Anglais le baptiseront plus tard « le plus bel essai du monde »...

SERGE BLANCO

« El Mago », né Barbarian

Et puis, bien sûr, il y eut l'essai de la dernière minute face à l'Australie, en demi-finale de la première Coupe du monde 1987, à Sydney. Sa course transversale terminée sur le poteau de touche, derrière la ligne d'essai australienne, propulsa la France en finale ! Le Magicien vous salue bien !

La carrière de Serge Blanco est jalonnée de ces exploits qui en ont fait un joueur à part, et dire à Jean-Pierre Rives. « "Sergio" a certainement été l'un des joueurs les plus doués qui soit passé dans le rugby, assure "Le Blond". Avec Gareth Edwards... dans un autre registre. C'est simple, "Sergio", tous les rebonds étaient pour lui. Il partait à droite, tapait à gauche, et il récupérait toujours le ballon. On ne savait pas où il allait, lui non plus d'ailleurs [sic], mais il prenait toujours la bonne direction ! » Des liens très forts unissent Blanco et Rives. Des liens du sang... scellés un jour d'entraînement par un plaquage de Rives... « "Sergio" était insaisissable. Tu croyais qu'il allait lui manquer un centimètre ou un mètre, mais il arrivait toujours à se saisir du ballon, à aplatir un essai, ou à te mettre dans le vent. D'ailleurs, que ce soit avec Toulouse ou le Racing ensuite, je n'ai jamais réussi à le plaquer... Enfin si, une fois, à l'entraînement, avec le XV de France. Je l'ai plaqué par derrière et je lui ai cassé le nez. Comme ça tous les matins, au réveil, quand il se regarde dans la glace, il est obligé de penser à moi... »

Pour ses débuts sous le maillot bleu-bleu-bleu, en 1981, à Clermont-Ferrand face aux Crawshay's, cousins gallois des Barbarians, Serge Blanco joue à l'aile et inscrit son premier essai juste avant de quitter la pelouse du Michelin. On célèbre le jubilé de Jean-Pierre Romeu, l'un des héros de 77, et la fête bat son plein. Au petit matin, les clients de l'hôtel où sont descendus les Barbarians assistent à un spectacle désopilant. De la camionnette d'un artisan-peintre, descendent, un peu fripés, une bande de joyeux lurons : un merle, Thierry Merlos, un chat, Pierre Chadebech, un sacré Gégé, Gérald Martinez, la moustache en bataille de Bernard Viviès et « Sergio ». Ils sont rentrés en stop et se sont entassés à l'arrière de la camionnette d'un sympathique Auvergnat qui s'était arrêté recueillir les fêtards en goguette.

Cette première bourrée auvergnate ne restera pas sans lendemain. Blanco jouera neuf autres rencontres avec les Baa Baas, dont la dernière en tournée en Australie de 1994, contre l'université de Sydney. Il avait raccroché le rugby depuis deux ans et était parti en Australie comme simple accompagnateur. Mais il ne put résister face à l'insistance de Jean-Pierre Rives, qui ne laissa en paix son « Sergio » que lorsque celui-ci promit de rechausser les crampons et de commencer le match... « En fait, raconte-t-il, on faisait toujours un match à toucher en débarquant de l'avion. Jean-Pierre était dans une équipe et moi je jouais avec l'autre. On y mettait tout notre cœur, toute notre volonté. On ne voulait pas paraître ridicules aux yeux des "jeunots". Après le toucher, il m'a dit : "Il faut que tu joues..." Il m'a tellement cassé les... pieds que j'ai fini par accepter ! » Faisant fi des railleries, qui insistaient lourdement sur sa silhouette alourdie : « Il pèse autant que le nombre de ses sélections avec le XV de France [97]... », Serge Blanco remplaça au centre un petit « jeunot », Thomas Castaignède, en deuxième mi-temps face à l'université de Sydney. Une fin de carrière triomphale puisque ce jour-là, les Barbarians s'imposèrent 62-36.

Héros anti-Apartheid

Sa carrière, admirable, aura été marquée par le combat que mena « Le Beltza » (qui signifie noir en basque) face à l'exclusion et le racisme. Il faut dire que pour commencer sa carrière, Blanco fut servi. Il avait été de la tournée 1979 en Nouvelle-Zélande, celle du fameux 14 juillet à Auckland. Mais il ne joua pas les tests en Nouvelle-Zélande, blessé à la cheville lors d'un match aux Fidji. L'année suivante, il est rappelé en novembre pour jouer un test-match à Pretoria, fief des Springboks. Nous sommes en plein Apartheid et les Sud-Africains, mis au ban de la société, n'ont plus de contacts internationaux. Sauf qu'Albert Ferrasse est ami de Danie Craven, le président de la fédération sud-africaine. Il n'hésite pas un instant lorsqu'il s'agit d'aider son vieux compagnon à changer les mentalités. Le XV de France débarque en Afrique du Sud, avec à l'arrière un néophyte métis. Pour un baptême du feu international... Serge Blanco raconte la suite. « J'avais 22 ans, et j'ai commencé par observer ce qui se passait autour de moi. J'ai vécu des moments ubuesques. Lorsque je me suis assis sur un banc pour suivre une partie de boules qui ressemblait à notre pétanque, les joueurs blancs se sont alors arrêtés de jouer... Il était évident que des joueurs noirs passaient à côté d'une carrière uniquement à cause de la couleur de leur peau. Et puis est arrivée l'heure du match, dans un Loftus Stadium plein à craquer. Ma première sélection avec le XV de France. Je me souviens d'une phase de jeu, derrière nos poteaux. Un spectateur me lance une orange... Poliment, je la ramasse, je l'épluche et je la mange ! Ça m'a fait du bien, ce petit apport vitaminé en plein match... » Racontée sur le ton de la plaisanterie, l'anecdote prête à sourire. Sauf que Serge Blanco n'a pas envie de rire. « J'avais relevé cette forme de défi sans vouloir combattre qui que ce soit, mais après le match, j'ai déclaré que je ne jouerai jamais plus contre les Springboks tant que l'Apartheid serait en vigueur en Afrique du Sud. » Blanco est d'autant plus remonté qu'il a subi un autre

affront, face à une équipe multiraciale, quelques jours avant le test-match de Pretoria, à Bloemfontein. « J'ai joué contre Errol Tobias, le premier joueur noir appelé chez les Springboks. Il s'est permis de me cracher dessus au cours du match... »

Pendant plus de dix ans, il boycottera le rugby sud-africain. Les hasards de l'histoire font que Serge Blanco disputera son dernier match international officiel face... à l'Afrique du Sud, en 1992, à Lille, et avec les Barbarians. Une douleur aux adducteurs réveillée au bout de quelques minutes, il demande à sortir. Mais Rives, l'empêcheur de tourner en rond, lui répond : « C'est ton jubilé, tu ne sors pas, tu restes sur le terrain ! »

« Alors, raconte Blanco, je suis resté. Antoine Galibert, le kiné, m'a fait une piqûre. Les copains ont fait en sorte que je n'aie pas trop de ballons à toucher. Ils se sont battus comme des forcenés. Je n'ai pas couru de tout le match, mais qu'est-ce que j'ai pu gueuler... Il faut dire que j'aurais eu mauvaise conscience de quitter les copains, puisqu'on m'avait laissé composer l'équipe que je voulais. Et puis je portais le brassard de capitaine. C'était la dernière fois que je jouais pour les Barbarians. J'avais toujours été heureux de participer à leurs matchs et très triste lorsque je n'y étais pas. Avec les Barbarians français, j'étais toujours certain de retrouver des amis. Avec eux, jamais d'interdit, juste un code d'honneur : sois efficace en jouant ! » Les Baa Baas s'imposent 25-20 au terme d'un match héroïque.

Avec dix participations, Serge Blanco reste le deuxième joueur le plus capé sous le maillot des Barbarians. Sa carrière de joueur terminé, il devient membre du comité directeur, puis secrétaire général du B.R.C, ouvre les portes de son luxueux hôtel à Brindos, à une portée de drop de Biarritz, pour en faire le siège des Baa Baas, après la fermeture du Black Bear parisien, cher à Robert Paparemborde. Aujourd'hui encore, on le voit dans les vestiaires parler aux jeunes, prodiguer ses conseils, leur apprendre ce code d'honneur dont il avait fait sa devise : « Sois efficace lorsque tu joues ! » Jean-Pierre Rives n'est jamais très loin. « El Mago » et « Le Blond ». *Black and white.* Frères de sang, frères barbarians.

FFR
adidas

La fête aurait pu être plus belle encore. Si M. Salles, arbitre de la finale Castres-Grenoble de 1993 au Parc des Princes, n'avait accordé à Gary Whetton, le troisième ligne des All Blacks, un essai qui n'avait pas lieu de l'être. La seconde auparavant, le remplaçant grenoblois Franck Hueber avait touché le ballon dans son en-but. Il aurait dû y avoir un renvoi aux 22 mètres. Il y eut un essai qui scellait la victoire castraise (14-11) et terrassait les « Mammouths » – c'était leur surnom – du FC Grenoble. La théorie du complot se propagea rapidement au pied des Alpes et sur les berges de l'Isère. Le peuple dauphinois criait au scandale, fustigeant la FFR qui aurait voulu faire payer là à Jacques Fouroux, entraîneur du FC Grenoble, son opposition à une Fédération qui l'avait écarté du pouvoir sans ménagement.

« MILOU » MONTRE LES CROCS

La cicatrice n'est pas refermée mais Rico Rinaldi, le président grenoblois, et Serge Kampf, son généreux ami, coopté Barbarian deux ans auparavant, tournent la page pour fêter comme il se doit le centenaire du club isérois avec un programme des plus alléchants : les Barbarians face au XV du Président, précédé en lever de rideau d'un Grenoble-France Universitaires. Le stade Lesdiguières a fait le plein par un bel après-midi d'été. La chaleur estivale n'étouffe pas les ardeurs des lanciers barbarians, auteurs de quatorze essais au final, dont neuf par leurs pattes arrière ! Un triplé pour le jeune lévrier toulousain Émile Ntamack, un doublé pour le « TGV de Lavelanet », Patrick Estève, et un festival de... cannes complété par Bonneval, Lafond, Charvet et Faugeron. Si Marc Dal Maso, le talonneur agenais, tempérait l'enthousiasme général en décrétant que ce ne fut pas « un vrai match de rugby », d'autres ne faisaient pas la fine bouche. Le public isérois découvrit ainsi le talent d'un lévrier nommé « Milou », l'arrière Émile Ntamack, pressenti pour la tournée en Afrique du Sud, mais finalement appelé par les Barbarians pour jouer le match de Grenoble. « C'est Éric Bonneval qui m'avait prévenu, se souvient l'arrière toulousain. Moi je ne savais pas trop qui étaient les Barbarians.

"C'est quoi ça ?", je lui avais demandé. Il m'avait répondu : "Tu verras, tu vas t'éclater... Tu vas évoluer dans un cadre de jeu où tout est permis..." Éric était pour moi comme un grand frère, une idole, alors jouer avec lui était un immense plaisir. Il a loué une grosse 605 et nous sommes partis pour Grenoble. En arrivant, j'étais impressionné de voir autant de gloires du rugby, anciennes et présentes, rassemblées en quelques mètres carrés. Je découvrais des personnages comme Serge Blanco, Serge Kampf, Jean-Pierre Rives, "Lolo" Pardo. Mais ce qui m'a le plus frappé, c'était l'ambiance, potache, décontractée et conviviale. Nous sommes allés au golf, où la préoccupation première était de savoir qui allait jouer avec qui ! Le rugby était passé au deuxième plan. Il y avait un mélange de décontraction britannique et de désinvolture française. Mais lorsqu'est arrivée l'heure du match, le jeune joueur que j'étais se demandait comment jouer, comment faire. On m'a tout de suite mis à l'aise : "Fais comme d'habitude, ne change rien." J'étais en forme. Nous avions raté la finale de peu avec le Stade Toulousain[1]. Je savais que j'avais été pressenti pour la tournée sud-africaine du XV de France, mais finalement je n'avais pas été pris. C'était mieux comme ça... » Dans le vestiaire grenoblois, Ntamack est à côté de Bonneval, bien sûr, mais il observe la pléiade d'internationaux au côté de qui il va jouer : l'inénarrable Jean-Baptiste Lafond, les internationaux Estève, Charvet, Lescarboura, Carminati, Champ, Erbani, Ondarts, le centre irlandais Mullin, ancien champion du 110 mètres haies, le pilier All Black McDowell. Plus Mesnel et Moscato et une pléiade d'internationaux gallois emmenés par Phil Davies, appelés à jouer pour le XV du Président et complétant le casting. « Quand tu es jeune et que tu comprends que tu vas jouer avec un peu de l'histoire du rugby... analyse le Toulousain. J'avais 22 ans, j'étais en pleine bourre, et puis Éric m'avait dit que je serai observé... Je m'étais préparé comme pour un match de phase finale. Dans le vestiaire, ça rigolait, ça la jouait tranquille. Moi j'étais le jeune loup. J'avais faim et je voulais faire mes preuves au plus haut niveau. J'ai tout explosé. Entre initiatives osées et application mesurée, je me suis régalé. Sur le terrain, ce fut un match royal, ça partait dans tous les sens malgré la chaleur accablante. Ça correspondait à mon style. Relances, longues courses, gestes techniques de classe. Un régal ! » Ntamack inscrira trois essais, bluffant le staff des Barbarians. À la fin de la rencontre, tous viennent le féliciter : « Chapeau ! Toi, on ne te verra pas souvent avec nous... Ne t'inquiète pas, ce match ils le verront, "Berbize[2]" saura... » Sous-entendu, le XV de France te tend les bras. Ce sera chose faite quelques mois plus tard : il est retenu pour jouer le Tournoi 1994.

La troisième mi-temps du match du centenaire sera à la hauteur des deux premières, avec dans le rôle du déclencheur des hostilités l'inévitable Pardo. Il avait joué cinq minutes du match, en remplacement d'un Lescarboura victime d'un coup de chaud, et amusé le public grenoblois pour sa dernière apparition sous le maillot des Barbarians. Mais lorsqu'il débarqua ensuite en pleine salle de banquet, un chapeau d'explorateur sur la tête et une fourrure panthère sur le dos ! « Je l'avais empruntée à la propriétaire des lieux, se marre-t-il. Et j'ai débarqué avec, au milieu des joueurs. Je suis allé saluer Serge Kampf et Jean-Pierre, bien sûr. Tu aurais vu leurs têtes... »

Les Baa Baas avaient fait oublier aux Grenoblois, l'espace d'un après-midi, la douleur de ne pas avoir pu célébrer leur centenaire par le bouclier de Brennus. Ça c'est barbarian !

1. Les Toulousains avaient été battus par Grenoble en quart de finale (19-17).
2. Pierre Berbizier, alors entraîneur du XV de France.

« Sans lui, les Barbarians ne seraient plus qu'un beau souvenir... » L'hommage vient de Jacques Fouroux. Dans la salle des Illustres de la mairie de Grenoble, se produit un petit événement en ce samedi 30 novembre 1991. Pour la première fois depuis la création des Barbarians, on fête la cooptation de nouveaux membres chez les Baa Baas: Serge Blanco, André Boniface, Jo Maso, Laurent Pardo et... Serge Kampf. L'industriel français, créateur du groupe Capgemini, n'a pas le palmarès rugbystique de ses illustres coreligionnaires, mais il partage leur passion pour le ballon ovale. Un sport qu'il n'a goûté que de loin, lors de parties « saignantes » sur le macadam de la cour de récré du lycée Champollion, à Grenoble. Il jouait demi de mêlée, comme Fouroux... « Un très mauvais souvenir, car on jouait sur du goudron, racontait-il. Et quand tu joues derrière la mêlée derrière une équipe de plaisantins comme nous l'étions, tu en prenais plein la gueule. J'ai joué ensuite deux ou trois matchs avec l'équipe de l'université, à Grenoble, puis je suis passé au football. Là, je jouais arrière droit et j'étais peinard ! »

SERGE KAMPF

Il les a tant aimés...

Ce jour-là, dans cette ville de Grenoble où il est devenu un industriel reconnu, Serge Kampf fait donc son entrée dans cet univers rugbystique qu'il aurait aimé côtoyer plus souvent. Plus spectateur qu'acteur, il se souvient des heures passées sur les pentes de cols isérois pour regarder passer la caravane du Tour de France et son idole, le Luxembourgeois Charly Gaul. Le vélo est son moyen de déplacement. Il n'a pas (encore) les moyens de s'offrir une voiture et n'hésite pas à parcourir une centaine de kilomètres pour aller rendre visite à ses copains ou copines. Spectateur, il l'est encore dans le vieux stade de Colombes pour assister à ce match qualifié « du siècle », entre Français et Springboks sud-africains, en 1961. Un match nul d'une intensité virile (0-0). « J'étais debout, mal placé. Enfin, si l'on veut parce que j'étais juste derrière la rambarde. Et la première mêlée qui a explosé s'est produite juste sous mon nez ! J'entends encore le choc. Il y avait un Grenoblois au talonnage, Jean de Gregorio. C'est un ami qui m'avait entraîné à Colombes. Il avait coutume d'amener au stade ses petites amies pour les tester et voir si elles aimaient le rugby ou non... Celle qui vint avec nous ce jour-là se montra très réceptive. Du coup, il l'a épousée! Quant à moi, je pris le virus et, depuis, il ne m'a plus lâché, même si à l'époque, j'allais plus souvent voir des matchs de football au Parc des Princes. » En 1966, il s'offre le déplacement à Cardiff pour vivre la magie du Tournoi dans les travées en bois du vieil Arm's Park, et un Galles-France sommet du Tournoi remporté par les Gallois (9-8) sur un coup de poker heureux. « C'est le match de la fameuse passe de Gachassin interceptée par Stuart Watkins qui fila à l'essai après être passé sous mon nez... L'arrière, Claude Lacaze, aurait pu l'arrêter, mais il prit un terrible raffut. Le soir, j'ai assisté à une bagarre mémorable devant l'Angel Hotel. Je me suis dit : "Qu'est-ce que c'est que ces mecs? Ils se sont battus tout l'après-midi et ils recommencent le soir..." J'aurais aimé me payer des voyages à Cardiff ou Dublin. Mais à l'époque, je n'en avais pas les moyens... »

Vingt-cinq ans plus tard, Capgemini-Sogeti, sa SSII (société de services en ingénierie informatique) est devenue l'une des plus importantes au monde. Et Serge Kampf peut s'offrir tous les plaisirs. C'est ainsi qu'il se paye le voyage en Australie pour suivre la demi-finale de la Coupe du monde 1987, Australie-France, à Sydney. Ce match, et ses prolongements, vont bouleverser sa vie... et celle du rugby français. Il raconte sa découverte du XV de France. « Nous étions à côté des joueurs australiens, à l'échauffement, dans ce petit stade champêtre où il y avait à peine 20 000 spectateurs. Ils me faisaient l'impression de monstres. Et les nôtres, on ne les voyait pas, on ne savait pas où ils étaient... À la fin du match, après la victoire et l'incroyable essai de Serge Blanco, j'ai pleuré tellement j'étais ému. Le soir, un ami [Rico Rinaldi, ancien troisième ligne du FCG, qui était à l'époque le président du club grenoblois et ami de Jacques Fouroux] m'emmène saluer Guy Basquet. Celui-ci nous a invités à partager la table de l'équipe de France... » La suite, ce n'est pas Serge Kampf qui la racontera, mais l'entourage des Bleus. Le repas s'étire dans la nuit, joyeux, festif, avec plats de qualité, grands vins, cigares... Au moment du couvre-feu, Yves Noé, directeur du XV de France, demande l'addition. « C'est payé ! » s'entend-il répondre. « Borrrdel, mais qui a payé ? », s'exclame-t-il de son accent toulousain rocailleux où les « r » roulent comme un rataplan de tambour. Il apostrophe le Dr Pène, interloqué : « Il n'y a que moi qui paie, ici ! » Discrètement, en bon « Suisse » qu'il n'est pas, Serge Kampf était passé par la caisse du restaurant, réglant l'addition !

« Et j'ai prolongé mon séjour de huit jours aux Antipodes, poursuit-il. Je ne pouvais pas manquer la finale. J'ai passé toute la semaine à l'hôtel des joueurs français, le Mondésir, à discuter avec les uns et les autres, à regarder Guy Basquet et Guy Ferrasse s'affronter dans d'interminables parties de cartes. C'était marrant. Et puis il y a eu cette finale désastreuse. Les mouettes n'ont pas bougé du camp néo-zélandais en deuxième période... Le soir, Guy Basquet m'a de nouveau invité au dîner de gala à la table de l'équipe de France. J'ai discuté avec Serge Blanco. Voilà comment a débuté mon histoire. »

Quatre ans après son intronisation dans le rugby français, Serge Kampf est fait Barbarian d'honneur. Chez lui, à Grenoble. Après la finale perdue d'Auckland, le patron de Capgemini est devenu un proche de Rives, Blanco, Fouroux et de toute l'équipe de France. Il a rejoint les Barbarians, le genre de club dont la discrétion et l'esprit lui conviennent. Entrepreneur influent, il privilégie l'ombre à la lumière des projecteurs et se distingue dans sa vie professionnelle par l'originalité de son management. Il veut que chacun de ses collaborateurs adhère à un projet collectif reposant sur des valeurs fortes en privilégiant l'amitié et l'esprit d'équipe. Le rugby sied parfaitement à cette vision entrepreneuriale. Lui qui déteste jouer les hommes publics, répugne à afficher sa puissance et fuit les mondanités, trouve chez les Barbarians une grande famille où il se sent à son aise. Pragmatique et organisé, « normal, il est suisse », s'amuse Jean-Pierre Rives — faisant référence à une allusion d'un magazine helvétique affirmant que le patron de Capgemini s'était établi en suisse, information démentie par l'intéressé, qui fut immédiatement retiré de la liste des personnalités françaises installées en Suisse —, il ne se gêne pas pour remettre en place ses ouailles. « Les Barbarians ressemblent à une religion. C'est une église où on ne voit pas souvent le curé dire la messe... » Une petite pique à son président : un drôle de curé, Jean-Pierre Rives. C'est bien connu, qui aime bien châtie bien.

Lui se régalait de partager le quotidien des équipes de rugby, les Barbarians, le XV de France, Bourgoin, qu'il sauvera d'une faillite annoncée en sortant 500 000 euros de sa cassette personnelle. Ou encore le FC Grenoble et le Biarritz Olympique, dont il devient le sponsor principal. Sa générosité, bon nombre ont pu en bénéficier. À commencer par les finalistes de la Coupe du monde 1987, à qui il offrit une montre Patek Philippe pour les récompenser de leur exploit néo-zélandais. « Cette année-là, j'ai dû être le plus gros client de l'horloger suisse, s'amuse-t-il. Je n'ai hérité de rien, je peux donc disposer de tout... », répondait-il à ceux qui s'étonnaient de sa générosité désintéressée et pour leur rappeler qu'il avait démarré dans la vie au plus bas de l'échelle. « Je crois que notre compagnie était pour lui le plus beau des cadeaux », suggère Alain Paco, le talonneur de la fameuse équipe de 1977.

Cette passion pour le rugby, qu'il faisait partager à ses amis entrepreneurs, patrons de sociétés du CAC 40 ou artistes, il la définissait ainsi : « ce que j'aime dans le rugby, c'est que la vedette, ce n'est pas le joueur, mais l'équipe. Chacun a son rôle à jouer, qui n'est pas exactement celui du voisin. Mais chacun, dans une équipe, a besoin de l'autre. Et l'essai qui est marqué est toujours le fruit d'un long travail collectif. »

Il était le gardien d'un temple dédié à la déesse Ovalie, où ses largesses permettaient de maintenir un état d'esprit et de s'affranchir de certaines pratiques. Un jour, un ailier All Black donna son accord pour jouer avec les Barbarians. Quelques jours plus tard, son agent appelait pour lui demander un cachet de plusieurs milliers de dollars. Le joueur resta chez lui. « Le jour où certains décideront de payer un rugbyman pour qu'il joue avec les Barbarians, ce sera sans moi... » Serge Kampf n'eut pas à mettre sa menace à exécution... Il faut dire que les poches de cette équipe à nulle autre pareille sont souvent trouées.

Jusqu'à son décès, le 15 mars 2016, il fut le premier supporter d'une équipe qu'il aimait passionnément. Il la secouait souvent pour éviter qu'elle ne s'engourdisse. Kampf apportait ses idées, réfléchissait à l'évolution, au futur, se régalait des exploits accomplis par cette bande de copains d'un jour, capables de renverser les Australiens, les Maoris avec un quart d'heure de préparation dans les jambes et une envie de juniors. « Il a toujours voulu le meilleur pour nous, confie Thomas Lombard. Lors d'une tournée en Argentine, nous étions logés dans un hôtel sympa, un trois-étoiles de bonne facture. Lorsqu'il a débarqué pour nous rejoindre, il ne l'a pas trouvé assez digne de nous. Il a fait téléphoner sa secrétaire et une heure plus tard, nous déménagions à l'Intercontinental de Buenos Aires... » Cet amour du rugby et des Barbarians lui valurent quelques anecdotes savoureuses. Ainsi, un jour, Jacques Chancel, avec qui il était très ami, lui présenta le Président Nicolas Sarkozy, qui eut ces mots savoureux en lui serrant la main : « Ah oui ! Vous, c'est le rugby... »

Lui, c'était aussi le rugby... Un sport dont les valeurs étaient écrites sur le frontispice du siège social de Capgemini : audace, confiance, honnêteté, liberté, plaisir, simplicité, solidarité. Un ensemble de règles de conduite, tel un code éthique, qu'il défendait contre vents et marées. Pour le reste, ainsi qu'il le chantait parfois avec son complice Jean-Loup Dabadie, « on ira tous au paradis. Qu'on croie en Dieu ou qu'on n'y croit pas, on ira... » C'est là-haut que Dabadie, qui nous a quittés au début de l'année 2020, s'en est allé rejoindre celui qu'il surnommait « Serge le Magnifique ». D'après vous, de quoi peuvent-ils bien parler ?

Après l'orage, l'hommage.

Celui adressé par Jacques Fouroux à Didier Codorniou est resté dans les mémoires de ceux qui l'ont vécu. Alors entraîneur du XV de France, Fouroux avait eu des mots très durs à l'encontre du génial trois-quarts centre narbonnais, le privant au passage d'une participation à la première Coupe du monde en Nouvelle-Zélande. Les puristes s'étaient insurgés. Il n'était que rien d'autre que le brillant héritier d'une dynastie éblouissante, celle des frères Boniface, Maso, Trillo ou Sangalli. « Codor » n'incarnait pas le tout-physique prôné par l'entraîneur des Bleus. L'écouter, six ans après, faire son mea-culpa et rendre hommage au talent de Codorniou, fut un vrai moment de bonheur bien sûr, pour l'intéressé mais aussi pour tous ceux qui l'avaient défendu. « Entendre le mea-culpa de Jacques disant devant tout le vestiaire : "Oui, je reconnais que Codorniou aurait mérité de jouer dans cette équipe de France" a effacé ces années

À CLERMONT, ON JOUE « LE PETIT PRINCE »

sombres et tristes, avoue celui que l'on surnommait "le Petit Prince". Oui, ce fut très fort. J'avais souffert de cette époque et j'avais eu du mal à cicatriser cette plaie. Cela ne m'a procuré aucun plaisir le fait qu'il s'excuse, et qu'il ait fait une faute en s'acharnant sur moi alors que je ne le méritais pas. J'avais juste le sentiment que c'était bien qu'il régularise ma position par rapport à mes coéquipiers. Mais l'esprit des Barbarians avait soufflé ce jour-là. Et on avait vécu une belle soirée à Clermont ».

Aux yeux de Fouroux, la taille normale (1,70 m, 70 kg) de Codorniou était rédhibitoire dans un rugby de plus en plus physique. Il rendait dix bons centimètres et une vingtaine de kilos au profil type dont rêvait le « Petit Caporal » pour ses trois-quarts centre en attaque. Codorniou avait conservé au fond de lui une amertume qui s'était estompée avec le temps et l'âge. La cicatrice s'était refermée, en ce 11 novembre 1993 à Clermont-Ferrand. À 35 ans, il acceptait une dernière invitation internationale des Barbarians pour un ultime défi face aux champions du monde en titre australiens. Quel clin d'œil de jouer son jubilé face à la paire Litre (1,85 m, 95 kg) - Horan (1,83 m, 93 kg), les deux déménageurs australiens, références de Fouroux... Motivé, soulagé certainement par le repenti de Fouroux à son égard, le Narbonnais allait offrir au public auvergnat un véritable récital. Une démonstration de ce que la vivacité, la technicité et l'intelligence du jeu peuvent contrecarrer tous les plans tactico-physiques élaborés lors des séances de tableau noir. Derrière la charnière Farr Jones-Charvet, « Codor » le virtuose récita sa participation avec un tel brio qu'il vola la vedette au duo Little-Horan... Denis Charvet se souvient : « Il leur avait fait de tout, raconte-t-il. Des passes à la corne, des cadrages débordements d'école. À chaque ballon qu'il touchait, il mettait le feu. Les deux d'en face, champions du monde en titre, s'il vous plaît, passaient un sale moment. À un certain moment du match, énervé, Little plaqua Codorniou "à retardement" pour marquer son territoire. La bronca du public n'était pas terminée que le centre international français s'était déjà relevé, comme si de rien n'était... » Codorniou se souvient. Il utilisait fréquemment cette technique pour impressionner l'adversaire. « Quand j'étais plaqué sèchement, sourit-il. Je me relevais immédiatement pour ne pas montrer à l'adversaire qu'il avait fait mal ou réussi sa manœuvre d'intimidation... » Ce jour-là, « le Petit Prince » s'en alla « dessiner des moutons » dans la défense australienne. « On s'était bien amusé ! Avec Franck [Mesnel], on leur avait mis un rythme de fous. On jouait dans les intervalles, dans le dos de Little et Horan. Peut-être qu'on les avait un peu agacés... » Menant 16-15 à la pause, les Barbarians tinrent bon jusqu'à un quart de la fin, avant de subir les assauts des champions du monde.

Galthié fils spirituel de Farr-Jones

Deux faits, liés, ont marqué le déroulement de ce match. La présence, dans l'équipe des Barbarians, du demi de mêlée australien Nick Farr-Jones, et du jeune joueur de Colomiers qui le remplacera pour jouer le dernier quart d'heure... Fabien Galthié ! Farr-Jones était le capitaine des champions du monde australiens, vainqueurs en finale des Anglais à Twickenham (12-6). Depuis, Farr-Jones avait raccroché les crampons internationaux, les rechaussant juste pour s'amuser avec son équipe de l'université de Sydney. Quelle ne fut pas sa surprise lorsqu'il décrocha un jour le téléphone. C'était Jean-Pierre Rives. « Nick, ça te dirait de jouer avec les Barbarians français ? Contre l'Australie ? » Il y eut un blanc au bout du fil... Farr-Jones essayait de savoir si ce n'était pas Tim Horan qui lui faisait une de ces farces dont il avait le secret. Il finit par répondre : « Bien sûr ! Je ne m'entraîne pas... Je ne joue presque plus... Mais bon, O.K., je viens ! » Et voilà comment Farr-Jones se retrouva à Clermont, avec le maillot des Barbarians sur le dos face à ses anciens coéquipiers. À l'idée de pouvoir approcher son idole, le jeune Galthié ne tenait plus en place. « C'était hallucinant de voir comment Galthié admirait Farr-Jones, se rappelle le talonneur Marc Dal Maso. Quel privilège de s'entraîner, de pouvoir faire des passes avec lui à l'échauffement ! » Le plaisir de jouer avec le stratège australien, Codorniou lui aussi ne l'a pas oublié avec le temps. « Il avait donné une impulsion étonnante au jeu, on sentait qu'il avait envie de ne pas décevoir, de réussir ce match, rien qu'à la façon qu'il avait de faire jouer les autres autour de lui. Je sentais exactement ce qu'il allait faire, ce qui me permettait d'anticiper les situations. Ce fut une sensation merveilleuse, ce jour-là, de se retrouver à plusieurs pensant la même chose, à la même seconde... »

Sur le banc des remplaçants, Fabien Galthié ne perd pas une miette du spectacle. « J'adorais la fluidité de sa passe, sa capacité à attaquer la ligne d'avantage et les défenses, son style de jeu intelligent. Sa manière de jouer devant ses avants pour leur ouvrir des espaces, les lancers dans un couloir, sa façon d'alterner le jeu. C'est simple, il cochait toutes les cases des qualités requises pour jouer numéro 9... La référence absolue. Il m'a beaucoup inspiré dans ma façon de jouer. » À un quart d'heure de la fin du match, Farr-Jones quitte le Michelin sous une formidable ovation, remplacé par... Galthié. « Pour moi, ce quart d'heure valait beaucoup de matchs joués en entier, avoue-t-il. J'ai été rarement remplaçant au cours de ma carrière. Mais là... J'ai essayé de jouer comme lui. Je crois qu'il m'avait donné un peu de lui. C'était trop bon, ce ressenti. Cadeau ! Un petit cadeau du ciel. »

À la fin du match, finalement remporté par des Australiens qui inscrivirent trois essais en douze minutes. Le public de Clermont venait d'assister à un spectacle majestueux. Les Barbarians, eux, avaient gagné le respect des champions du monde australiens... et une invitation à jouer aux Antipodes l'année suivante.

Codorniou et Farr-Jones pouvaient tirer leur révérence. Salut les artistes !

Une tournée au pays des Champions du monde australien. Le programme de l'année 1994 des Barbarians français est on ne peut plus alléchant. Depuis leur création, en 1980, les Barbarians n'ont encore jamais joué dans l'hémisphère Sud. En 1993, à Clermont-Ferrand, ils ont affronté une équipe des Wallabies forte de neuf des champions du monde 1991. Après le succès des siens, Nick Farr-Jones, le capitaine australien, proche de Jean-Pierre Rives, lance une invitation à son glorieux rival : « Rendez-vous à Sydney l'année prochaine... » Deux matchs sont programmés, face à l'université de Sydney et aux Barbarians australiens. Deux équipes chères au cœur de Farr-Jones, sorti de sa retraite par les dirigeants australiens pour remédier à toute éventualité lors des tests de l'été 1994, à cause des nombreuses blessures qui ont décimé le groupe australien. Il a rechaussé les crampons en jouant quelques matchs avec l'université de Sydney au printemps. Il sera à la tête des Barbarians australiens contre ses hôtes français.

LES BISCOTOS DE « POPEYE »

Serge Blanco, jeune retraité du rugby, est le manager d'une équipe qui va connaître une véritable hécatombe. Dès la descente de l'avion, lors du premier « décrassage » effectué sur un terrain de Randwick, Jean-Marc Lhermet, le troisième ligne de l'ASM, termine sa tournée avant même de l'avoir commencée... Lors d'un petit match à toucher, il percute violemment un poteau sur le bord du terrain. Il semblerait que celui-ci avait été mis là quelques jours auparavant lorsque les Wallabies étaient venus s'entraîner sur ce terrain de Randwick. Des bâches avaient été tendues autour de la pelouse pour dissimuler l'entraînement du XV d'Australie aux yeux du public. Tout n'avait pas été retiré... « C'était impressionnant, se souvient Blanco. Il avait la joue ouverte, la lèvre qui pendait... On essayait de minimiser les dégâts jusqu'à ce qu'un pilier lui dise : "Oh, fan... la gueule que tu as !" »

« Je n'ai pas vu le piquet, racontera plus tard le flanker auvergnat. Je voulais fixer Lagisquet et je ne regardais que lui. J'ai pris ce poteau en pleine gueule. Je suis tombé. Autour de moi, tout le monde prenait un air dégoûté. Je remarquais que Gérard Cholley, chargé de me raccompagner à l'hôtel, faisait tout ce qu'il pouvait pour que je ne me voie pas dans une glace... Mais il y en avait une dans l'ascenseur qui me remontait dans ma chambre... et là, le spectacle n'était pas joli-joli à regarder ! » Un morceau de joue pend sous la bouche, sanguinolent. La lèvre est éclatée. « Il a fallu m'accompagner d'urgence à l'hôpital. Coup de pot, le spécialiste de chirurgie esthétique était de permanence ce jour-là. Il a fait un travail d'artiste, posé trente points de suture. La cicatrice est pratiquement invisible aujourd'hui... »

Il faut songer à remplacer Lhermet. Denis Charvet se souvient que l'un de ses coéquipiers du Racing, Florent Rossigneux, joue pour l'université de Sydney. Il l'appelle au téléphone et lui demande de venir les rejoindre. « J'étais tout excité, raconte Rossigneux. Je jouais au Racing et j'avais fait le choix de venir passer mes étés en Australie. Les Wallabies étaient devenus champions du monde en 1991 en Angleterre, et je m'étais dit que si je voulais jouer un jour au plus haut niveau international, il fallait que j'aille voir ce qui se faisait de mieux au monde… "Patou" [Robert Paparemborde], qui m'entraînait au Racing, m'avait donné son feu vert tout en me disant : "Tu peux y aller, mais je te préviens, lorsque tu reviens, ou tu es le meilleur et alors tu joueras, ou tu n'es pas au niveau et tu iras renforcer avec l'équipe 5…" Et d'un coup, on me proposait de venir jouer avec les Champ, Ondarts, Condom, Lagisquet, Castaignède ou Charvet ! »

Le premier match contre l'université de Sydney, Florent Rossigneux le regardera depuis le banc de touche… australien. Son équipe ayant besoin de ses services, il n'a pas pu enfiler le maillot des Barbarians. Ce n'est que partie remise, car lors de la rencontre face à Sydney, Marc Lièvremont, alors troisième ligne aile de l'USAP, se rompt les ligaments d'un genou. Lui qui, la veille, dans sa chambre d'hôtel qu'il partageait avec Jean-Marc Lhermet, était tombé sur un programme médical de la télévision australienne où l'on suivait une opération du genou. « Maintenant que j'ai vu ça, j'espère que cela ne m'arrivera jamais », avait-il soufflé à son coéquipier. Jolie ironie du sort… Pour le remplacer, les Bleus font appel à Simon Poidevin, l'un des champions du monde 1991. Quelques jours avant le premier match, le troisième ligne aux lointaines origines françaises a croisé sur la promenade du front de l'océan, chez lui, à Coogee Beach, l'un de ses valeureux adversaires, Jean-Pierre Rives ! Ce dernier, tout de go, lui a proposé de rejoindre les Barbarians et d'apporter ses crampons. Poidevin n'en revient pas. Lui qui rêvait de porter un jour le maillot des Barbarians français, amoureux du pays où naquirent ses ancêtres, le voilà qui se retrouve à entonner la Marseillaise et à chanter les paroles écrites par Rouget de l'Isle sur la pelouse du Sydney Cricket Ground ! Malgré une hécatombe de blessures, qui obligera Blanco et Ondarts à rechausser les crampons face à l'université de Sydney, puis Erbani à quitter la tenue du touriste qu'il était pour affronter les Barbarians, la première tournée dans l'Hémisphère sud s'achève victorieusement (29-20), Simon Poidevin inscrivant l'essai de la victoire des Baa Baas ! Éric Champ tombera à son tour au champ d'honneur, victime d'une rupture du tendon d'Achille. Le « Barbare de la Rade » joua à Sydney le dernier match de sa carrière sous le maillot des Barbarians !

« Je suis rentré en deuxième mi-temps, se souvient Florent Rossigneux. Je suis devenu Barbarian par hasard, et joué à côté de mon idole aux biscotos de "Popeye", Simon Poidevin, grâce à mon amitié avec Denis [Charvet] ou Jean-Pierre [Rives]. La troisième mi-temps fut à la hauteur de ce que je venais de vivre. Je me souviens surtout d'une partie de billard un peu folle, où chaque fois que l'un des joueurs ratait son coup, il devait boire une bière… »

Guy Basquet, le président des Barbarians, est aux anges. La première tournée dans le Sud est un franc succès. Le dirigeant agenais se laissera aller à jouer les toreros dans le hall de l'hôtel avec un cartel prestigieux : Laurent Pardo est son *apoderado*, Gérard Cholley tient le rôle du taureau et Denis Charvet celui du cheval de pique pour le *picador* Thomas Castaignède. Simon Poidevin comprit ce jour-là tout le sens de l'expression « le grain de folie à la française » ! Olé !

Lee Cooper
COUPE DU MONDE DE RUG
FRAN
87

ILS SONT FOUS CES FRANÇAIS !

Par Simon Poidevin

Simon Poidevin, troisième ligne aile de l'équipe d'Australie, 59 sélections avec les Wallabies (1980-1991), est l'un des quatre joueurs australiens ayant réussi un Grand Chelem dans le Tri-Nations, gagné une série de tests en Nouvelle-Zélande (1986), avant de terminer sa carrière en apothéose, lors de la Coupe du monde 1991 jouée en Grande-Bretagne et en France.

“ À l'été 1994, j'avais arrêté ma carrière depuis deux ans, après le sacre de Twickenham en finale de la Coupe du monde 1991. Les Barbarians, en tournée en Australie, logeaient à Cogee Beach, à quelques mètres seulement de ma maison. Un matin, je croise un type blond, en train de faire son footing... Je me suis dit : "Mais c'est Jean-Pierre Rives !" Une légende du rugby était là, à faire son footing devant chez moi...

On discute, face à la plage. Il me raconte que les Barbarians ont perdu un joueur de troisième ligne, veut savoir si je me sentirais capable de jouer le premier match contre l'université de Sydney... Mes origines françaises[1] font que j'ai toujours rêvé de jouer un jour pour les Barbarians français. Comment refuser une telle invitation ? Le samedi suivant, j'enfilais le fameux maillot bleu.

Je n'oublierai jamais. Remplaçant, je me revois courir sur ce terrain de l'University Oval n° 1 pour remplacer Marc Lièvremont, blessé au genou. Dans l'euphorie de la victoire, Jean-Pierre Rives me dit : "Simon, on a besoin de toi. Nous avons trop de blessés, tu dois jouer contre les Barbarians australiens." Trois jours plus tard... Je ne pouvais pas refuser. Il y eut le discours d'avant match de Jean-Pierre à l'hôtel... "Il faut gagner, disait-il. Je me fous du reste. Il faut gagner !" Je n'avais jamais vécu un truc pareil. Ils sont fous ces Français !

Je me suis aligné sur le terrain fredonnant *La Marseillaise* et tenant par les épaules mes anciens adversaires... ces féroces soldats ! On a gagné 29-20, j'ai marqué le troisième essai des Barbarians, ce qui m'a valu de me faire traiter de "traître" par Nick Farr-Jones !

Si les Français adorent gagner, je crois qu'ils aiment encore plus la troisième mi-temps... Le dîner au restaurant du Greengate, à Killara, fut magnifique et toute l'assistance profita des chants basques de Pascal Ondarts et Grégoire Lascubé.

Merci à Jean-Pierre et aux Barbarians ! Ce souvenir de 1994 reste un honneur, un immense bonheur ! ”

1. L'un de ses aïeux, Pierre Le Poidevin, était marin, originaire de la région de Cherbourg. Fait prisonnier par les Anglais, en 1820, il fut expédié en Australie, où il s'installa et fonda une famille dans la région de Goulburn, au sud de Sydney.

Captain Romain Sazy avec ses Baa Baas à Houston, en 2022

GILBERT

13

Lorsqu'ils débarquent à Toulon, en ce premier jour du mois de novembre 1995, les All Blacks font figure d'épouvantail. Battus en finale de la Coupe du monde par les Springboks (15-12) au mois de juin précédent, les All Blacks ont impressionné, surtout leur nouveau prodige, un ailier supersonique du nom de Jonah Lomu. La tournée d'automne fait saliver le public européen. Ils vont découvrir l'ailier à la carrure de deuxième ligne. Quatre jours avant leur premier match en France, à Toulon, les Néo-Zélandais ont étrillé l'Italie (70-6) à Bologne. Ils débarquent dans la Rade précédés d'une réputation qui inquiète les Barbarians, leurs premiers adversaires sur le sol français. « Je me souviens que l'on avait enfilé le match "le maillot qui sentait la peur", comme on l'avait surnommé, se souvient Olivier Toulouze, l'arrière des Barbarians. Le stade était bondé. Tout le monde n'avait d'yeux que pour Lomu. Ses exploits passaient en boucle sur les chaînes de télévision. Il faut dire que son quadruplé contre les Anglais, en demi-finale de la Coupe du monde, en Afrique du Sud, avait marqué les esprits. Son premier, où il renverse Mike Catt, l'arrière anglais, avant de lui marcher dessus, était dans toutes les têtes. »

TOULOUZE, UN TRIPLÉ POUR L'HISTOIRE

Pour le Grenoblois Olivier Toulouze, en provenance de Lourdes, où il avait été sacré champion du groupe B, au côté d'un certain Vern Cotter, et s'était illustré en terminant meilleur marqueur d'essais de l'ancêtre de la Pro D2, être appelé par les Barbarians pour affronter les All Blacks, était un rêve qu'il vivait les yeux grands ouverts. « J'avais confirmé lors du début de saison 1995-1996 à Grenoble, où j'avais suivi mon entraîneur, "Nano" Capdouze, ma belle saison lourdaise. Serge Blanco m'avait appelé pour le match de Toulon, poursuit-il. Je me souviens du conciliabule avant la rencontre. Serge Blanco voulait que Venditti, plus costaud, passe à l'aile droite, pour jouer face à Lomu. Et Philippe [Bernat-Salles] avait dit : "Non, non ! Je reste à droite. C'est mon couloir, et je n'ai pas de repères sur le côté gauche... Tant pis, je vais affronter 'le monstre' !" Blanco avait fini par céder et Bernat [1,79 m, 80 kg] avait débuté face à Lomu à qui il rendait

40 kg [1,96 m, 119 kg]. En face, les Blacks avaient aligné une équipe solide avec la star du 7, Éric Rush, sur une aile, Lomu sur l'autre, Little au centre, une charnière Marshall-Culhane et devant Zinzan Brooke, Blackadder, Ian Jones ou Richard Fromont, un deuxième ligne qui terminera sa carrière à Agen. » Le début de match est compliqué. Les Blacks prennent les Barbarians à la gorge, les empêchent de s'exprimer. « Je me rappelle que sur un ballon dans mon en-but, j'ai voulu relancer, j'ai fait un zig-zag derrière mes poteaux, mais j'ai dû aplatir... Et puis sur une action, Denis [Charvet] me fait la passe un peu en hauteur. Je vois Lomu arriver en travers. Il m'attrape par le maillot et me jette au sol. Heureusement qu'il ne me prend pas en planche sur les côtes sinon je vais faire connaissance avec le personnel soignant de l'hôpital de Toulon ! »

Le début du match est à sens unique. « On a mal commencé, Didier [Camberabero] n'était pas dans un grand jour au pied et on s'est retrouvés menés 19-0 à la mi-temps. Mais on tentait des choses dès que nous avions des ballons exploitables... On surveillait Lomu, et c'est Rush qui marquait. Bernat s'accrochait à lui comme il pouvait. Je me souviens d'une action où on s'est retrouvés à quatre, avec Bernat, Glas, Charvet, sur les épaules de Jonah. Il nous emportait avec lui. Il a fallu que "le Sécateur" [Marc Lièvremont] arrive pour le mettre au sol ! Et puis, sur une belle action offensive, je me retrouve en position d'ailier. Je déborde et au moment de marquer, l'arrière Osborne arrive en planche, me percute. J'emporte l'arbitre de touche avec moi, mais je l'entends qui crie : "*Try! Try!*" Pas sûr qu'avec la VAR[1], l'essai ait été accordé aujourd'hui... » Toulouze se retrouvera ensuite au soutien de Xavier Blond, troisième ligne des Baa Baas, pour filer à l'essai. Et bien placé pour terminer une action d'envergure. Trois essais inscrits aux All Blacks, il est l'homme du match côté Barbarians. En bon Lourdais qu'il est, il remercie Dieu de cette offrande. Jamais un joueur français n'avait réussi pareille performance. Et depuis, aucun n'est parvenu à égaler l'exploit d'Olivier Toulouze... « C'est certain que ce match a fait ma réputation, assure-t-il. Mais j'étais un peu naïf à l'époque, je n'ai pas surjoué ni profité de ce qui était considéré comme un exploit... J'ai été ensuite appelé en France A, pour jouer contre l'Angleterre à Jean-Bouin. Mais j'ai eu le tort de dire que je préférais jouer avec les Baa Baas... C'était une phrase malheureuse, j'avais juste voulu dire que je prenais davantage de plaisir à jouer pour les Barbarians. Je n'ai plus été appelé ensuite... » Il fait pourtant partie du groupe qui prépare la Coupe du monde 1999, mais les sélectionneurs lui préfèrent le Palois Nicolas Brusque. Il jouera pour l'équipe nationale à 7. Ce qui lui donnera l'occasion de retrouver Jonah Lomu et son idole, Christian Cullen, lors d'un tournoi à Wellington. « J'ai la photo dans mon bureau », conclut-il. Elle lui rappelle qu'un jour de novembre 1995, à Toulon...

Le Club des 7

En inscrivant trois essais aux Blacks à Mayol, Olivier Toulouze est entré dans un club très fermé. Ils ne sont que sept joueurs à avoir réussi pareille performance, plus deux joueurs qui eux ont réussi un quadruplé : l'Australien Greg Cornelsen lors d'Australie-Nouvelle-Zélande (30-16) en 1978, et le Néo-Zélandais Nelson « Kelly » Ball, en 1932. Avec sa province de Wellington, il participa au triomphe sur les Blacks (36-23), dans un match de préparation pour la tournée en Australie.

Le fameux club des 7 :

J. Carley (AUS), New South Wales-Nouvelle-Zélande (22-8), à Sydney, 1897.
D. C. Reid (AUS), New South Wales-Nouvelle-Zélande (18-16), à Sydney, 1925.
Ray Mordt (AFS), Nouvelle-Zélande-Afrique du Sud (25-22), à Auckland, 1981.
Darren Junee (AUS), Sydney University-Nouvelle-Zélande (40-17), à Sydney, 1992.
Olivier Toulouze, Barbarians français-Nouvelle-Zélande (19-34), à Toulon, 1995.
Marius Joubert (AFS), Afrique du Sud-Nouvelle-Zélande (40-26), à Johannesburg, 2004.
Bryan Habana (AFS), Barbarians britanniques-Nouvelle-Zélande (25-18), à Twickenham, 2009.

1. Assistance vidéo à l'arbitrage.

Vincent Moscato n'aurait jamais imaginé jouer un jour avec les Barbarians. Alors capitaine… C'est ce privilège qui échut au talonneur du Stade Français, le 11 novembre 1997, à Aguilera. Le vestiaire du stade biarrot a conservé en ses murs le discours musclé de celui qui avait gardé le cuisant souvenir de sa première « cape » avec les Baa Baas, contre les Fidji, à Bordeaux. Il était alors un comparse de la mêlée béglaise, la fameuse « tortue » qui allait poser sa carapace sur le bouclier de Brennus en 1991. À Bordeaux, en 1989, les Barbarians avaient voulu relever le défi du jeu imposé par les Fidjiens… En oubliant les fondamentaux, les coéquipiers de Pierre Berbizier offrirent aux magiciens du Pacifique l'occasion de démontrer leurs aptitudes au rugby d'attaque dont ils sont si friands. Un festival de passes et de courses, ponctué par six essais. Pour la première fois de leur histoire, les Barbarians avaient « pris 30 points » (32-16). « On s'est trompé de tactique, regrettaient les joueurs de la première ligne française, composée ce jour-là du Toulousain Claude Portolan, de l'Agenais Jean-Louis Tolot et du Béglais Vincent Moscato. On a voulu jouer dans l'esprit, à fond, mais les Fidjiens étaient plus forts que nous pour le spectacle. On aurait d'abord dû les tordre en mêlée… »

SPRINGBOKS À LA BASQUAISE

Huit ans ont passé lorsque Moscato retrouve les Barbarians, à Biarritz, pour affronter les redoutables Springboks. Lui qui s'imaginait aux antipodes de l'esprit de cette confrérie du jeu et du… jeu, plus barbare riant que Barbarian, n'avait en fait rien compris au schmilblick. « J'étais persuadé que mon style ne correspondait pas au leur, avoua-t-il. Et je me suis demandé pourquoi ils faisaient appel à moi. » Biarritz lui ouvrit les yeux. Investi d'une mission, il allait se montrer à la hauteur du rôle qu'on lui confia ce jour-là !

Logés à l'hôtel du Grand Palais, où Franck Corrihons, le demi de mêlée grenoblois natif du Boucau, avait travaillé quelques années plus tôt comme agent technique (!), les Barbarians ne feront pas preuve de naïveté cette fois-ci. Il faut dire que Vincent Moscato ne les avait pas ménagés dans le vestiaire biarrot. Il a commencé par leur rappeler les fondamentaux : le rugby, même chez les artistes, commence devant ! Surtout face aux Sud-Africains ! Et pour montrer l'exemple, il se retroussa les manches… Mieux, il prit une paire de ciseaux et découpa les manches de son superbe maillot aux trois nuances de bleu ! Serge Kampf, Guy Savoy, le célèbre restaurateur de la

21

rue Troyon (aujourd'hui à la Monnaie de Paris), et tous ceux invités à vivre en direct l'avant-match des Baa Baas, ouvraient grand les yeux. Guy Savoy en profita pour récupérer au passage les manches du maillot de Moscato. Un trophée pour celui qui fut le talonneur des cadets de Bourgoin-Jallieu !

Moscato fait son show

Sur le terrain, dès le coup d'envoi, les Springboks comprirent qu'ils n'étaient pas venus déguster la cerise noire ni le célèbre fromage de brebis d'Ossau-Iraty. Deux ballons, portés d'école après des phases de conquête aussi propres qu'un ciel basque après l'orage, donnèrent le ton. Jean-Michel Gonzalez, grand spécialiste de force basque, surtout en mêlée fermée, était aux anges. « Ils ont abordé ce match comme un test, savourait "Gonzo". Et on les a tordus en mêlée ! »

Pour Vincent Moscato, l'affront subi à Bordeaux contre les Fidji est lavé. Il peut débuter son show, déjà entamé bien avant le match... Lorsqu'il croisa par exemple une nuée de jeunes filles dans les couloirs de l'Hôtel du Palais, l'inspecteur Vincent mena son enquête. Il s'agissait des mannequins de Karl Lagerfeld, venus pour un shooting photo sur la côte basque ! Le couturier et le talonneur entamèrent une conversation improbable sur le rugby. « Il avait conscience que notre sport était très dur, racontera par la suite le capitaine d'un jour des Baa Baas. C'était sympa car il y avait une forme de naïveté de sa part. »

Lors du banquet d'après match, devant 300 convives incrédules, Moscato, l'air grave, l'allure cérémonieuse, fit se lever l'assemblée pour une minute de silence mémorable. Nous étions le 11 novembre, jour de l'Armistice et de l'hommage aux morts de la Grande Guerre... « Jacques Fouroux croyait que je n'allais pas le faire, s'amusa-t-il. Mais quand les Boks se sont levés en premier, les autres ont suivi ! »

Pour Pieter de Villiers, le pilier droit d'origine sud-africaine des Barbarians aux origines huguenotes, le plus dur reste à venir. Son capitaine et coéquipier au Stade Français lui demande de faire un discours en afrikaans ! Devant des Sud-Africains amusés, celui qui deviendra un international français deux ans plus tard improvise quelques mots, traduits librement par Vincent Moscato. On vous laisse imaginer les fous rires...

« Capitaine Moscate » peut alors lever son verre à ses valeureux coéquipiers d'un jour, amis pour toujours : Nicolas, Marika, Philippe, Éric, David, Benoît, Christophe, Franck, Waisale, Marc, Sylvain, Thomas, Serge, Olivier, Leni, Pieter, Sotele, Jean-Jacques... et à lui-même, bien sûr, Vincent !

« SOMETHING VERY SPECIAL »

Par John Eales

John Eales est considéré comme l'un des plus grands joueurs de deuxième ligne de l'histoire du rugby. Et pas uniquement par sa taille (2 mètres). En dix saisons internationales, il a remporté deux fois la Coupe du monde (1991 et 1999), totalisé 86 sélections, dont 55 comme capitaine. Surnommé « Nobody » (personne) par ses coéquipiers qui rajoutaient malicieusement « "Nobody" *is perfect* » !

« Quand j'ai répondu à l'appel téléphonique de Jean-Pierre Rives qui me demandait de rejoindre les Barbarians français pour affronter les All Blacks à Toulon [1995], je n'imaginais pas une expérience aussi enrichissante. Il s'est passé quelque chose de spécial, avant et après le match. *Something very special.* Je sais maintenant que ce week-end tellement particulier est gravé en moi pour le restant de ma vie.

Quand les Français jouent au rugby, ils ont le cœur dans leur manche. Pendant quatre-vingts minutes, leur passion et leur âme se jettent dans quelque chose qui est beaucoup plus qu'un jeu. Pour les Français, le rugby est une forme d'art !

Répondre à l'invitation de Jean-Pierre Rives était une belle opportunité de percevoir de l'intérieur cet esprit-là. Dès le premier jour, j'ai réalisé ce dont il s'agissait. Être Barbarian signifie prendre du plaisir, jouer, au sens premier du terme.

Je n'ai jamais coupé les ponts avec les Barbarians français. La semaine précédant la finale de la Coupe du monde 1999 contre la France au Millenium de Cardiff, j'ai reçu un grand nombre de fax. Ceux qui m'ont le plus touché provenaient de mes amis Jean-Pierre [Rives], Denis [Charvet], les deux Serge [Blanco et Kampf], qui m'envoyaient leurs meilleurs vœux. Bien sûr, ils exprimaient leur envie de voir les Français l'emporter, mais en même temps, ils souhaitaient bonne chance aux Australiens...

De tout temps, le rugby a été plus riche hors du jeu que sur la pelouse. C'est ce qui en fait un grand sport. Ma carrière ne serait pas aussi complète sans les moments vécus avec les Barbarians. Je remercie ceux qui m'ont donné cette chance et je les encourage à continuer le grand travail qu'ils font pour promouvoir cet esprit du rugby. »

Marc et Thomas Lièvremont réunis pour terrasser les Blacks, à Lens.

Un an après l'inoubliable demi-finale de Coupe du monde à Twickenham, où les Bleus écrivirent une page histoire en terrassant les All Blacks (43-31), les Néo-Zélandais sont de retour en France pour une tournée placée sous le signe de la revanche. Premier match, celui des « Baby » Blacks à Lens, pour affronter les Barbarians. Félix Bollaert fait le plein et l'ambiance est surchauffée. Dans l'équipe néo-zélandaise ne figurent que des joueurs en devenir: Mils Muliaina (100 sélections sous le maillot noir à la fougère), l'ouvreur Tony Brown, le futur Toulonnais Jerry Collins, le deuxième ligne Chris Jack (67 sélections) ou le pilier droit Carl Hayman (45 sélections). « Le match fut épais, se souvient le capitaine des Baa Baas à Lens, Marc Lièvremont. Intense, rude comme à chaque fois que l'on joue une équipe néo-zélandaise. Pour moi, il revêtait un caractère spécial parce que

LES HÉROS DE BOLLAERT

c'était mon dernier match international. L'année précédente, j'avais participé à la fête de Twickenham, en Coupe du monde, face à ces mêmes All Blacks, et il m'était arrivé une petite mésaventure sympa... À la fin du match, j'étais allé voir Josh Kronfeld, avec qui nous avions joué ensemble sous le maillot des Barbarians, face aux champions du monde sud-africains à Brive [1996], et lui ai demandé d'échanger nos maillots. Je vois bien qu'il a la défaite en travers, il me dit du bout des lèvres: "Plus tard, Marc, je suis trop déçu..." Je n'ai pas insisté, et comme je ne l'ai pas revu ensuite, j'ai gardé mon maillot bleu. Sauf que, quelques mois plus tard, mon téléphone sonne... C'était Ian Borthwick, le journaliste de *L'Equipe*, d'origine néo-zélandaise. Il me dit: "J'ai quelque chose pour toi..." C'était le maillot de Kronfeld, qui l'avait chargé de me remettre! Après la finale de Coupe du monde 1999 perdue contre l'Australie, j'avais raccroché avec l'équipe de France. C'était aussi mon dernier pour les Barbarians et je jouais avec mon petit frère [Thomas] dans un stade vibrant et chaleureux. Le bonheur intégral! »

Tout commence mal pourtant puisque dès la deuxième minute de jeu, le jeune et prometteur demi de mêlée toulousain Jérôme Fillol doit sortir sur une civière, victime d'une fracture du tibia droit. Il est remplacé par Pierre Mignoni. Le combat est âpre, les deux équipes ne veulent rien lâcher. Les contacts sont rudes, et la moindre erreur se paye cash. Ainsi lorsque Jean-Luc Sadourny éprouve du mal à récupérer après être passé dans la lessiveuse noire, Caleb Ralph, le jeune centre All Black en profite pour se faire la valise et inscrire le deuxième essai néo-zélandais. « En deuxième mi-temps, on a bien tenu, se souvient Marc Lièvremont. Mais on laisse des points en route et on se dirige vers la défaite [20-21] lorsqu'une dernière faute de Collins offre une pénalité à David Aucagne, qui venait de remplacer Diego Dominguez à l'ouverture. David, qui avait manqué un drop quelques minutes auparavant, ne rate pas l'occasion et nous nous imposons sur le fil [23-21]. Ça reste un super souvenir. J'ai eu la chance de vivre une carrière riche en émotion. Champion de France avec le Stade Français, 25 sélections avec le XV de France, un Grand Chelem dans le Tournoi, une finale de Coupe du monde en 1999. Mais ma plus grande fierté, c'est d'avoir pu enfiler le maillot bleu des Barbarians. Parce que c'était comme une consécration, la reconnaissance de tes illustres aînés. Devenir Barbarian, c'était être adoubé par la génération 77, celle qui m'a fait rêver quand j'étais gamin. La première équipe qui m'a fait véritablement aimer le rugby. Se retrouver au côté de Jean-Pierre Rives, que je badais devant mon poste de télévision, Jacques Fouroux, croiser "Dédé" Boniface ou Éric Champ, c'était le summum. Et quand mon père, Roland, m'a dit : "Ton plus beau maillot, c'est celui des Barbarians !" Et puis, il faut se rappeler que nous étions à la croisée des chemins. Le rugby venait de prendre le virage du professionnalisme, commençait à se structurer, à changer de visage. Jouer pour les Barbarians offrait un espace de liberté, un plaisir sans cesse renouvelé. Je ne pouvais rêver mieux pour raccrocher. Terminer ma carrière internationale, à 32 ans, en battant les Blacks, avec le brassard de capitaine sur le bras, moi qui n'ai jamais couru après les honneurs... Et mon frère Thomas sur le terrain à mes côtés, je ne pouvais rêver plus belle sortie... »

UNE FONDUE, DES FONDUS !

Par Guy Savoy

Guy Savoy est un ténor de la cuisine française. Son restaurant, situé 11, quai de Conti, à Paris, a été élu le meilleur de la planète. Savoy peut s'enorgueillir de trois étoiles au Guide Michelin depuis 2002 ! Grand amateur de rugby, sport qu'il pratiqua dans ses jeunes années à Bourgoin-Jallieu, il est devenu un fervent supporteur des Barbarians français

« Je n'oublierai jamais le discours d'avant match de Vincent Moscato, capitaine des Barbarians contre les Sud-Africains, un jour de novembre 1997 à Biarritz[1]. Depuis deux ans, et l'invitation lancée par Serge Kampf pour me joindre à eux lors de la Coupe du monde 1995 en Afrique du Sud[2], je suivais cette équipe. Elle me touchait. Les Barbarians me rappelaient cette bande de copains que nous formions avec mes camarades berjalliens lorsque je jouais au SC Bourgoin-Jallieu. Après le titre de Bourgoin en division 2, en 1965, j'ai voulu rejoindre l'école de rugby avec mon frère. J'y suis resté entre 11 et 16 ans et appris beaucoup de la vie. Les Barbarians constituent à mes yeux tout ce qui fait la noblesse du rugby. À chacun de leurs matchs, il n'y a aucun enjeu, sinon celui de jouer, et bien. De se faire plaisir. Pourtant, cette absence de finalité n'empêche pas les joueurs de tout donner sur le terrain. Ils ont l'esprit de compétiteur dans les tripes. Les Barbarians représentent le "rugby champagne", et certainement pas celui du "rugby marketing". Et puis j'aime bien cette idée de voir chaque joueur porter sur le terrain les chaussettes

1. L'Afrique du Sud avait gagné la Coupe du monde deux ans auparavant, en battant les All Blacks (15-12). De l'équipe championne du monde, seuls deux joueurs, le pilier Naka Drotske et l'ailier Pieter Hendriks, étaient sur le terrain d'Aguilera.
2. Le patron de Capgemini avait invité les Barbarians historiques, ceux du Grand Chelem 1977, ainsi que quelques grands patrons d'entreprise et des amis, dont Jacques Chancel, Jean Liénard et Guy Savoy, à assister à la finale de la Coupe du monde 1995 à Johannesbourg, entre Springboks et All Blacks.

aux couleurs de son club. Le bleu et grenat berjallien, le sang et or de l'USAP, le ciel et blanc du Racing, le rouge et noir de Toulouse ou Toulon. Ce sentiment d'appartenance qui procure de la fierté. Le rugby de terroir peut se montrer pétillant quand il devient barbarian.

À Biarritz, en cette veille du 11 novembre 1997, j'ai eu la chance de partager une séance d'entraînement avec les Baa Baas. D'échanger quelques passes avec les joueurs. Et d'assister à la causerie d'avant match ! Vincent Moscato avait découpé les manches de son joli maillot, peut-être pour faire plus guerrier encore qu'il ne l'était. Je me souviens avoir récupéré les manches, comme un trophée. Son discours dans les vestiaires avait été incroyable. Il y avait tellement de force et de motivation dans ses propos ! On aurait dit que les Barbarians allaient jouer la finale de la Coupe du monde, alors qu'ils s'apprêtaient juste à jouer un match de rugby sans enjeu ! Face aux Springboks, certes tenants du titre, mais pour la seule beauté du sport. Je ne me souviens pas de tous les termes employés, mais disons que le discours était sévèrement "burné". Et les Barbarians se sont imposés [40-22]. Magnifique !

Ce match m'a laissé en bouche le même plaisir que lorsque je déguste une délicieuse fondue savoyarde, mon péché mignon. Celle aux trois fromages de Gruyère ou au vacherin fribourgeois, suave et tendre ! Pourquoi ce parallèle ? Parce que dans une fondue, on trempe tous sa fourchette dans la même assiette. Ce moment de partage qui unit les joueurs de rugby sur un terrain... et en dehors. Mets et mêlées emmêlés, le raccourci d'une vie ! Une fondue, des fondus. Mes voisins académiciens du Quai de Conti apprécieront moyennement l'accord grammatical...

À l'évocation des Barbarians, les images défilent. De la première heure, où je me suis retrouvé assis entre Jean-Pierre Rives et Jean Liénard dans les tribunes de l'Ellis Park de Johannesburg pour suivre la finale historique entre Boks et Blacks en 1995. Ou en 2000, toujours en Afrique du Sud : de nouveau invité par Serge Kampf avec les Baa Baas pour assister à la Coupe du monde de football, j'entends encore Laurent Pardo s'exclamer en débarquant dans l'aérogare de Johannesburg. "Elles ont une drôle de tête les vaches ici !" Sur les affiches touristiques, on pouvait admirer les images d'hippopotames et autres rhinocéros ! Le rugby des Barbarians, je le mets en pratique tous les jours en cuisine. Avec des gars différents, venus des quatre coins de France et d'ailleurs, on arrive à faire une équipe homogène. Cette même alchimie qui unit cuisiniers et joueurs de rugby.

"

« On aurait dit que les Barbarians allaient jouer la finale de la Coupe du monde... »

On le croyait indestructible. Et pourtant il est parti le premier. Le 20 avril 2001, Robert Paparemborde nous quittait, terrassé par un cancer foudroyant. Des héros du Grand Chelem 1977, des fondateurs des Barbarians, il fut le premier à s'en aller. En première ligne, comme il l'avait toujours été. Laissant derrière lui quatorze frères d'armes désemparés. Vingt-quatre ans après leur création, les Baa Baas se retrouvaient orphelins de « Patou » ou « Papa », comme il était surnommé affectueusement. « Ses deux surnoms lui allaient si bien, reconnaissait le Basque Pierre Dospital, autre membre de la confrérie des piliers, qui fêta sa première sélection en 1977, en remplaçant le Palois "Patou", dans les Pyrénées, c'est un chien de berger, qui surveille les troupeaux. Et "Papa", c'était le berger du XV de France. Un très grand joueur qui avait le sens du jeu et celui du sacrifice... »

ROBERT PAPAREMBORDE

Ce Patou de travers

Avant de quitter précipitamment la scène, Robert Paparemborde fut un sacré acteur des joutes du rugby. Originaire de la vallée d'Ossau, à Laruns, où il a grandi avec pour compagnons les troupeaux de moutons du plateau du Hourcq et leurs gardiens, les fameux patous dont il héritera le nom, il ne touche son premier ballon ovale que tardivement, après avoir tâté du handball, du judo, il est ceinture noire, et de l'athlétisme. À 17 ans, alors qu'il n'a jamais joué au rugby, il est enrôlé par les Coquelicots du lycée palois Louis Barthou, où sa mère l'avait inscrit pour qu'il devienne un jour instituteur, qui l'installent au poste de pilier. Pour un coup d'essai, il réussit un sacré coup de maître, devenant champion de France scolaire en 1966. Le rugby l'a adopté, il ne le quittera plus. De la section paloise, où son aisance technique et sa vitesse de course le firent parfois jouer centre ou ailier, au Racing Club de France, en passant par le XV de France, qu'il découvre tardivement à 27 ans, et les Barbarians, « Papa » est un sacré client, longtemps regardé du coin de l'œil par les arbitres parce qu'il traîne derrière lui une réputation de « pousseur de travers » qui désorganise les mêlées adverses. Droitier, il a pigé comment déstabiliser ses vis-à-vis et empêcher le talonneur de talonner correctement le ballon. « J'ai appris ça au judo, expliquait-il. Tout est une question de déséquilibre. C'est pareil en mêlée. Il faut éviter de prendre toute la pression que l'on veut mettre sur toi... » Son cou de taureau et ses épaules « en forme de bouteille de Perrier » lui autorisent une position vite intenable pour ses adversaires. Jugée peu orthodoxe par les équipes adverses, elle attire sur lui les foudres des arbitres... et ceux des deuxièmes lignes des équipes adverses ! À l'époque, si l'arbitre ne rectifiait pas la position d'un pilier poussant en travers, un deuxième ligne s'en chargeait rapidement. Et « Papa » a souvent chargé... Même de la part de ses copains internationaux. Jean-François Imbernon, qui poussait derrière « Patou » en équipe de France et accumulait les séances de joug lors des stages de préparation du Tournoi, raconte que lors d'un USAP-Pau, il a envoyé « une torpille » à « Patou »... « Une fois, explique le géant catalan, il s'est mis en travers en mêlée, je l'ai remis dans l'axe ! » Paparemborde regarde le grand Jeff et lui dit : « Tu me fais ça, à moi ? » Il s'entend répondre : « Tu n'as qu'à te mettre droit ! »

KO, « Patou » le sera quelques fois. Contre Narbonne, Lavelanet ou Toulouse, il expérimente la position du petit Jésus... les bras en croix. Mais quand il retrouve ses copains internationaux, au château Ricard de La Voisine, les chamailleries s'estompent. Le respect mutuel et l'admiration reprennent leurs droits. Imbernon admire « son Patou », comme homme et comme joueur, qui apprécie en retour la présence de l'attelage Imbernon-Palmié dans son dos, en mêlée. « Jeff et Palmié, quand tu les sentais derrière toi, c'était un peu comme si tu portais un protège-dents, ça sécurisait drôlement. » Il le disait avec un petit sourire goguenard, lui qui avait perdu « son clavier de devant » depuis belle lurette.

Avant de raccrocher les crampons, « Patou » devint le pilier français le plus « capé » (55 sélections), détrôna Amédée Domenech au nombre des essais inscrits par un « pilar » avec le XV de France (8 essais). Pilier droit de légende du rugby français, il accepta une seule fois de pousser à gauche... Mais pour quel souvenir ! Le 14 juillet 1979 à Auckland, jour de gloire des Bleus, vainqueurs des All Blacks sur leur herbe (24-19) pour la première fois dans l'histoire du rugby français, il accepta de céder son fauteuil de droite au « bleu », Daniel Dubroca. « Patou » n'allait pas laisser l'Agenais, plus à l'aise pour caler la mêlée, commencer sa carrière de manière inconfortable. À plus forte raison face aux terribles All Blacks ! Dévoué et serviable, en bon « Patou » qu'il était...

En 1980, encore joueur, il est élu au comité directeur de la FFR avec Jacques Fouroux. Les choses du rugby l'intéressent. Il se réjouit de la création des Barbarians, refuge de valeurs qu'il défend, soutient Jean-Pierre Rives, qu'il considère comme un frère, et Jacques Fouroux, dans leur quête d'importer le concept Baa Baas dans le rugby français. En 1983, après seize saisons sous le maillot palois, il « monte » à la capitale rejoindre son frère d'armes, Jean-Pierre Rives, pour aider le Racing à retrouver son standing. Il a confié au « Blond » « sa hantise de finir sa vie à Pau, derrière une caisse enregistreuse ». Paris lui tend les bras. Un dernier match, formidable, avec les Barbarians à Toulon contre l'Australie (21-23), où il porte le brassard de capitaine, et le voilà lancé sur d'autres rails. Entraîneur, directeur sportif du Racing et même président des « Ciel et Blanc », il s'investit partout. Il ouvre un restaurant, le Black Bear, dans le IXe arrondissement, devient DRH pour un grand groupe industriel français, l'égérie de la marque Banania, avance ses pions à la fédération. Lorsque la succession d'Albert Ferrasse à la présidence de la FFR allume un bel incendie dans le rugby français, il est candidat au poste avec l'ambition de démocratiser les institutions. Battu, il récupère un jeton de vice-président puis celui du manager du XV de France, en s'alliant à Bernard Lapasset. Il est débarqué peu après. Une période difficile de sa vie. Il trouve un peu de chaleur et de réconfort auprès de ses frères Barbarians. « Lorsque la Fédération a explosé de tous les côtés, on a commencé alors à vivre notre vie avec les Barbarians. Sans être en opposition, il fallait sortir du carcan fédéral. » Il est ravi de voir ses Baa Baas devenir un véritable espace de liberté. L'avènement du professionnalisme chamboule le paysage du rugby français. Une formule d'Antoine Blondin lui plaît bien. L'écrivain germanopratin a écrit un jour : « Ces jeunes garçons jouaient au rugby pour gagner de l'argent, alors qu'à eux [la génération d'avant] on leur avait donné de l'argent pour pratiquer leur sport favori... » « Patou » rêve d'une liberté retrouvée sur les terrains, comme celle qui le fit grandir dans les grands espaces, à l'air pur de ses Pyrénées. Que tous ces jeunes qui n'avaient pas eu la chance de vivre le rugby comme un agréable passe-temps puissent s'exprimer sans contraintes. Les Barbarians leur offraient cet espace, pouvaient être cette bouffée d'oxygène salutaire. Et rien ne le mettait plus en colère qu'un président de club refusant de libérer l'un de ses joueurs pour un match des Baa Baas.

Cette éternelle discussion au sujet de la place des Barbarians dans le rugby professionnel excitait les passions. Celle de « Patou » aussi... « Mais oui, plus que jamais ils ont leur place, assurait-il. C'est normal qu'il y ait une évolution, mais il faut perpétuer ses valeurs, ne pas se laisser gagner par l'argent. Je suis certain qu'avec Jean-Pierre (Rives) qui est le pape des Barbarians sur terre, ça continuera. Cela doit continuer ! »

« Patou » était dans les tribunes du stade Bollaert à Lens pour voir Marc Lièvremont et les Barbarians terrasser les All Blacks (23-21). Il pouvait partir apaisé. Ce qu'il fit trois mois plus tard. Ce jour-là, « Patou », comme l'écrivait joliment Antoine Blondin, venait « de rendre – je dis bien rendre – la vie ».

La tournée en Afrique du Sud 2017 fut la dernière occasion d'écouter les recommandations de Frédéric Michalak, avant que ne survienne l'heure de la retraite. Salut l'artiste !

2005

Serge Blanco est magnanime. Avec son B.O. de toujours, il a soufflé le bouclier de Brennus au Stade Français, après une finale aussi indécise qu'haletante (34-31 après prolongations). Pour se faire pardonner, il invite Fabien Galthié et Fabrice Landreau, les entraîneurs parisiens, à diriger l'équipe des Barbarians appelée à défier la Western Province à Stellenbosch. Sauf que Galthié, jeune entraîneur qui vient de perdre deux finales pour sa première saison sur le banc du Stade Français (31-34 en Top 16 contre Biarritz, et 12-18 en Coupe d'Europe face au Stade Toulousain), a décidé d'oublier sa déception en prenant des vacances en famille en Italie. « Moi, je ne voulais pas aller en Afrique du Sud, se souvient Galthié. L'Afsud en hiver, je connais pour avoir joué quelques mois au Cap avec le club de False Bay et la Western Province... Je connais l'hiver austral au mois de juin, et le moins que je puisse dire, c'est que je n'étais pas très chaud ! Et puis Serge Kampf m'a téléphoné. J'ai eu beau lui expliquer que j'avais organisé mes vacances au soleil, en Italie, il m'a répondu : "Tes vacances, tu les passeras en famille, mais en Afrique du Sud ! Je vous invite là-bas, toi et ta famille !" J'en ai parlé à Coline, mon épouse. Nous avions des amis au Cap. J'ai fini par accepter ».

COACHING PERDANT

Voilà comment la famille Galthié se retrouva dans l'avion pour l'Afrique du Sud. *Ciao pasta*, pizza, gorgonzola et tiramisu ! Bonjour *braais*, *biltong* et *bobotie* ! Clin d'œil sympa de l'histoire, La Western Province est entraînée par Nick Mallett, rentré au pays rejoindre sa famille l'été précédent et remplacé au Stade Français par le duo... Galthié-Landreau. Ce même Mallett qui fut à l'origine de l'expérience False Bay de Fabien Galthié, en 1995 ! Les retrouvailles sont chaleureuses. Julien Arias, David Skrela, Jérôme Fillol, Mike James, Pierre Rabadan, Pablo Lemoine et Mathieu Blin, les sept joueurs du Stade Français invités pour la tournée, se remémorent leurs bons souvenirs parisiens. Pour préparer au mieux la rencontre, Fabien Galthié réunit tous les matins son équipe sur un terrain mythique du Cap, celui des Hamilton Hammies, plus vieux club sud-africain, créé à Sea Point, en 1875. Le terrain jouxte le Metropolitan Golf Club du Cap, dont une partie sera préemptée ensuite pour construire le superbe stade de Green Point, l'un des fleurons de la Coupe du monde de football 2010. On peut dire que les entraînements sont tout sauf tristes. « Pour les matchs à toucher, se souvient Galthié, il y avait sur les bords de touche quelques spectateurs pas comme les autres : les anciens du Grand Chelem 1977, venus en Afrique du Sud retrouver soutenir le XV de France en tournée... et les Barbarians dont ils étaient les créateurs. Ils dressaient la table sur le bord de touche et faisaient ripaille : foie gras, saucisson, fromages, vin rouge, vin blanc... »

2005

Sur le terrain, le sérieux est de mise. Les Barbarians donnent une leçon de réalisme à une équipe de la Western Province en pleine préparation pour la Currie Cup. Julien Arias déboule sur son aile pour un doublé, le géant biarrot d'origine sud-africaine Ockert Booyse enfonce le clou et les Baa Baas mènent largement à la mi-temps (20-3). « Et puis, j'ai réussi un coaching mémorable, raconte avec humour Fabien Galthié. À la mi-temps, j'ai vidé le banc et fait rentrer tous les remplaçants parce que j'avais promis que tout le monde jouerait... Je me disais qu'avec 17 points d'avance, on ne pouvait pas perdre. Un match international ne se perd pas lorsque tu mènes 20-3 à la mi-temps... Et bien, nous, on l'a perdu... de 2 points ! Grâce à mon coaching. Quelle connerie ! Mallett, lui, a mieux géré ses remplaçants, et il nous a bien chambrés lors du repas d'après-match ! Il a fait le malin... » Fabien Galthié poursuivait son apprentissage du métier d'entraîneur. « Dans le vestiaire, les deux Serge [Blanco et Kampf] étaient fous. Et je me souviens encore des mots de Serge Kampf : "Je te remercie pour notre aimable contribution à cette performance..." Je terminais une saison mémorable sur cette fausse note ! »

La défaite n'altérait pas le bonheur des frères Viars. Sébastien, l'arrière de Clermont, et Jean-François, trois-quart centre d'Aurillac, n'ont pas trop eu l'occasion de jouer ensemble au cours de leur carrière. « Nous avons joué sous le même maillot une seule saison, à Brive, se souvient Sébastien. Et très souvent l'un contre l'autre. Ce match fut pour nous un plaisir inouï. J'ai joué mon dernier match de rugby sous le maillot des Barbarians, et à côté de mon frangin, avec qui j'entretiens une relation quasi fusionnelle. Le pied ! » Pourtant, ce bonheur faillit tourner court. « En seconde mi-temps, raconte Seb, Jeff a pris ma place à l'arrière et moi j'ai glissé à l'aile. Sur le premier ballon qu'il touche, il veut jouer un côté fermé avec moi, sans surnombre... Il s'est pris un troisième ligne aile, du genre autobus à deux étages, dans le buffet. Un tampon de folie ! Et sur son deuxième ballon, le même autobus lui met un nouveau tampon, à retardement cette fois ! J'ai cru qu'il me l'avait tué... Je m'approche de Jeff, pour voir comment il va, et là, il a cette phrase magnifique, le visage grimaçant de douleur : "Rassure-toi, Seb, l'armoire est toujours là, mais j'ai cassé un peu de vaisselle à l'intérieur !" » Le souvenir du dernier match des frères Viars ensemble est magnifié par la présence de « Dédé » Boniface, l'un des managers de la tournée. « On l'appelait affectueusement "papa", se souvient Sébastien Viars. Quand il nous a vus tous les deux, il a fait un transfert. Il était toujours avec nous et nous racontait ses souvenirs avec Guy, son frère trop tôt disparu. De nous voir vivre ensemble lui rappelait des moments du passé, à la fois superbes et terribles. Et nous, quand il ouvrait le couvercle de sa boîte à souvenirs, il nous montait la larme... »

Les émotions sont un maître-mot chez les Barbarians. Pour se remettre de la déception d'une défaite cruelle, ils iront encourager le XV de France face aux Springboks, à Durban (match nul 30-30). La tournée sud-africaine s'achèvera en apothéose, avec un dîner sur une plage du Natal en compagnie de Jean-Pierre Bastiat, Serge Blanco et des internationaux de 1977. Convivialité, partage et quelques chansons pour finir. « Non, non, non, les Baa Baas n'étaient pas morts... »

CE BEL IMPRÉVU

Par Jacques Chancel

Jacques Chancel, de son vrai nom Joseph Crampes, était un journaliste, écrivain mais surtout animateur de radio, rendu célèbre par deux émissions, « Radioscopie », qu'il animera vingt-deux ans durant sur France Inter, et le « Grand Échiquier », émission mensuelle culturelle sur Antenne 2. Grand ami de Serge Kampf, il accompagna souvent les Barbarians dans leurs pérégrinations. Il nous a quittés le 22 décembre 2014, à l'âge de 86 ans.

« J'ai souvent pensé que les Anglais, jaloux de ne jamais avoir eu, dans leur royal passé, des guerriers pareils à nos mousquetaires, avaient inventé les Barbarians au XIXe siècle, pour nous provoquer sur le pré. Je m'étonne encore du nom qu'ils avaient choisi pour honorer leurs passes d'armes. La déferlante barbaresque est affaire d'envahisseurs, la geste barbare ne convient qu'aux audacieux! Quel mot! À le prononcer, Montaigne en percevait la "sauvagerie"!

L'existence de cette secte me fut révélée dans la folie d'une nuit d'ivresse, à Bagnères-de-Bigorre, où un lutin de génie, Jean Gachassin, dansait sur les tables en aboyant une sorte d'incantation: "Baa Baas". Je demandai à mon illustre voisin, Jean Prat, le sens de ce cri: "C'est un signe de ralliement, celui des rebelles qui veulent redonner au rugby tout son panache. Tu entends là toute l'étrangeté de la horde barbare." L'éblouissement, c'est l'inattendu, et les Barbarians ont été pour moi ce bel imprévu. Serge Kampf, Serge Blanco et Jean-Pierre Rives m'ont permis de les rejoindre sur les abords de la pelouse, je me suis glissé vaniteusement dans leur cercle pour en partager le panache.

Il me semble que les discussions furieuses accompagnant les séances de mise en condition n'ont d'autre but que de mettre en avant des valeurs à partager, et j'ose dire qu'au nombre de sept, elles ressemblent furieusement à celles que Serge Kampf a depuis longtemps inculquées à ses collaborateurs de Capgemini : honnêteté, audace, confiance, liberté, solidarité, simplicité, plaisir.

Je retiens l'honnêteté, qui est droiture, et le plaisir, ce bonheur d'être ensemble. L'audace n'est plus, à ce stade, qu'une coquetterie coutumière. »

Ce sont des mots très importants dans le vocabulaire des Barbarians. Passation. Transmission. Deux clichés qui collent au rugby comme des sparadraps sur le pouce du capitaine Haddock. Se passer la balle est l'art du jeu de rugby. Transmettre à un partenaire mieux placé ou plus rapide est une règle d'or, essentielle, des fondamentaux. Le ballon doit vivre. Comme l'esprit des Baa Baas.

Le match du 25 novembre 2016 au stade Chaban-Delmas illustre à merveille la signification de passation et transmission. Loin de rester lettres mortes, ces deux jolis mots sont devenus des images fortes, et vivantes. Un capitaine sur le départ[1], « Roro », Aurélien Rougerie, ouvrant la voie à « Toto », Antoine Dupont, jeune demi de mêlée talentueux disputant son premier match international « chez les grands ». « Roro » passant le témoin à « Toto », quelle belle image ! Dupont venait de fêter son vingtième anniversaire dix jours plus tôt et le moins que l'on puisse dire est que cette célébration fut un petit chef d'œuvre...

« RORO » S'EN VA, « TOTO » ARRIVE

Remplaçant Yann Lesgourgues juste après la pause, le demi de mêlée du CO Castres réussit un véritable festival. En trois temps, trois mouvements, il déstabilisa la défense australienne, surprise de voir surgir de la boîte un zébulon inconnu au bataillon, Antoine Dupont. Les Wallabies découvrirent ce qu'était « la duponade », surnom donné aux inspirations de génie de son demi de mêlée par l'entraîneur du CO Castres, Christophe Urios. Un mélange de puissance et d'agilité, d'inspiration et d'improvisation. Dupont est capable de déstabiliser n'importe quelle défense. L'essai de Lakafia, scellant le succès inattendu des Barbarians sur les Australiens (19-11) est né d'un éclair de génie de « Toto ». Deux raffuts dévastateurs, une accélération fulgurante avec un coup de reins décisif, la passe intérieure vers Monribot avant de se faire plaquer, et l'essai de Lakafia en bout de course, sous les poteaux, après un dernier relais décisif de Rougerie. Une « duponade » géniale qui fit se lever comme un seul homme les 30 000 spectateurs de Chaban. « J'étais au milieu des "minots", se souvient Rougerie. J'avais eu quelques belles expériences chez les Baa Baas, mais celle-là restera comme un événement à part. Des retrouvailles, autour d'une bière, au moment où nous nous sommes quittés, jusqu'aux adieux, on a vécu un week-end "à la Barbarian".

1. Aurélien « jubilera » un an plus tard contre les Maoris, toujours avec les Barbarians, toujours à Bordeaux.

Un week-end à l'amitié plus, plus, plus ! En trois, quatre jours, on arrive au tour de force d'apprendre à se connaître, à passer de bons moments ensemble avant de battre les Australiens ! » Et le plateau d'huîtres englouti avant le match, était-ce une potion magique ? « Mais c'est diététique, les huîtres, se marre "Roro" ! Pas de problème avec ça. C'est la magie des Barbarians. On passe de bons moments avant le match, ça fait partie de la cohésion. Toute la saison, quand nous jouons en club, nous nous croisons sans avoir le temps de se parler ou de boire une bière. Là, les adversaires du championnat deviennent tes partenaires. Ça permet de partager un bon moment autour de notre passion commune, le rugby. Et de rentrer sur la pelouse en se disant : que la fête soit belle ! »

Ce jour-là, à Bordeaux, elle le fut. Grâce à Rougerie, Capo Ortega, Brugnaut ou Poux, les « papas » d'une équipe prometteuse, avec Dupont en chef de file, mais aussi Arthur Bonneval, Lambey, Lesgourgues ou Lonca. « Toto » ne le savait pas encore mais sa prestation sous le maillot des Barbarians allait lui ouvrir en grand les portes du XV de France dès le Tournoi suivant. La victoire et le fait d'avoir joué « dans la cour des grands » suffisaient à son bonheur. « Je crois qu'il n'y a pas beaucoup de jeunes joueurs qui n'aient rêvé un jour d'affronter les Blacks, les Springboks ou les Australiens, répondit-il avec l'humilité, marque de fabrique qui sied aux meilleurs. Ce sont des nations parmi les meilleures au monde depuis vingt, trente ans... Depuis toujours en fait. Le stress ? Non, je ne l'ai pas ressenti. Je ne suis pas du genre à stresser. Et puis sur le terrain, se retrouver avec ce qui se fait de mieux dans le rugby, fait que tu te sens à l'aise immédiatement. » Découvrir l'ambiance décontractée et amicale des Barbarians lui servit à évacuer les petits picotements au ventre que procure la pression... Pas la bière, l'autre ! Le reste, tout ce qu'il avait entendu de la bouche des anciens, qui le faisait rêver, il le découvrit avec délectation. Le traditionnel match à toucher sur la plage, le confort de l'hôtel La Corniche, cher à William Téchoueyres, à Lacanau, les plateaux d'huîtres ou les pitreries de « Lolo » Pardo. « Avant le match, raconte Rougerie, une journaliste avait demandé à l'interviewer. "Lolo" est descendu de sa chambre en peignoir de bain... Et a répondu aux questions dans cette tenue. Nous, on était en première ligne, on se bidonnait ! » Se bidonner, sans être bidon, c'est peut-être l'un des secrets de la transmission. « Lolo », « Roro », « Toto », trois des acteurs d'un fameux film, dont le thème principal est la passation entre les générations, fait toujours le succès des Barbarians. Jean-Baptiste Poux, le pilier de devoir, qui se régalait de venir jouer pour les Barbarians, dont il a porté leur maillot à onze reprises, fêtait sa retraite internationale sur un dernier succès de prestige. Et sur une conclusion qui résonnait comme un témoignage à l'encontre des générations futures : « On a montré aux jeunes que le rugby, ce n'était pas que les entraînements, la préparation physique, mais aussi un certain esprit, des valeurs qu'il faudra pouvoir conserver. Battre les Australiens avec une préparation "à l'ancienne", plus gastronomique que rugbystique, c'est bon signe pour l'avenir de notre sport ! » Et des Barbarians !

Durban, province du Natal. En ce mois de juin 2017, en plein cœur de l'hiver austral, les Barbarians sont invités à donner la réplique à l'équipe B des Springboks. À leur tête, Frédéric Michalak, néo-Barbarian promu capitaine de cette tournée, venu boucler une riche carrière internationale sur cette terre sud-africaine du Natal, qui relança sa carrière en 2008. « Mich » sortait d'une saison difficile, après une opération du genou, et avait choisi l'exil pour se refaire une santé. Physique et mentale. Sous le maillot des Sharks, il obtint un nouveau trophée, la Currie Cup, en 2008, qui lui permit de donner un deuxième élan à sa vie rugbystique et sentimentale. C'est en effet à Durban qu'il croisa le regard de Cindy, qui deviendra plus tard sa femme et la mère de ses enfants...

« MICH » ET « CLEM » TIRENT LEUR RÉVÉRENCE

Neuf ans plus tard, il ne s'imaginait pas terminer sa carrière internationale sur la côte sud de l'Afrique. Au côté de celui qui fut son copain, son pote, son frère de jeu, Clément Poitrenaud. Les deux juniors toulousains s'étaient révélés lors d'une mémorable finale de Top 16, remportée par les « minots » toulousains aux dépens de Clermont (34-22). Jeanjean (arrière), Poitrenaud (centre) et Michalak (demi de mêlée) sortis des rangs juniors par Guy Novès pour apporter fraîcheur et dynamisme à l'équipe première du Stade Toulousain, crevèrent l'écran. Les trois buts de pénalité réussis par Michalak au-delà des 40 mètres sont restés dans les mémoires. Imaginez l'émotion de « Mich » et « Clem » au moment de se retrouver sous le même maillot quinze ans plus tard. « Ce fut une belle histoire, raconte Frédéric Michalak. Humaine et sportive. Une histoire de vie. Faire ma dernière tournée internationale avec quelques potes, et Clément, restera comme un grand souvenir. Et puis le vivre à Durban, où j'ai rencontré ma femme, qui a ses attaches familiales là-bas, où j'ai joué pour les Sharks, où Clément est venu terminer sa carrière, donnait à ce match une saveur particulière. Toute la famille de ma femme était

2017

présente dans les tribunes. » Poitrenaud rallume la flamme du souvenir. « En 2001, à Toulouse, on est arrivés dans un vestiaire où l'on retrouvait des mecs bardés de sélections, que l'on "badait" quelques jours plus tôt. Six mois plus tard, on soulevait le bouclier de Brennus... Soulever le Bouclier... C'est un peu décrocher le Graal ! Des mecs courent après cet honneur toute leur carrière, et nous, on le soulevait après trois mois en équipe première... On avait un contrat Espoirs à 3 500 francs[1] ! Mais on avait 18 ans, et on s'en foutait ! »

Curieusement, Frédéric Michalak, l'enfant prodige du rugby français, n'avait jamais porté le maillot des Barbarians avant cette tournée sud-africaine de 2017. « La faute des calendriers surchargés, explique-t-il. J'étais toujours en équipe de France, souvent parti en tournée l'été, ou blessé, ou convalescent... Je n'ai jamais pu répondre présent pour les Baa Baas. Mais j'ai toujours rêvé de vivre cette aventure, de goûter à cet état d'esprit. Voir Jean-Pierre Rives, Serge Blanco et tous ces mecs s'éclater sous le maillot aux trois bleus me donnait envie. Lorsque j'ai été appelé par Denis (Charvet) pour la tournée en Afrique du Sud, et appris que j'allais être capitaine de l'équipe, je n'ai pas hésité une seconde. J'allais enfin rentrer dans la famille... »

En retrouvant Durban et l'Afrique du Sud, les deux compères se remémorent d'agréables souvenirs. Ceux vécus lors de leurs expériences aux Sharks. « Ici, racontent-ils, il fait soleil toute l'année. Le thermomètre descend rarement sous les 20 degrés. Et puis il existe cette proximité avec la nature, le bush où tu peux voir les animaux. Ce qui est génial, c'est que tu habites Durban, mais qu'il y a des singes dans les arbres, et la richesse des cultures différentes comme celle des Zoulous ou des Xhosas... » Lors du deuxième test-match, joué à Soweto, Michalak et Poitrenaud retrouvèrent peu de leurs anciens coéquipiers, sauf l'ailier Mvovo, mais l'image des gamins de ce « township » fit remonter quelques souvenirs dans l'esprit de « Fred ». « J'ai entraîné les gamins dans les bidonvilles, se souvient-il... Poitrenaud, lui, appréciait de retrouver cette nature verdoyante ». « Bêtement, avant d'arriver à Durban, j'avais en tête les images de l'Afrique des documentaires, un peu aride, sans végétation... Je m'étais inventé le fantasme de l'Afrique du Roi Lion ! » Michalak n'a pas trouvé le courage d'avaler un *bunny chow*, ces pains indiens très épicés, qui vous mettent le feu à la bouche. « Je n'ai jamais pu en manger un entier durant tout mon séjour ici... » Le feu, c'est sur le terrain que le capitaine des Barbarians l'alluma. Pour montrer la voie aux jeunes pousses lancées dans le grand bain international par les Barbarians (Belleau, Dupichot, Arthur Bonneval, Lesgourgues, Cancoriet, Jelonch ou Lambey). « C'est ça la transmission, conclut Michalak. Quand, avec "Clem", Estebanez, Méla, dans le vestiaire avant le match, on se met à raconter pourquoi on a joué au rugby, comment on a commencé. Rien que d'en reparler aujourd'hui, j'en ai la chair de poule... On s'est éclatés, c'était trop bien ! Tout le monde avait la banane, tout le temps. J'ai retrouvé avec les Barbarians cette franche ambiance de camaraderie qui prévalait à nos débuts. Et les blagues potache... Dubié et ses conneries... Et toute l'équipe qui joue avec un bandeau blanc strappé par du scotch noir, pour faire comme Arnaud Mignardi... Ce geste reflétait notre envie de nous aimer entre nous, sur le terrain... »

Michalak et Poitrenaud ne pouvaient rêver de final plus abouti. Une sortie de gala pour deux artistes. « Notre sport est particulier, concluent-ils. Il est fait de combat, de contacts, rudes et virils. Mais aussi de beaucoup de sensibilité, de partage. Il faut garder ce mélange, c'est notre ADN, notre identité. Et les Barbarians sont les gardiens de cet héritage. »

1. 3 500 francs équivalent à environ 500 euros actuels.

En marge de la tournée des Bleus du XV de France en Nouvelle-Zélande, les Barbarians, devenus officiellement en octobre 2017 « la deuxième équipe nationale de la FFR », s'envolent eux aussi en ce mois de juin 2018 pour le pays du long nuage blanc. Christophe Urios et Xavier Garbajosa sont les entraîneurs d'une équipe prometteuse, où la jeunesse a pris le pouvoir. L'occasion d'aguerrir des joueurs à fort potentiel en vue d'une éventuelle carrière internationale. Damian Penaud, déjà sélectionné en bleu la saison précédente, François Cros, Judicaël Cancoriet, Dorian Aldegheri ou Julien Marchand sont aux portes du XV de France. Deux matchs sont prévus face aux franchises du Super 16, les Crusaders à Christchurch et les Highlanders à Invercargill. Ces Barbarians nouvelle génération sont encadrés par quelques joueurs plus expérimentés (Dumora, Doussain, Tichit, Balès ou Sobela) mais sont guidés par un jeune capitaine de 24 ans, le troisième ligne toulousain François Cros. Une fonction qui sied bien

LA RELÈVE EN CHANTANT

au tempérament de ce pur produit de l'école toulousaine. Cros a toujours été un leader, capitaine des Espoirs du Stade Toulousain, ou des moins de 20 ans français qui réalisèrent le Grand Chelem dans le Tournoi des Six Nations en 2014, et jouèrent ensuite la Coupe du monde 2014 sur le sol néo-zélandais. « On avait joué la finale pour la cinquième place à l'Eden Park, à Auckland », se remémore-t-il. Mais être désigné comme celui des Barbarians provoqua en lui une immense fierté. « Quand Denis Charvet a annoncé que je serai capitaine des Baa Baas en Nouvelle-Zélande, ce fut pour moi une belle surprise, raconte l'intéressé. J'étais très heureux, très fier aussi de cette marque de confiance. » Mais qu'évoquaient donc les Barbarians pour le jeune Toulousain?

« Ça me parlait, répond-il. Dans le rugby français, ce nom résonne agréablement aux oreilles, une équipe à part, avec un état d'esprit particulier. Et puis j'y voyais un moyen de poursuivre ma construction de joueur, la construction de ma carrière. Ce n'était pas une étape vers le XV de France, mais presque... » Il ne sera pas déçu par son expérience. Les belles rencontres, la proximité avec les Charvet, Pardo ou Romeu, la semaine d'acclimatation passée en Nouvelle-Calédonie afin d'assurer la promotion du rugby dans l'île française du Pacifique restent pour François Cros des souvenirs inoubliables. « Je ne connaissais pas "Lolo" Pardo, un sacré personnage, sourit-il. Si vous ne le connaissez pas, il faut le

2018

connaître... Un jour, en Nouvelle-Calédonie, un caméraman est venu l'interviewer. Ils ont tourné la séquence les deux chaises dans l'eau du lagon, avec Pardo en costard, les pieds dans l'eau ! Génial ! C'est sûr que ça nous changeait de notre quotidien en club. » À leur tour, Cros et ses jeunes copains découvraient un club pas comme les autres, attachant. « En débarquant à Nouméa, se souvient François Cros, nous étions attendus à l'aéroport par des jeunes calédoniennes qui nous ont passé le traditionnel collier de fleurs autour du cou. Sur place, on s'est entraîné avec opposition, contre deux équipes locales. Puis nous sommes partis en bus pour assister à un tournoi de jeunes à deux ou trois heures de Nouméa. Les enfants étaient aux anges. Il faut dire qu'ils ne voient pas souvent d'internationaux sur leur île... »

La récréation calédonienne terminée, les Baa Baas se sont envolés pour la Nouvelle-Zélande, pour des choses plus terre à terre. « En fin de saison, comme c'était le cas, ça fait du bien de pouvoir jouer complètement relâchés. Sans se prendre la tête. Le temps passé à faire la fête ensemble crée une solidarité, des liens que l'on retrouve ensuite sur le terrain ».

Les Barbarians ne furent pas capables d'inquiéter les Crusaders ni les Highlanders. « On a pris deux petites fessées, reconnaît François Cros. Mais cela vient du fait que nous étions en fin de saison, tandis qu'eux préparaient la leur. Certains joueurs jouaient leur place dans l'effectif pro. Ce qui explique l'intensité mise par les deux franchises. Pour nous, jouer en Nouvelle-Zélande, au pays du rugby, c'était juste magique. Même si l'expérience s'est avérée difficile. Après les colliers en Nouvelle-Calédonie, on est vite redescendus sur terre, se souvient François Cros. Mon discours dans les vestiaires était de dire qu'on devait rester groupés, solidaires. Mais de garder aussi la notion de plaisir dans un petit coin de la tête. Je sentais qu'il y avait un peu de stress avant d'affronter des Néo-Zélandais chez eux. Alors je leur ai dit de prendre du bon temps ensemble, sur le terrain, comme on en avait pris en dehors. » De retour à Toulouse, François Cros a accroché son maillot des Barbarians en bonne place sur le mur aux souvenirs. « Jouer ce genre de match, ça donne envie, conclut-il. Pour moi, porter ce maillot a du sens. J'espère revenir chez les Barbarians, un jour... »

« Pour nous, jouer en Nouvelle-Zélande, au pays du rugby, c'était juste magique ! »

Franois Cros

LE GRAND JEU DES HOMMES LIBRES

Par Denis LALANNE

Journaliste, écrivain, Denis Lalanne a effectué l'essentiel de sa carrière à *L'Équipe*. Il y a imposé son style, sa personnalité et son amour pour le rugby, le tennis et le golf. Auteur d'un livre référence, *Le Grand combat du XV de France* (Éditions de la Table Ronde, 1962), il glorifia les héros de la tournée 1958 du XV de France en Afrique du Sud, dont leur capitaine, Lucien Mias. Son dernier roman, *Dieu ramasse les copies*, lui vaut d'être lauréat du prix de l'Académie française, prix qui ne pourra lui être décerné puisqu'il s'est éteint chez lui, à Biarritz, le 6 décembre 2019, à l'âge de 93 ans.

“ Il n'est jamais inutile de rappeler que le jeu de rugby a été inventé en 1823 par une canaille de pensionnaire irlandais, du nom de William Webb Ellis, qui en prit drôlement à son aise avec les règles du football en vigueur en son temps. Il courut vers l'avant en tenant le ballon dans ses mains, ce qui était interdit par les conventions et les usages.

Par bonheur, les joueurs de la Rugby School s'arbitraient entre eux, comme des joueurs de golf. Après plusieurs jours de discussion, ils décidèrent que l'esclandre de leur camarade irlandais procédait d'un esprit original qui devait faire école, si j'ose dire.

Partis sur ce chemin semé de paradoxes, nous devons nous réjouir que les Barbarians aient vu le jour à l'initiative de l'équipe la moins réputée pour faire des folies dans le jeu de passes, l'équipe du Grand Chelem de 1977, celle du « Jurassic Park », et sous la présidence d'un homme, Guy Basquet, encore moins connu pour sa tendresse à l'égard de Boni, de Maso, grandes figures d'attaquants qui nous ont fait battre le cœur.

J'ai envie de rappeler ici ce qu'écrivait un confrère anglais au lendemain du premier match international de rugby joué en nocturne: "Le match s'est joué à une heure où tout joueur du rugby digne de ce nom se devait d'être au bar!" Il y a là, contre la modernité en marche, une protestation signée de tous les survivants du rugby de bohème. L'esprit barbarian n'est pas un beau caprice, c'est un retour aux sources d'un jeu meurtrissant pour le corps, exigeant pour le caractère. Le vœu que nous ferons pour les Barbarians est qu'ils restent toujours en mesure de choisir leurs représentants pour leur comportement au stade et à la ville, et non pour de simples raisons de disponibilité entre deux contrats. Jean-Pierre Rives a déjà trouvé une formule parfaitement bien adaptée aux événements: "Quand on n'est pas Barbarian par nature, ne manquons pas l'occasion de le devenir!" ”

Vingt-quatre ans après son père Émile, Romain Ntamack a porté le maillot des Barbarians. C'était en 2017, à Bordeaux. Souvenirs.

Lorsqu'il est appelé pour jouer avec les Barbarians à Grenoble et fêter le centenaire du FC Grenoble , Émile Ntamack est un peu déçu. En ce mois de juin 1993, il aurait préféré s'envoler avec le XV de France pour l'Afrique du Sud, où les coéquipiers d'Olivier Roumat doivent jouer deux tests contre les Springboks. Mais les ailes bleues sont bien pourvues avec le Clermontois Philippe Saint-André et le Palois Philippe Bernat-Salles et Jean-Luc Sadourny est solide au poste d'arrière. Son heure viendra, ainsi que le lui répète le staff du Stade Toulousain, mais la jeunesse est impatiente... Aussi, quand on lui propose d'aller rejoindre les Barbarians à Grenoble, pour affronter le XV du Président, « Milou »,

NTAMACK PUISSANCE 2

son surnom à Toulouse, ne sait pas trop où il met les pieds. Mais bon, cette équipe a fière allure, avec Jean-Ba Lafond, Bonneval, Charvet, Lescarboura, Carminati, Champ, Erbani ou Ondarts. Il lui est proposé de jouer à l'arrière, ce qu'il accepte sans sourciller. Ntamack sait que la connexion entre les Barbarians et le XV de France est bonne. Une performance peut ouvrir quelques perspectives intéressantes... À la fin de la rencontre, Ntamack est ravi. Il a passé un excellent moment, relancé de bons ballons, créé des différences et inscrit trois essais. Il a joué crânement, et saisi la chance qui s'offrait à lui. Au printemps suivant, il sera appelé pour le Tournoi des Cinq Nations et fêtera sa première sélection à Cardiff, face aux Gallois.

TOP
AIRBUS

« Romain est bluffant... »

Vingt-quatre ans ont passé. Émile Ntamack, devenu entraîneur, se retrouve dans les travées du stade Chaban-Delmas, spectateur du match entre les Barbarians et les Maoris néo-zélandais. Son fils, Romain, 18 ans à peine, a été appelé par Franck Azéma et Bernard Goutta, le duo d'entraîneurs catalans de Clermont, pour jouer à l'ouverture. Romain n'est alors qu'un espoir du rugby français. Il n'a été appelé qu'à trois reprises seulement en équipe première avec le Stade Toulousain lorsqu'il s'apprête à découvrir le haut niveau international sous le maillot bleu mythique des Barbarians. Il en connaît la légende, l'ambiance si particulière qui entoure les matchs. Son père lui a raconté son expérience de 1993. Romain ne se prend pas trop la tête. « C'est une fierté de faire partie de cette équipe emblématique, affirme-t-il avant d'affronter les Maoris. Nous voulons essayer de bien la représenter, de poursuivre la tradition des Barbarians. Je ne viens pas en pensant au niveau au-dessus, je prends chaque étape comme elle vient ! C'est déjà très bien de commencer à jouer en club. Je prends ce qui arrive et j'irai là où j'irai... Je n'ai pas d'objectif clair concernant ce qui se passera après ce match avec les Barbarians. » Quand on connaît la suite...

Le sélectionneur Guy Novès, qui le connaît bien, a couché son nom dès 2017 sur la liste Elite qui doit protéger les talents du rugby français. Mais Romain reste un joueur en devenir un espoir sur lequel Toulouse veille jalousement mais qui a encore tout à prouver. Dans la foule de Chaban-Delmas, Émile est un peu tendu. Pas facile de voir son petit garçon se mesurer à des joueurs néo-zélandais pour son premier test international... La prestation de Romain, la victoire sur les Maoris (19-15) balaieront les craintes paternelles. Émile l'avoue sans détour, il est admiratif de ce que peut faire Romain. « Il me surprend dans sa capacité à franchir rapidement les étapes. Plus le challenge est relevé, plus il adore ça. Il est capable d'élever la barre, de la placer encore plus haut, et d'atteindre l'objectif qu'il s'est fixé. Il est bluffant ! » Et ce n'est certainement pas terminé ! Émile n'a jamais cherché à influencer Romain. « On échange régulièrement, mais à chacun sa place. C'est à lui de vivre sa propre passion. Romain a le recul nécessaire pour faire la part des choses. Il a les pieds sur terre. »

Pour Émile, l'essentiel est peut-être ailleurs. « Le voir s'épanouir en tant qu'homme à travers sa passion me remplit de joie. » Une conclusion qui sied bien au statut d'un Barbarian ! Au nom du père ou du fils...

Au nom du père, du fils...

Elles sont au nombre de cinq, les familles où le père, puis le fils, ont porté le maillot des Barbarians. Les premiers furent les Skrela. Jean-Claude, l'un des fameux vainqueurs du Grand Chelem 1977, à l'origine des Baa Baas, joua le match inaugural d'Agen contre l'Écosse (1980). David l'imita vingt-et-un ans plus tard face aux Fidji.

Voici quelles furent les cinq paires... père et fils :

Skrela Jean-Claude (Écosse 1980, Crashways 1981) et David (Fidji 2001 et Western Province 2005)

Elissalde Jean-Pierre (Melrose 7's et Australie 1983, Japon 1985, Écosse et Nouvelle Zélande 1986) et Jean-Baptiste (Argentine 1998 et 2007).

Traille René (Bataillon de Joinville 1984) et Damien (XV du Président 2003 et Argentine 2007)

Ntamack Émile (Centenaire de Grenoble et Australie 1993, Barbarians britanniques 1994) et Romain (Maoris 2017, Tonga 2018).

Taofifenua Willy (1994, tournée en Australie) et Sébastien (2017, Maoris ; 2018, Highlanders ; 2022, États-Unis)

L'entraîneur du XV de France, Fabien Galthié, a porté le maillot des Barbarians à six reprises, qui lui permit de côtoyer son idole, Nick Farr-Jones. Il en a gardé le souvenir de grands moments de partage.

FABIEN GALTHIÉ

« Le jeu et le nous »

Fabien Galthié n'a pas oublié sa première expérience avec les Barbarians. Le 11 novembre 1993, au stade Michelin, à Clermont-Ferrand, lui, le jeune demi de mêlée international de Colomiers, est appelé pour affronter les Australiens, champions du monde en titre. Il répond d'autant plus volontiers à l'invitation des Baa Baas qu'ils ont invité Nick Farr-Jones, capitaine des Wallabies, sacrés meilleure équipe du monde deux ans auparavant à Twickenham, la référence au poste de numéro 9. Farr-Jones a soulevé la coupe Webb-Ellis avant de tirer sa révérence internationale ! Mais un coup de fil de Jean-Pierre Rives a sorti l'avocat australien de sa retraite pour un match de prestige en Auvergne. Galthié va pouvoir côtoyer son idole de l'époque. « Farr-Jones était pour moi une référence, acquiesce Fabien. J'avais l'occasion de rencontrer une figure tutélaire de mon sport. J'avais 25 ans à peine et j'aimais rencontrer en ce temps-là des personnages tutélaires du rugby. Son aura était forte : il était champion du monde en titre, avocat, international wallaby... Je me souviens qu'on ne l'avait pas trop vu avant le match, il dormait pour récupérer des fatigues de son long voyage depuis Sydney et des effets du jet-lag. Mais de le voir évoluer, de l'observer m'a permis d'apprendre. C'était un privilège de faire des passes avec lui à l'entraînement. Ce jour-là, j'ai pris tout ce que je pouvais du moment passé à ses côtés. Un joli cadeau, grâce aux Barbarians ! » Lorsqu'il remplaça son idole, à un quart d'heure de la fin du match, Fabien Galthié était sur un petit nuage.

Les deux hommes se retrouvèrent à deux reprises l'année suivante, à Sydney tout d'abord, à Charléty ensuite. L'été 1994 emmène les Barbarians en tournée en Australie. Vainqueurs de l'université de Sydney, les coéquipiers de Denis Charvet affrontent ensuite les Barbarians australiens au Sydney Cricket Ground, le temple du rugby australien. Cette fois-ci, Galthié joue face à... Farr-Jones ! Les Barbarians avaient invité Farr-Jones et David Campese à affronter avec eux les Baa Baas britanniques. Là encore, Fabien Galthié ouvrit bien grand ses yeux et ses oreilles pour profiter de la magie d'un instant enchanteur.

Jubilé à Jean-Bouin

L'histoire de Galthié avec les Barbarians n'était pas terminée. Elle connaîtra quelques jolis rebondissements, comme cette superbe victoire sur les Springboks à Brive (30-22). Mais surtout lors de ce jubilé inattendu sur la pelouse de Jean-Bouin, théâtre de tellement d'exploits du demi de mêlée international avec le Stade Français. Fabien Galthié était devenu l'entraîneur du club parisien après la Coupe du monde 2003 en Australie. Il avait raccroché les crampons et était passé sans transition de l'autre côté de la barrière. Il s'était juré de ne plus rejouer et avait tenu son engagement, même lorsque le Stade Français, en souffrance au poste de demi de mêlée, lui avait demandé de dépanner... À 35 ans, il estimait que sa carrière de joueur était derrière lui.

Mais au mois de novembre 2004, un appel téléphonique de Serge Blanco vient troubler la retraite paisible de Galthié. « Serge m'appelé le mardi précédant le match, se souvient-il. Pourquoi ai-je accepté sa proposition de jouer derrière la mêlée des Barbarians contre l'équipe A d'Australie en tournée, je ne sais pas... Lorsqu'il m'appelle, je lui réponds que non, que je ne suis pas prêt... Mais le lendemain, il m'a rappelé. Et encore... J'ai fini par céder au harcèlement. "Allez, oui, c'est bon, je jouerai!" Au fond, une telle sélection ne se refuse pas. » Le grand perdant de l'histoire est Denis Charvet, qui a parié 100 euros avec Blanco que Galthié ne reviendrait pas sur sa décision...

Jusqu'au match, Fabien Galthié sera anxieux. Et s'il venait à se blesser? « Je n'avais plus fait d'entraînement physique depuis un an. Juste des parties à toucher avec les joueurs du Stade Français. Mais les Australiens allaient-ils jouer à toucher eux aussi? La veille du match, je me suis senti comme un gamin. Et le mardi soir, sur le terrain, j'ai pris un énorme plaisir! J'étais heureux de disputer un match hors du temps, un truc anachronique. Heureux de retrouver des gars que je ne connaissais pas bien, comme Goutta ou Lubbe, ou d'autres que je connaissais très bien, comme Bernat-Salles. C'est ça, l'esprit des Barbarians. On touche à l'essence même du rugby, à son éthique. Pour moi c'était un véritable privilège d'être sur le terrain. »

Ce sera son dernier match, celui du jeu et du nous. Un projet toujours d'actualité, où le groupe, le collectif s'impose aux individualités pour le bénéfice du jeu. « Dans le projet que je mène avec le XV de France, le temps passé avec les Barbarians m'a nourri et beaucoup appris. Comme un legs. Bien sûr les codes des deux sont différents. Les Barbarians eux aussi veulent gagner leurs matchs, mais s'ils n'y parviennent pas, ce n'est pas grave. Ce décalage permet de replacer le rugby à sa juste place dans le projet de société, il reste un jeu. » Un simple jeu où le nous est essentiel!

Les babarians à Houston, en 2022.

RUGBY A 7

Bouquet de roses à Melrose

En 1983, le célèbre Melrose Sevens, tournoi dont on assure qu'il est le pionnier du rugby à 7, lance une invitation au rugby français pour qu'il vienne participer aux festivités et aux célébrations marquant son centenaire ! Yves Noé et Marcel Martin accompagnent une équipe talentueuse, dirigée par Jacques Fouroux. L'entraîneur du XV de France a sélectionné un groupe d'internationaux où figurent notamment Serge Blanco, Didier Codorniou, Jean-Luc Joinel, Philippe Dintrans ou Jean-Baptiste Lafond. Jean-Pierre Elissalde, promu capitaine, le Grenoblois Patrick Mesny, Didier Camberabero et le Nîmois Marc Andrieu complètent une équipe talentueuse.

Melrose, au sud de l'Écosse, est le berceau du rugby à 7, inventé par un boucher local, Ned Haig. Dès 1883, il eut l'idée d'un tournoi de rugby joué à sept joueurs, dans le but de récolter des fonds pour son club. Une autre légende prétend que le roi Arthur, héros de l'histoire écossaise, serait enterré sur une colline environnante et veille sur cette petite localité, balayée par le vent et la pluie lorsque nos Baa Baas y débarquent. « Il faisait froid, il pleuvait, se souvient Blanco. On était transis. Je crois même que les corbeaux volaient sur le dos pour ne pas voir la misère... » La misère, ce sont les Barbarians qui vont la faire à leurs adversaires. « Je me souviens qu'on s'était super bien organisés sur le terrain, poursuit Blanco. Au début, lors des premiers matchs, on prenait de la profondeur sur nos attaques, et avec les "pattes" qu'on avait avec nous, "pim-pam", ça cadrait, ça débordait et ça faisait essai au bout. Mais plus on avançait dans la journée – le tournoi se déroulait sur un seul jour –, plus la fatigue se faisait ressentir. On a changé de tactique au fil des matchs. Quand nous avions le ballon, nous reculions puis Didier [Camberabero], Jean-Ba [Lafond] ou moi, on balançait un grand coup de pompe au fond du terrain pour inverser la pression. Ça a bien fonctionné. » À Melrose, certains jouent leur premier match à 7, mais qu'importe. Les Barbarians ce jour-là sont irrésistibles. Ils balayent tout sur leur passage. Les Waltsonians, l'une des équipes favorites, tombent d'entrée, en seizième de finale (18-12). Puis Glasgow subit le même sort (16-6). « Avant les quarts de finale, se souvient Blanco, Jacques [Fouroux] nous voit dans les tribunes du stade de Melrose [The Greenyards] et nous demande de partir nous échauffer sur le terrain d'entraînement... On était gelés, frigorifiés... Un quart d'heure plus tard, il va sur le bord du terrain et ne voit personne. Il cherche, ne trouve pas l'ombre d'un Baa Baas, nulle part, et lorsqu'il revient aux vestiaires, il nous voit tous groupés autour d'un poêle...

◄ Laurent Pardo, l'âme des Baa Baas.

– Mais qu'est-ce que vous foutez là ? s'emporte-t-il.

– Ben, tu nous as dit de nous échauffer, on se chauffe, Jacques ! » lui répondit pince-sans-rire Jean-Luc Joinel.

Réchauffés à défaut d'être échauffés, les Baa Baas poursuivent leur chemin. Les Heriots d'Édimbourg, tenants du titre, sont dominés (16-10) puis les Anglais de Richmond explosent en demie (30-6). La finale oppose les Barbarians à l'équipe des Stewart's Melville FP d'Édimbourg, qui compte en ses rangs quelques fameux internationaux écossais, DW « Dougie » Morgan, Lion de la tournée 1977 qui deviendra par la suite entraîneur du XV d'Écosse, Finlay Calder, futur capitaine du XV au chardon, Doug Wyllie ou Alex Brewster. « Pour être bon à XV, on dit parfois qu'il faut un joueur intelligent et quatorze bons soldats, s'amuse Jean-Pierre Elissalde, capitaine de cette équipe. À sept, il faut au moins six joueurs intelligents... » Les Écossais sont emportés par les rafales d'un puissant courant d'air qu'ils ne connaissaient pas : le Barbarian, vent d'autant... en emporte le vent ! Vainqueurs 28-18, les Baa Baas remportent le tournoi du Centenaire, grâce à cinq essais signés Fourniols (2), Andrieu, Mesny et Lafond, quatre d'entre eux transformés par Blanco, sacré meilleur réalisateur du tournoi avec 38 points (2 essais, 15 transformations). Pour un coup d'essai...

La troisième mi-temps fut de la même veine... ou déveine pour certains... Deux des vainqueurs du tournoi réussirent le tour de force de perdre leurs médailles ! La légende, tenace dans ce coin des Borders, voudrait que deux jeunes filles de Galashiels les aient retrouvées... De retour en France, les deux lascars écrivirent aux organisateurs pour leur signaler leur mésaventure et leur demandent, si cela leur est possible, de renvoyer deux médailles. La réponse parvint à la FFR : « *No, Sir!* »

Ce triomphe dans les Borders donne des idées à Fouroux et Rives. Le tournoi des Hong Kong Sevens, tous les ans au mois d'avril, s'est taillé une belle réputation. Depuis 1981, il est ouvert aux équipes étrangères et les Baa Baas britanniques ont même remporté l'édition 1981. Pourquoi ne pas vivre l'expérience hongkongaise et envoyer les Barbarians dans cette ville qui est encore une colonie britannique, sur la base de l'équipe qui a gagné la bataille de Melrose ?

Dès 1984, c'est chose faite. Une équipe de choc, la première représentant le rugby français dans ce coin du sud-est asiatique, débarque à Hong Kong. Codorniou, Dintrans, Estève, Didier Camberabero, Caussade, Andrieu et leurs coéquipiers se qualifient aisément pour les quarts de finale après avoir battu la Malaisie (34-4) et la Corée du Sud (28-0). Mais ils tombent sur des All Blacks mieux aguerris aux joutes du 7, ce qui fera dire au truculent Jean Cormier : « Ces Blacks, ils étaient costauds comme des buffles et frais comme des truites de torrent... » Ils s'inclinent 20-0 sans Didier Codorniou, blessé au genou. Ce n'est qu'à leur troisième participation, en 1986, que les Barbarians de Laurent Rodriguez, Marc Cecillon ou Laurent Cabannes, promu demi de mêlée par défaut, se distinguent. Malgré la blessure initiale du Dacquois Pierre Lupuyau, ils se hissent en finale après avoir éliminé l'Écosse en quart de finale (22-10), puis l'Australie en demie (20-14). « L'entraîneur était Jean Pierre Romeu et le manager Robert Paparemborde, se souvient Thierry Janeczek, qui était de la fête à Hong Kong. Nous n'avions ni kiné ni médecin. Lupuyau, blessé, n'a pas pu jouer un seul match, et le demi de mêlée bagnérais Adrien Mournet s'est fracturé la clavicule. Après les quarts de finale, nous avons été obligés de prendre l'Écossais John Rutherford – et son compatriote Roger Baird –, que nous venions d'éliminer de la compétition, pour faire le nombre. » Les Blacks resteront maîtres sur la pelouse (32-12) pour s'offrir leur premier titre à Hong Kong !

Les Baa Baas connaîtront ensuite des fortunes diverses, remportant la Plate en 1987 en dominant les Gallois de Welsh Academicals (26-10), mais chutant l'année suivante face aux Penguins britanniques en quart de finale (22-6). Ce sera leur dernière apparition à Hong Kong.

On retrouvera ensuite une équipe des Barbarians sur le Tournoi de Paris, le Air France Sevens, entre 1996 et 2000, qui remportera deux fois la Plate, le lot de consolation, en dominant les Barbarians sud-africains en 1997 (36-26) et les Écossais (38-17) deux ans plus tard. En 2000, pour leur dernière participation, les Baa Baas s'inclinent face à une surprenante équipe marocaine (17-12) en demi-finale de la Bowl.

Vingt ans plus tard, le 1er février 2010, les Barbarians sont invités, et ce jusqu'en 2023, à participer au Supersevens, le premier championnat pro de clubs de rugby à 7. Une idée qui fait sourire quand on sait que les Baa Baas sont avant tout une équipe avant d'être un club, qui n'a ni terrain, ni vestiaires, ni club-house, etc. Fidèles à leur réputation, ils sélectionneront pour le Supersevens des joueurs évoluant en Pro D2, Fédérale 1, ou venant de l'étranger. « Nous sommes très fiers de cet engagement en Supersevens, et ce, dès sa première édition, commenta son président, Jean-Pierre Rives. Nous avons hâte de porter haut les valeurs du rugby sur tous les terrains du Supersevens, et de contribuer à un rugby de mouvement avec le jeu à 7. » Les Baa Baas terminent cinquièmes, battus en quart de finale par le futur vainqueur, le Racing 92.

De Melrose à Nanterre

Les Barbarians français, dont la notoriété fut tout de suite reconnue au plus haut niveau international – il faut dire que l'équipe du Grand Chelem 77 avait marqué les esprits... –, ont été invités à de nombreuses reprises à défendre les couleurs françaises sur les tournois à sept. La première tentative, en 1983 à Melrose, pour le centenaire de la naissance du tournoi local, premier du genre de l'Histoire du rugby, fut un coup de maître. Vainqueurs du tournoi du centenaire, les Baa Baas furent ensuite invités à Hong Kong cinq ans de suite, jouant une finale de la Cup (1986) et remportant une fois la Plate (1987). On les retrouva ensuite invités à Paris, cinq ans (1996-2000), pour le Air France Sevens, où ils inscrivirent deux fois leur nom au palmarès de la Plate (1997 et 1999). La liste des tournois disputés :

1983 : Melrose Sevens
1984 : Melrose et Hong Kong
1985 : Hong Kong
1986 : Hong Kong
1987 : Hong Kong et Sydney
1988 : Hong Kong
1996 : Paris-Air France Sevens
1997 : Paris-Air France Sevens
1998 : Paris-Air France Sevens
1999 : Paris-Air France Sevens
2000 : Paris-Air France Sevens
2020 : Supersevens

Les Barbarians du 7

Melrose 1983 (9 avril)
Marc ANDRIEU (Nîmes), Serge BLANCO (Biarritz), Didier CAMBERABERO (Béziers), Philippe DINTRANS (Tarbes), Jean-Pierre ELISSALDE (La Rochelle), Éric FOURNIOLS (Montauban), Jean-Luc JOINEL (Brive), Jean-Baptiste LAFOND (Racing CF), Patrick MESNY (Grenoble).
Manageur : Jacques FOUROUX.

Hong Kong 1984 (31 mars-1er avril)
Marc ANDRIEU (Nîmes), Serge BLANCO (Biarritz), Didier CODORNIOU (Narbonne), Philippe DINTRANS (Tarbés) (cap.), Patrick ESTEVE (Estève), Pierre LACANS (Béziers), Patrice LAGISQUET (Bayonne), Laurent PARDO (ASM Montferrand), Philippe SELLA (Agen).
Manageur : Jacques FOUROUX.

Melrose 1984 (8 avril)
Marc ANDRIEU (Nîmes) (cap.), Pierre BARBOTEAU (Cognac), Didier CAMBERABERO (La Voulte), Alain CAUSSADE (Lourdes), Patrick DONZELLI (Lourdes), Bruno LOM (Mont-de-Marsan), Adrien MOURNET (Bagnères), Alain PEYTRIN (Tyrosse), Pierre ROUX (USAP).
Accompagnateurs : Jean PIQUE et Marcel MARTIN.

Hong Kong 1985 (30 au 31 mars)
Jérôme BIANCHI (Toulon), Patrick BONAL (Aurillac), Laurent CABANNES (Pau), Pierre CHADEBECH (Brive), Éric CHAMP (Toulon), Bernard DELBREIL (Agen), Daniel DUBROCA (Agen) (cap.), Pascal JEHL (Toulon), Henri SANZ (Graulhet).
Manageur : Fernand CAZENAVE.

Hong Kong 1986 (5 au 6 avril)
Patrick BONAL (Aurillac), Laurent CABANNES (Pau), Marc CECILLON, (Bourgoin), Éric FOURNIOLS (Montauban), Thierry JANECZEK (Tarbes), Pierre LUPUYAU (Dax), Adrien MOURNET (Bagnères), Thierry PEUCHLESTRADE (Aurillac), Laurent RODRIGUEZ (Mont-de-Marsan) (cap.).
Invités : John RUTHERFORD (ECO), Roger BAIRD (ECO).
Manageur : Jean-Pierre ROMEU.

Hong Kong 1987 (28 au 29 mars)
Marc ANDRIEU (Nîmes) (cap.), Patrick BONAL (Aurillac), Pascal CANCES (Aurillac), Bernard DUCOURNEAU (Hagetmau), Bruno FABRE (Bayonne), Alain GELY, Willy JEFFERSON (USAP Perpignan) (USA), Thierry PEUCHLESTRADE (Aurillac), Alain PEYTRIN (Tyrosse).
Manageur : Roland BERTRANNE.

Sydney 1987 (4 au 5 avril)
Marc ANDRIEU (Nîmes) (cap.), Patrick BONAL (Aurillac), Joël BONNET (Mont-de-Marsan), Pascal CANCES (Aurillac), Bernard DUCOURNEAU (Hagetmau), Bruno FABRE (Bayonne), Alain GELY (Grenoble), Willy JEFFERSON (USAP Perpignan) (USA), Michel MURAT (Agen), Thierry PEUCHLESTRADE (Aurillac), Alain PEYTRIN (Tyrosse).
Manageur : Jean-Pierre BASTIAT.

Hong Kong 1988 (26 au 27 mars)
Marc ANDRIEU (Nîmes) (cap.), Éric BLANC (Brive), Marc DAL MASO (Mont-de-Marsan), Didier FAUGERON (Brive), Aubin HUEBER (Bagnères), Philippe PESO (Marmande), Alain PEYTRIN (Tyrosse),

Henri SANZ (Graulhet), Loïc VAN DER LINDEN (Brive).
Manageur: Gérard CHOLLEY.

Air France-Paris Sevens 1996 (11 au 12 octobre)
Geoffrey ABADIE (Stade Français CASG), Denis CHARVET (Stade Français CASG) (cap.), Franck CORRIHONS (Grenoble), Michel COURTIOLS (Bègles-Bordeaux), John ETCHEVERRIA (ESP), Pascal GIORDANI (Dax), Arthur GOMES (PUC), Laurent HAIRABETIAN (Stade Français CASG), Marc LIEVREMONT (USAP Perpignan), Xavier PIERRE (Biarritz).
Invité: Aboubacar SOULAMA (CIV).

Air France-Paris Sevens 1997 (31 mai-1er juin)
Laurent ARBO (USAP Perpignan), David ARRIETA (Biarritz), Serge BETSEN (Biarritz), Emori BOLO BOLO (Stade Français CASG-FID), Bruno CALERO (Montauban), Denis CHARVET (Stade Français CASG) (cap.), Walter OLOMBEL (Béziers), Mourad OUEMBAEV (Béziers) (KAZ), Xavier PUJOS (Agen), Gilles VIDAL (Strasbourg).

Air France-Paris Sevens 1998 (16 au 17 mai)
David ARRIETA (Biarritz), Serge BETSEN (Biarritz) (cap.), Thomas CASTAIGNEDE (Castres), Jérôme FILLOL (Toulouse), Apolosi FOLIAKI (RC Pirae-Tahiti), Jimmy MARLU (Montferrand), Christophe MILHERES (Biarritz), Mourad OUEMBAEV (Béziers) (KAZ), Pierre RASCHI (Bourgoin), Philippe SELLA (Saracens-ANG), Sébastien VIARS (Brive).

Punta del Este 1999 (4 au 5 janvier)
Cyril AUBIN (Stade Français CASG), Cédric BOUETARD (Nîmes), Laurent CASSIO (La Teste de Buch), David DESLANDES (Racing CF) (cap.), Jérôme DUBERNET (Soustons), Christian PLAUCHE (Stade Français CASG), François PLISSON (Racing CF), Frédéric SAINT SARDOS (Racing CF), Dave STROBLE (Maisons Laffitte) (USA).

Air France Paris-Sevens 1999 (29 au 30 mai)
Éric ARTIGUSTE (Castres), Serge BETSEN (Biarritz) (cap.), David AUCAGNE (Pau), Laurent BALUE (Bourgoin), Nicolas BRUSQUE (Pau), Renaud CALVEL (Narbonne), Anthony HILL (Narbonne-AUS), Alwyn JOUBERT (USAP Perpignan-AFS), Olivier SVERZUT (Dax), Jean-Marc SOUVERBIE (Bègles-Bordeaux).

Air France Paris-Sevens 2000 (27 au 28 mai)
Fabrice BASSABER (Colomiers), Éric BERTRAND (Aurillac), Cédric BOUETARD (Racing CF), David DOUY (Toulon), Djoudi JAWAD (Gloucester-ANG) (MAR), Christophe JEAN-PIERRE (Bordeaux-Bègles), Raphaël JECHOUX (Toulon), Alwin JOUBERT (USAP Perpignan-AFS), Nicolas LEROUX (Brive), Yannick MARTIN (Pau), Walter OLOMBEL (Aurillac), Olivier TOULOUZE (Mont-de-Marsan) (cap.). Entraîneur: Laurent PARDO.
Manageurs: Roland BERTRANNE et Dominique HARIZE.

Supersevens UArena 2020 (1er février)
Thomas BAUDY (Oyonnax), Alexandre BENARD (FFR), Charles BRAYER (Mont-de-Marsan), Titouan CAZEDEPATS (Suresnes), Manoël DALL'IGNA (FFR), Matthew FORD (Suresnes), Victor GUILLAUMOND (Grenoble), Nisié HUYARD (Tarbes), Pierre LUCAS Pierre (USAP), Guillaume MANEVY (Aubenas), Jean-Baptiste MANEVY (Nevers), Nicolas METGE (Narbonne), Benjamin PRIER (Massy), Jordan SEPHO (FFR), Joachim TROUABAL (FFR).
Manageur: Denis CHARVET.

ANNEXES

Le Bureau des (légendes) barbarians

Président : **Jean-Pierre RIVES**
Vice-président : **Denis CHARVET**
Secrétaire général : **Claude ATCHER**
Trésorier général : **Jean-Louis BARTHES**
Chargé de la communication : **Thomas LOMBARD**
Chargés de mission : **Jean-Pierre ROMEU, Jo MASO, Pierre RABADAN, Laurent PARDO**

LES CAPITAINES

En italique, sont indiqués les noms des joueurs de nationalité étrangère ayant porté le brassard de capitaine des Barbarians.

1980
Jacques FOUROUX (Écosse)

1981
Robert PAPAREMBORDE (Crawshays et Nouvelle-Zélande)

1982
Charles NIEUCEL (Argentine)

1983
Robert PAPAREMBORDE (Australie)
Philippe DINTRANS (Melrose 7)

1984
Jean-Pierre RIVES (Harlequins)
Michel PALMIE (Bataillon de Joinville)
Philippe DINTRANS (Hong Kong 7)
Marc ANDRIEU (Melrose 7)

1985
Jean-Pierre RIVES (Japon)
Daniel DUBROCA (Hong Kong 7)

1986
Bernard VIVIÈS (Écosse)
Philippe DINTRANS (Nouvelle-Zélande)
Laurent RODRIGUEZ (Hong Kong 7)
1987
Marc Andrieu (Penarth, Hong Kong 7, Sydney 7)

1988
Serge BLANCO (Irlande)
David KIRK (Maoris)
Marc ANDRIEU (Hong Kong 7)

1989
Pierre BERBIZIER (Fidji)

1990
Pierre BERBIZIER (Nouvelle-Zélande)

1992
Serge BLANCO (Afrique du Sud)

1993
Éric CHAMP (XV du Président, Australie)

1994
Denis CHARVET (tournée en Australie)
Nick FARR-JONES (Barbarians britanniques)

1995
Denis CHARVET (Nouvelle-Zélande)

1996
Marc CÉCILLON (Cambridge)
Marc LIÈVREMONT (Afrique du Sud)
Denis CHARVET (Air France Sevens Paris)

1997
Denis CHARVET (Lansdowne, Air France Sevens Paris)
Vincent MOSCATO (Afrique du Sud)

1998
Christophe LAUSSUCQ (Argentine)
Serge BETSEN (Air France Sevens Paris)

1999
Philippe BENETTON (tournée en Argentine)
David DESLANDES (Punta del Este 7)
Serge BETSEN (Air France Sevens Paris)

2000
Jean-Luc SADOURNY (pays de Galles)
Olivier TOULOUZE (Air France Sevens Paris)
Marc LIÈVREMONT (Nouvelle-Zélande)

2001
Olivier ROUMAT (Fidji)

2003
Diego DOMINGUEZ (XV du Président)

2004
Bernard GOUTTA (Australie)

2005
Mike JAMES (Western Province)
Justin MARSHALL (Australie)

2007
Thomas LIÈVREMONT (Argentine)

2008
David AURADOU (Canada)

2009
Fabien PELOUS (XV des Présidents)
David AURADOU (tournée en Argentine)
Dimitri YACHVILI (XV de la FIRA)

2010
Byron KELLEHER (Tonga)

2011
Pierre RABADAN (tournée en Argentine)

2012
William SERVAT (tournée au Japon)

2013
Aurélien ROUGERIE (Samoa)

2014
Henry CHAVANCY (Namibie)

2015
Heini ADAMS et Jérôme FILLOL (tournée en Argentine)

2016
Aurélien ROUGERIE (Australie)

2017
Frédéric MICHALAK (tournée en Afrique du Sud)
Aurélien ROUGERIE (Maoris)

2018
Maxime MATHY (Géorgie)
François CROS
Jean-Marc DOUSSAIN (tournée en Nouvelle-Zélande)
Patrick SOBELA (Tonga)

BARBARIANS Les 640 joueurs

En quarante-trois années d'existence, 640 joueurs ont porté le maillot du Barbarian Rugby Club.
La lettre R signale les remplaçants entrés en cours de match.

A

ABADIE Esteban (Brive) : 2021, Tonga : 2022, États-Unis.
ACEBES Mathieu (USAP) : 2021, Tonga : 2022, États-Unis.
ADAMS Darren (Racing CF) NZL : 1996, Cambridge.
ADAMS Heini (UBB Bordeaux-Bègles) AFS : 2012, Japon ; 2013, Samoa ; 2015, tournée en Argentine.
AGUILLON Pierre (La Rochelle puis Castres) : 2016, Australie ; 2017, Maoris ; 2022, États-Unis.
AHOTAEILOA Manu (Toulouse) TON : 2009, XV des Présidents (R).
ALABARBE Éric (Brive) : 1988, Irlande.

ALARCON Jean-Pierre (Toulon): 1995, Nouvelle-Zélande (R).
ALBOUY Alexandre (Castres): 2003, XV du Président; 2005, Western Province.
ALDEGHERI Dorian (Toulouse): **2018, Crusaders (NZL).**
ANDREU Marc (Toulon): 2008, Canada; 2009, FIRA; 2011, tournée en Argentine.
ANDRIEU Marc (Béziers et Nîmes): 1983, Melrose 7; 1984, Hong Kong 7, Melrose 7; 1987, Hong Kong 7, Sydney 7, Penarth; 1988, Hong Kong 7.
AQUA Jean-Luc (Toulon): 2000, pays de Galles.
ARIAS Julien (Stade Français): 1999, tournée en Argentine; 2005, Western Province.
ARLETTAZ Patrick (Narbonne): 1999, tournée en Argentine.
ARRIETA David (Biarritz): 1996, Afrique du Sud (R); 1997, Air France Sevens Paris, Lansdowne; 1998, Air France Sevens Paris.
ARTIGUSTE Éric (Castres): 1997, Afrique du Sud; 1999, Air France Sevens.
ATTOUB David (Stade Français): 2009, tournée en Argentine; 2011, tournée en Argentine; 2013, Samoa.
AUCAGNE David (Pau): 1999, Air France Sevens, tournée en Argentine; 2000, Nouvelle-Zélande (R).
AUDEBERT Alexandre (Clermont): 2000, Nouvelle-Zélande (R).
AUDRIN Yoan (Montauban): 2008, Canada; 2009, FIRA; 2011, tournée en Argentine.
AUE Jean-Marc (Castres): 1997, Lansdowne.
AUGUST Benoît (Biarritz): 2004, Australie; 2005, Australie; 2007, Argentine; 2009, XV des Présidents, tournée en Argentine.
AURADOU David (Stade Français): 1998, Argentine; 2003, XV du Président (R); 2008, Canada; 2009, XV des Présidents (R), tournée en Argentine.
AVEROUS Jean-Luc (La Voulte): 1980, Écosse; 1981, Crawshays; 1984, Harlequins.
AVRAMOVIC Miguel (Montauban) ARG: 2009, XV des Présidents.
AVRIL Denis (Bayonne): 2009, FIRA (R).
AZAR Aurélien (Castres); 2022, Fidji.

B

BABILLOT Mathieu (Castres): 2017, Maoris.
BABY Benoît (Clermont): 2007, Argentine; 2010, Tonga.
BALES Alexi (La Rochelle): 2018, Crusaders (NZL), Highlanders (NZL); Tonga.
BACHELIER Lucas (USAP): 2021, Tonga.
BARASSI Pierre-Louis (LOU): 2018, Tonga.
BARBOTEAU Pierre (Angoulême et Cognac): 1983, Australie; 1984, Melrose 7; 1985, Japon; 1988, Irlande.
BARNEBOUGLE David (Bayonne): 1981, Nouvelle-Zélande.
BARTHÉLEMY Patrick (Grenoble): 1988, Maoris.
BARRE Léo (Stade Français): 2022, Fidji.
BASTAREAUD Mathieu (Stade Français): 2010, Tonga.
BATTLE Armand (Castres): 2018, Crusaders (NZL).
BAUBIGNY Teddy (Racing 92): 2018, Tonga.
BEAUXIS Lionel (Stade Français): 2007, Argentine; 2011, tournée en Argentine.
BÉGU Jacques (Dax): 1982, Argentine.
BEL Christian (Rumilly): 1993, Centenaire de Grenoble.
BELASCAIN Christian (Bayonne): 1981, Nouvelle-Zélande.
BELLE-BIAREY Louis (UBB Bordeaux-Bègles): 2022, Fidji.
BELLEAU Anthony (Toulon): 2017, tournée en Afrique du Sud; 2021, Tonga.
BELLOT Benoît (USAP Perpignan): 1997, Afrique du Sud (R).
BELLE-BIAREY Louis ((UBB Bordeaux-Bègles) : 2022, Fidji.
BELZONS Gilles (Narbonne): 2003, XV du Président.
BENAZZI Abdelatif (Agen): 1990, Nouvelle-Zélande; 1992, Afrique du Sud; 1993, Australie.
BENETTON Philippe (Agen): 1999, tournée en Argentine (cap); 2003, XV du Président.
BÉRAUD Pascal (Dax): 1997, Lansdowne (R).
BERBIZIER Pierre (Agen): 1989, Fidji; 1990, Nouvelle-Zélande.
BEREK Rudolph (Mont-de-Marsan): 2008, Canada.
BERJON Thomas (La Rochelle): 2022, États-Unis.
BERNAD Guillaume (Castres): 2004, Australie.
BERNARD Pierre (Castres): 2012, tournée au Japon.
BERNAT-SALLES Philippe (Bègles-Bordeaux): 1995, Nouvelle-Zélande; 1997, Afrique du Sud; 2000, Nouvelle-Zélande; 2001, Fidji; 2004, Australie; 2005, Western Province.
BERTRAND Gérard (Narbonne): 1988, Irlande; 1993, Centenaire de Grenoble (R).
BERTY David (Toulouse): 1990, Nouvelle-Zélande.
BEST Jonathan (Grenoble): 2013, Samoa.
BÉTHUNE Quentin (Agen puis Stade Français): 2018, Crusaders (NZL), Highlanders (NZL), Tonga, 2021.
BETSEN Serge (Biarritz): 1997, Air France Sevens Paris, Afrique du Sud; 1998, Air France Sevens Paris; 1999, Air France Sevens Paris, tournée en Argentine.
BIAS Alexandre (Castres): 2014, Namibie.
BIBI BIZIWU Daniel (Clermont): 2022, Fidji.
BLANC Éric (Racing CF): 1988, Hong Kong 7, Irlande, Maoris.
BLANC Julien (Béziers): 2018, Géorgie; 2021, Tonga.
BLANCO Serge (Biarritz): 1981, Crawshays, Nouvelle-Zélande; 1983, Melrose 7; 1984, Hong Kong 7, Harlequins; 1986, Écosse; 1987, Penarth; 1988, Irlande; 1992, Afrique du Sud; 1994, tournée en Australie.
BLIN Mathieu (Stade Français): 2005, Western Province; 2009, tournée en Argentine; 2009, FIRA (R).
BLOND Xavier (Racing CF): 1995, Nouvelle-Zélande; 1997, Lansdowne.
BOBO Sireli (Biarritz) FID: 2005, Australie.
BONDOUY Pierre (Narbonne): 1994, Barbarians britanniques, tournée en Australie; 1995, Nouvelle-Zélande; 1999, tournée en Argentine.
BONELLO Mathieu (Castres): 2011, tournée en Argentine.
BONFILS Rémi (Stade Français): 2013, Samoa; 2016, Australie; 2017, tournée en Afrique du Sud.
BONNAIRE Julien (Clermont): 2013, Samoa.
BONNEVAL Arthur (Toulouse): 2016, Australie; 2017, tournée en Afrique du Sud; 2022, Fidji.
BONNEVAL Éric (Toulouse et Racing CF): 1989, Fidji; 1993, Centenaire de Grenoble.
BONNEVAL Hugo (Stade Français): 2012, tournée au Japon, Japon.
BOOYSE Eckert (Biarritz) AFS: 2005, Western Province.
BORGES Lucas (Dax) ARG: XV des Présidents (R).
BOSCH Gilles (Carcassonne): 2015, tournée en Argentine.
BOSVIEL Jérôme (Montauban): 2018, Géorgie.
BOTHA Naas (Rovigo-ITA) AFS: 1989, Fidji.
BOUIC Guillaume (Agen): 1996, Cambridge, Afrique du Sud.
BOUILHOU Jean (Toulouse): 2012, Japon.
BOURBON Sylvain (Pau): 1984, Harlequins.
BOURGARIT Pierre (La Rochelle): 2018, Highlanders (NZL).
BOUSSES Guillaume (Stade Français): 2011, tournée en Argentine.
BOUYSSIE Alexandre (Bègles-Bordeaux): 1996, Cambridge.
BOYET Benjamin (Bourgoin): 2005, Australie (R).
BRAZO Alan (USAP Perpignan): 2018, Géorgie.
BRENNAN Daniel (Brive) : 2022, Fidji.
BRIA Sébastien (Pau): 1998, Argentine.
BROUZET Olivier (Grenoble): 1994, Barbarians britanniques; 2004, Australie.
BRU Yannick (Toulouse): 1998, Argentine; 2003, XV du Président (R).
BRUGNAUT Julien (Racing 92): 2016, Australie.
BRUNAT Gilbert (Grenoble): 1988, Irlande.
BRUNEL Philippe (Biarritz): 1982, Argentine.
BRUNI Virgil (Toulon): 2015, tournée en Argentine.
BRUNO Sébastien (Toulon): 2009, FIRA.
BRUSQUE Nicolas (Pau): 1997, Afrique du Sud; 1998, Argentine; 1999, Air France Sevens Paris, tournée en Argentine; 2001, Fidji; 2007, Argentine (R), 2009, tournée en Argentine.
BURBAN Antoine (Stade Français): 2015, tournée en Argentine.

C

CABANNES Laurent (Pau et Racing CF): 1985, Hong Kong 7; 1986, Hong Kong 7; 1990, Nouvelle-Zélande.
CABANNES Romain (Biarritz et Castres): 2008, Canada; 2011, tournée en Argentine.
CABELLO Benoît (Brive): 2010, Tonga.
CADIEU Jean-Marie (Toulouse): 1989, Fidji; 1990, Nouvelle-Zélande.
CALIFANO Christian (Agen): 2004, Australie.
CAMARA Djibril (Stade Français): 2018, Crusaders (NZL).
CAMBERABERO Didier (La Voulte, Béziers et Grenoble): 1983, Melrose 7; 1984, Melrose 7; 1992, Afrique du Sud; 1995, Nouvelle-Zélande.
CAMINATI Julien (Castres): 2016, Australie.
CAMBRES Xavier (Brive): 1998, Argentine (R).
CAMPESE David (Amatori Milan-ITA) AUS: 1994, Barbarians britanniques.
CANCORIET Judicaël (Clermont): 2017, tournée en Afrique du Sud; 2018, Crusaders (NZL), Highlanders (NZL).
CANDELON Julien (USAP Perpignan): 2009, XV des Présidents.

CAPDEILLAYRE Julien (La Seyne): 2014, Namibie.
CAPO ORTEGA Rodrigo (Castres) URU: 2014, Namibie; 2016, Australie.
CARBONEL Louis (Toulon): 2018, Tonga.
CARBOU Raphaël (USAP Perpignan): 2018, Géorgie.
CARMINATI Alain (Béziers, Castres et Brive): 1986, Écosse; 1993, Centenaire de Grenoble; 1995, Nouvelle-Zélande.
CASTAIGNÈDE Stéphane (Montferrand): 1999, tournée en Argentine.
CASTAIGNÈDE Thomas (Toulouse): 1994, tournée en Australie; 1998, Air France Sevens Paris.
CASTEL Richard (Béziers): 1999, tournée en Argentine.
CAUCAUNIBUCA Rupeni (Toulouse) FID: 2010, Tonga.
CÉCILLON Marc (Bourgoin): 1986, Hong Kong 7; 1987, Penarth; 1996, Cambridge, Afrique du Sud.
CHABAL Sébastien (Bourgoin): 2003, XV du Président (R).
CHADEBECH Pierre (Brive): 1981, Crawshays (R); 1985, Hong Kong 7; 1985, Japon.
CHAFFARDON Yves (Grenoble): 1993, Australie; 1994, tournée en Australie.
CHAMP Éric (Toulon): 1985, Hong Kong 7; 1992, Afrique du Sud; 1993, Centenaire de Grenoble, Australie; 1994, tournée en Australie.
CHAMP François (Racing CF): 2000, pays de Galles (R).
CHANAL Raphaël (Aurillac): 2000, pays de Galles, Nouvelle-Zélande.
CHARVET Denis (Toulouse, Racing CF et Stade Français CASG): 1985, Japon; 1986, Nouvelle-Zélande; 1989, Fidji; 1990, Nouvelle-Zélande; 1992, Afrique du Sud; 1993, Centenaire de Grenoble, Australie; 1994, tournée en Australie, Barbarians britanniques; 1995, Nouvelle-Zélande; 1996, Air France Sevens Paris, Cambridge; 1997, Air France Sevens Paris, Lansdowne.
CHASSERIAU Guillaume (La Rochelle): 2000, Galles.
CHAVANCY Henry (Racing Métro 92): 2012, tournée au Japon, Japon; 2014, Namibie; 2015, tournée en Argentine.
CHAZALET Alexandre (Bourgoin): 1998, Argentine (R).
CHOLLEY Gérard (Castres): 1980, Écosse.
CHOULY Damien (USAP Perpignan): 2011, tournée en Argentine.
CHOUZENOUX Baptiste (Racing 92): 2017, Maoris.
CIBRAY Fabien (Toulon): 2011, tournée en Argentine.
CLAASSEN Anthony (Brive): 2011, tournée en Argentine; 2012, Japon.
CLARKIN Matthew (UBB Bordeaux-Bègles) NZL: 2014, Namibie.
CLÉDA Thierry (Pau): 1996, Cambridge; 1999, tournée en Argentine.
CLÉMENT Vincent (Albi): 2009, FIRA.
CLEMENTE Michel (Oloron): 1981, Nouvelle-Zélande.
CLERC Vincent (Toulouse): 2010, Tonga.
CODORNIOU Didier (Narbonne): 1980, Écosse; 1982, Argentine; 1984, Hong Kong 7, Bataillon de Joinville; 1983, Australie.
COETZEE Édouard (Biarritz) AFS: 2011, tournée en Argentine.
COKER Troy (Oxford) AUS: 1988, Maoris.
COLLAZO Patrice (Gloucester-ANG): 2001, Fidji.
COLY Léo (Mont-de-Marsan, Pro D2): 2021, Tonga.
COMBA Franck (Stade Français): 1999, tournée en Argentine; 2001, Fidji; 2003, XV du Président.
COMBEZOU Thomas (Castres): 2021, Tonga.
CONDOM Jean (Boucau et Biarritz): 1983, Australie; 1986, Écosse; 1992, Afrique du Sud; 1994, tournée en Australie, Barbarians britanniques.
CONNOR Blair (UBB Bordeaux-Bègles) AUS: 2016, Australie.
CORATO Nicolas (Pau): 2021, Tonga; 2022, États-Unis.
CORDIER Jean-Marc (Béziers): 1985, Japon.
CORRIHONS Franck (Grenoble): 1996, Air France Sevens Paris, Cambridge, Afrique du Sud; 1997, Lansdowne, Afrique du Sud; 1999, tournée en Argentine.
COUILLOUD Baptiste (LOU): 2017, Maoris.
COULAIS Philippe (Toulon): 1983, Australie.
COURRENT Valentin (Grenoble): 2013, Samoa.
COUZINET David (Biarritz): 2005, Australie.
CRENCA Jean-Jacques (Agen): 1995, Nouvelle-Zélande; 1997, Afrique du Sud; 2000, Nouvelle-Zélande.
CRESPY Richard (Brive): 1996, Afrique du Sud (R).
CRETIN Dylan (LOU): 2018, Tonga.
CROS François (Toulouse): 2018, Crusaders (NZL), Highlanders (NZL).
CURNIER Noël (Biarritz): 2001, Fidji.

D

DALES Jean-Pierre (Brive): 1981, Crawshays (R).
DAL MASO Marc (Mont-de-Marsan et Agen): 1988, Hong Kong 7, Maoris; 1992, Afrique du Sud; 1993, Centenaire de Grenoble, Australie; 1994, tournée en Australie, Barbarians britanniques; 1996, Afrique du Sud; 2000, Nouvelle-Zélande (R).
DAL POS Dominique (Colomiers): 1988, Maoris.
DANTIACQ David (Pau): 1997, Afrique du Sud.
DANTY Jonathan (Stade Français): 2015, tournée en Argentine; 2017, tournée en Afrique du Sud.
DAUBAGNA Thibault (Pau): 2018, Crusaders (NZL), Highlanders (NZL), Tonga.
DAVID Christophe (Mont-de-Marsan): 2018, Géorgie.
DE BESOMBES Stéphane (USAP Perpignan): 1998, Argentine (R).
DE ROUGEMONT Marc (Toulon): 1994, Barbarians britanniques; 1995, Nouvelle-Zélande.
DE VILLIERS Pieter (Stade Français CASG) FRA-AFS: 1997, Afrique du Sud; 1999, tournée en Argentine; 2000, Nouvelle-Zélande.
DEBATY Vincent (USAP Perpignan) BEL: 2008, Canada; 2014, Namibie.
DELAGE Christian (Agen et Bègles-Bordeaux): 1986, Nouvelle-Zélande; 1988, Maoris.
DELAIGUE Yann (Toulouse): 2001, Fidji (R).
DELANNOY Philippe (LOU): 2004, Australie.
DELMOTTE Guillaume (Harlequins (ANG) et Castres): 2000, Galles; 2001, Fidji (R).
DEROEUX Sylvain (USAP Perpignan): 1999, tournée en Argentine.
DESLANDES Christophe (Racing CF): 1993, Centenaire de Grenoble.
DESMAISON Walter (Racing Métro 92 et Mont-de-Marsan): 2015, tournée en Argentine; 2018, Géorgie.
DETREZ Pierre-Édouard (Nîmes): 1983, Australie.
DEVERGIE Martin (Montpellier): 2017, Maoris.
DEYLAUD Christophe (Toulouse): 1999, tournée en Argentine.
DIABY Mahamadou (UBB Bordeaux-Bègles): 2017, Maoris.
DIARRA Ibrahim (Castres): 2012, tournée au Japon, Japon.
DIAZ José (Castres): 2000, pays de Galles.
DINTRANS Philippe (Tarbes): 1983, Melrose 7, Australie; 1984, Hong Kong 7; 1985, Japon; 1986, Nouvelle-Zélande; 1990, Nouvelle-Zélande.
DISPAGNE Sylvain (Toulouse): 1997, Afrique du Sud (R).
DOMINGUEZ Diego (Stade Français) ARG-ITA: 2000, Nouvelle-Zélande; 2003, XV du Président.
DOMINICI Christophe (Stade Français CASG): 1997, Lansdowne, Afrique du Sud.
DONGUY Yves (Brive et Toulouse): 2005, Western Province; 2009, XV des Présidents, tournée en Argentine.
DOSPITAL Pierre (Bayonne): 1984, Harlequins; 1986, Écosse.
DOUSSAIN Jean-Marc (Toulouse): 2012, Japon; 2018, Crusaders (NZL), Highlanders (NZL).
DRIDI Mohammed (Biarritz): 2008, Canada.
DROITECOURT Michel (Montferrand): 1980, Écosse.
DUBIÉ Jean-Baptiste (UBB Bordeaux-Bègles): 2017, tournée en Afrique du Sud; 2017, Maoris; 2022, États-Unis.
DUBOIS Jean-Frédéric (Toulouse): 2005, Australie.
DUBROCA Daniel (Agen): 1980, Écosse (R); 1981, Crawshay's; 1982, Argentine; 1985, Hong Kong 7, Japon.
DUCALCON Luc (Castres): 2009, XV des Présidents; 2014, Namibie.
DUCUING Nans (UBB Bordeaux-Bègles): 2022, États-Unis.
DUMAS Blaise (Vannes): 2018, Géorgie.
DUMORA Julien (Castres): 2016, Australie; 2017, tournée en Afrique du Sud; 2018, Crusaders (NZL), Highlanders (NZL).
DUPICHOT Louis (Racing 92): 2016, Australie; 2017, tournée en Afrique du Sud; 2017, Maoris.
DUPLANTIER Jean-Bernard (Pau): 1984, Bataillon de Joinville (R); 1986, Écosse.
DUPONT Antoine (Castres): 2016, Australie.
DUPONT Lucas (Grenoble): 2017, tournée en Afrique du Sud.
DUPONT Jean-Louis (Agen): 1981, Nouvelle-Zélande; 1982, Argentine.
DUPUY Julien (Stade Français): 2011, tournée en Argentine.
DURAND Nicolas (USAP Perpignan): 2009, XV des Présidents (R), tournée en Argentine.
DUSAUTOIR Thierry (Toulouse): 2007, Argentine.

E

EALES John (Queensland) AUS : 1995, Nouvelle-Zélande.
ÉCOCHARD Tom (USAP Perpignan) : 2018, Géorgie.
ELHORGA Pépito (Agen) : 2003, XV du Président ; 2005, Australie ; 2007, Argentine.
ÉLISSALDE Jean-Baptiste (Toulouse) : 1998, Argentine ; 2007, Argentine ; 2010, Tonga.
ÉLISSALDE Jean-Pierre (La Rochelle) : 1983, Melrose 7, Australie ; 1985, Japon (R) ; 1986, Écosse (R), Nouvelle-Zélande.
EMMANUELLI Laurent (Clermont) : 2007, Argentine.
ERBANI Antoine (Agen) : 2017, tournée en Afrique du Sud.
ERBANI Dominique (Agen) : 1986, Nouvelle-Zélande ; 1989, Fidji ; 1993, Centenaire de Grenoble ; 1994, tournée en Australie.
ESCALLE Jean-Philippe (Béziers) : 2003, XV du Président.
ESTEBANEZ Fabrice (Grenoble) : 2017, tournée en Afrique du Sud.
ESTÈVE Patrick (Narbonne et Lavelanet) : 1984, Hong Kong 7, Bataillon de Joinville ; 1985, Japon ; 1993, Centenaire de Grenoble (R).
ÉTRILLARD Anthony (Toulon) : 2017, tournée en Afrique du Sud, Maoris.
EWENS Graeme (Cognac) AUS : 1985, Japon.

F

FABRÈGUE Hugo (Nevers) : 2018, Géorgie.
FALGOUX Étienne (Clermont) : 2021, Tonga.
FALL Benjamin (Racing Métro 92) : 2010, Tonga.
FARR-JONES Nick (Sydney University) AUS : 1993, Australie ; 1994, Barbarians britanniques.
FAUGERON Didier (Brive) : 1984, Melrose 7 ; 1988, Hong Kong 7 ; 1993, Centenaire de Grenoble.
FAUQUE Sébastien (Toulon) : 2009, tournée en Argentine.
FAURE Florian (Biarritz) : 2009, tournée en Argentine.
FAURE Lionel (Clermont) : 2009, tournée en Argentine ; 2010, Tonga.
FILLOL Jérôme (Toulouse, Stade Français) : 1998, Air France Sevens Paris ; 1999, tournée en Argentine ; 2010, Tonga ; 2012, Japon ; 2014, Namibie ; 2015, tournée en Argentine.
FITZSIMONS Peter (Brive) AUS : 1988, Irlande, Maoris.
FLANQUART Alexandre (Stade Français) : 2017, tournée en Afrique du Sud, Maoris.
FLOCH Anthony (Clermont) : 2007, Argentine.
FORESTIER Yannick (Castres) : 2011, tournée en Argentine.
FORGUES Vincent (Brive) : 2000, pays de Galles (R) ; 2008, Canada.
FORLETA Enzo (USAP Perpignan) : 2018, Géorgie.
FOURNIOLS Éric (Montauban) : 1983, Melrose 7 ; 1986, Hong Kong 7, Écosse.
FOUROUX Jacques (Auch) : 1980, Écosse.
FOURSANS-BOURDETTE Louis (Montpellier) : 2022, États-Unis.
FOUYSSAC Pierre (Agen) : 2018, Crusaders (NZL), Highlanders (NZL).
FRANCHINI Stéphane (Toulon) : 2001, Fidji (R).
FRESIA Florian (Toulon) : 2017, Maoris.
FRIER Julien (Bourgoin) : 2005, Western Province ; 2009, FIRA (R).
FURET Patrick (USAP Perpignan) : 2000, pays de Galles.

G

GABERNET Serge (Toulouse) : 1981, Crawshays ; 1984, Harlequins (R).
GABIN David (Montferrand) : 1998, Argentine.
GALASSO Alessio (Castres) : 2004, Australie (R).
GALLART Philippe (Béziers) : 1993, Australie.
GALLION Jérôme (Toulon) : 1984, Bataillon de Joinville.
GALTHIÉ Fabien (Colomiers) : 1993, Australie (R) ; 1994, tournée en Australie, Barbarians britanniques ; 1996, Afrique du Sud ; 2004, Australie.
GARAT Jean (Bayonne) : 1988, Maoris.
GARBAJOSA Xavier (Toulouse) : 1998, Argentine ; 2003, XV du Président (R) ; 2005, Australie (R).
GARCIA Cédric (Montauban) : 2003, XV du Président (R).
GARCIA Pierre-Emmanuel (Castres) : 2009, FIRA.
GARRAULT Nicolas (Mont-de-Marsan) : 2018, Géorgie.
GARUET Jean-Pierre (Lourdes) : 1986, Écosse ; 1988, Irlande.
GENESTE Michel (Bègles-Bordeaux) : 1981, Nouvelle-Zélande.
GENIS Roland (USAP Perpignan) : 1981, Crawshays.
GERMAIN Gaëtan (Brive) : 2015, tournée en Argentine.
GÉRONDEAU Camille (Clermont) : 2016, Australie.
GHEZAL Karim (LOU) : 2014, Namibie ; 2015, tournée en Argentine.
GIRAUD Marc (Montpellier) : 2009, tournée en Argentine.
GLAS Stéphane (Bourgoin) : 1995, Nouvelle-Zélande.
GOBELET Jean-Baptiste (Biarritz) : 2005, Western Province ; 2009, tournée en Argentine.
GODENER Loïc (Grenoble) : 2018, Tonga.
GOMES Arthur (PUC) : 1994, Barbarians britanniques (R) ; 1996, Air France Sevens Paris.
GOMES SA Cedate (Racing 92) : 2017, Maoris.
GOMEZ Laurent (Grenoble) : 1999, tournée en Argentine.
GONZALEZ Jean-Michel (Bayonne, Pau) : 1996, Cambridge, Afrique du Sud (R) ; 1997, Lansdowne ; 1999, tournée en Argentine ; 2000, Nouvelle-Zélande ; 2003, XV du Président.
GORDON Rob (Colomiers) NZL : 1994, Barbarians britanniques (R).
GOSPER Brett (Racing CF) AUS : 1986, Nouvelle-Zélande.
GOUTTA Bernard (USAP Perpignan) : 2004, Australie.
GRANOUILLET Maxime (Aurillac) : 2018, Géorgie.
GRATTON Jacques (Agen) : 1987, Penarth (R).
GROS Jean-Baptiste (Toulon) : 2018, Tonga.
GUATIERI Fernando (Pau) ARG : 2004, Australie (R).
GUILLAMON Antoine (Montpellier) : 2018, Tonga.
GUILLEMIN Bastien (Grenoble) : 2018, Géorgie.
GUNTHER Pierrick (Toulon) : 2012, tournée au Japon.
GUYOT Benoît (La Rochelle) : 2015, tournée en Argentine.

H

HABEL-KUEFFNER Giovanni (Pau) SAM : 2021, Tonga.
HAGET Francis (Biarritz) : 1985, Japon ; 1986, Nouvelle-Zélande.
HAIRABETIAN Laurent (Stade Français CASG) : 1996, Air France Sevens Paris, Cambridge.
HAMADACHE Malik (Pau) : 2017, tournée en Afrique du Sud ; 2018, Tonga.
HAMDAOUI Kylan (Biarritz) : 2018, Géorgie, Tonga.
HARINORDOQUY Imanol (Biarritz) : 2005, Western Province.
HARIZE Dominique (Toulouse) : 1980, Écosse.
HAYMAN Carl (Toulon) NZL : 2010, Tonga.
HÉGUY Arnaud (Biarritz) : 2012, Japon.
HEMERY Anthime (Racing 92) : 2022, États-Unis.
HERRERO Bernard (Toulon) : 1984, Harlequins, Bataillon de Joinville.
HERVE Enzo (Brive) : 2021, Tonga.
HEYMANS Cédric (Toulouse) : 2010, Tonga.
HIRIGOYEN (Biarritz) : 2021, Tonga.
HUEBER Aubin (Bagnères et Toulon) : 1988, Hong Kong 7 ; 1995, Nouvelle-Zélande.
HUNT Karmichaël (Biarritz) AUS : 2009, FIRA.

I

IGUINIZ Aretz (Bayonne) : 2012, tournée au Japon, Japon ; 2013, Samoa.
IMBERNON Jean-François (USAP Perpignan) : 1980, Écosse ; 1981, Crawshays.
IRIBAREN Teddy (Racing 92) : 2017, Maoris.
IRVINE Andy (Heriots) ECO : 1981, Nouvelle-Zélande.
ISAAC Jack (Biarritz) AUS : 2001, Fidji.

J

JACQUET Loïc (Clermont) : 2009, XV des Présidents ; 2010, Tonga ; 2016, Australie.
JAHOUER Rida (Montauban) : 2009, FIRA (R).
JALIBERT Matthieu (UBB Bordeaux-Bègles) : 2017, Maoris.
JAMES Mike (USAP Perpignan) CAN : 1996, Afrique du Sud (R) ; 1998, Argentine ; 2001, Fidji ; 2005, Western Province, Australie.
JANE Julien (France 7) : 2015, tournée en Argentine.
JANECZEK Thierry (Tarbes) : 1986, Hong Kong 7, Écosse ; 1988, Irlande.
JAUZION Yannick (Toulouse) : 2000, Nouvelle-Zélande (R) ; 2012, tournée au Japon.
JEANJEAN Nicolas (Stade Français-CASG) : 2009, tournée en Argentine.
JEFFERSON Willy (USAP Perpignan, Bègles-Bordeaux et Racing CF) USA : 1986, Écosse (R) ; 1987, Hong Kong 7, Sydney 7 ; 1988, Irlande, Maoris ; 1994, tournée en Australie, Barbarians britanniques (R).
JELONCH Anthony (Castres) : 2017, tournée en Afrique du Sud.
JOINEL Jean-Luc (Brive) : 1980, Écosse ; 1981, Crawshays ; 1983, Melrose 7 ; 1986, Écosse, Nouvelle-Zélande ; 1988, Irlande (R).
JOLMES Thomas (La Rochelle) : 2018, Tonga ; 2018, Crusaders (NZL), Highlanders (NZL).

JOLY Arthur (USAP): 2022, États-Unis, Fidji.
JONES Ian (Gloucester-ANG) NZL: 2000, Nouvelle-Zélande.
JONES Rob (Swansea) GAL: 1992, Afrique du Sud.
JORDANA Jean-Louis (Pau): 1995, Nouvelle-Zélande.
JOSEPH Jordan (Racing 92): 2018, Tonga.
JOUBERT Alwin (USAP Perpignan) AFS: 1997, Lansdowne; 1999, Air France Sevens Paris; 2000, pays de Galles, Air France Sevens Paris.

K

KACALA Gregory (Grenoble, Brive) POL: 1994, Barbarians britanniques; 1996, Afrique du Sud (R).
KAYSER Benjamin (Castres): 2010, Tonga.
KEITH Scott (Pau) NZL: 1997, Lansdowne.
KELLEHER Byron (Toulouse) NZL: 2010, Tonga.
KIRK David (Oxford) NZL: 1988, Irlande, Maoris.
KLEMENCZAK Olivier (Dax): 2018, Géorgie.
KONIECK Michel (USAP Perpignan): 2001, Fidji (R); 2007 : Argentine (R).
KORNATH Kevin (Castres): 2022, Fidji.
KRONFELD Josh (Highlanders) NZL: 1996, Afrique du Sud.
KUNAVORE Maleli (Toulouse) FID: 2005, Australie.

L

LABAT Bruno (Tarbes): 1990, Nouvelle-Zélande.
LABAT François (Bègles-Bordeaux): 1988, Irlande; 1990, Nouvelle-Zélande.
LABIT Christian (Toulouse): 2003, XV du Président; 2005, Western Province.
LABORDE Dorian (Mont-de-Marsan): 2018, Géorgie.
LABROUSSE Thierry (Brive): 1996, Afrique du Sud.
LACAILLE Olivier (PUC): 1996, Cambridge.
LACANS Pierre (Béziers): 1983, Australie (R); 1984, Hong Kong 7, Harlequins.
LACOMBE Bernard (Agen): 1989, Fidji; 1990, Nouvelle-Zélande.
LACRAMPE Thierry (Castres): 2012, tournée au Japon.
LACROIX Gabriel (La Rochelle): 2017, tournée en Afrique du Sud.
LAFFORGUE Luc (Agen): 2004, Australie.
LAFFORGUE Thierry (Castres): 1997, Lansdowne (R).
LAFOND Jean-Baptiste (Racing CF et Bègles-Bordeaux): 1983, Melrose 7; 1984, Bataillon de Joinville; 1985, Japon; 1986, Écosse, Nouvelle-Zélande; 1988, Irlande; 1990, Nouvelle-Zélande; 1993, Centenaire de Grenoble.
LAFOND Pierre-Philippe (Bayonne): 2011, tournée en Argentine.
LAGARDE Raphaël (Agen, Pro D2): 2022, États-Unis.
LAGISQUET Patrice (Bayonne et Biarritz): 1984, Hong Kong 7; 1987, Penarth; 1992, Afrique du Sud; 1993, Australie; 1994, tournée en Australie, Barbarians britanniques.
LAKAFIA Raphaël (Stade Français): 2016, Australie.
LALANNE Fabrice (Mont-de-Marsan): 1999, tournée en Argentine.
LAMBEY Félix (LOU): 2016, Australie; 2017, tournée en Afrique du Sud; 2021, Tonga.
LAMBOLEY Grégory (Toulouse): 2007, Argentine; 2009, XV des Présidents (R), tournée en Argentine.
LAMERAT Rémi (Castres): 2013, Samoa.
LANDREAU Fabrice (Grenoble): 1996, Cambridge (R).
LANSAMAN Alain (Hagetmau): 1982, Argentine; 1988, Maoris.
LAOUSSE-AZPIAZU Yoann (Mont-de-Marsan): 2018, Géorgie.
LAPEGUE Adrien (Stade Français): 2022, États-Unis.
LAPEYRE Benjamin (Toulon): 2011, tournée en Argentine; 2012, tournée au Japon; 2015, tournée en Argentine.
LAPORTE Clément (Agen puis LOU): 2018, Tonga; 2021, Tonga.
LAPORTE Guy (Graulhet): 1983, Australie.
LASCUBÉ Grégoire (Biarritz): 1992, Afrique du Sud; 1993, Centenaire de Grenoble (R), Australie; 1994, tournée en Australie, Barbarians britanniques.
LASSALLE Thibault (Oyonnax): 2013, Samoa; 2015, tournée en Argentine.
LAURENT Christophe (Bayonne): 2005, Western Province.
LAUSSUCQ Christophe (Stade Français CASG): 1997, Lansdowne (R), Afrique du Sud (R); 1998, Argentine.
LAVEAU Martin (Castres): 2018, Tonga; 2021, Tonga.
LAVIGNE Bernard (Agen): 1983, Australie; 1984, Harlequins.
LE BOURHIS Félix (UBB Bordeaux-Bègles): 2014, Namibie.
LE CORVEC Grégory (USAP Perpignan): 2009, tournée en Argentine, FIRA.
LE CORVEC Mattéo (Toulon): 2022, Fidji.
LE DEVEDEC Julien (Brive): 2014, Namibie.
LECOULS Benoît (Biarritz): 2007, Argentine (R).
LEFLAMAND Laurent (Bourgoin): 1996, Cambridge.
LEMOINE Pablo (Stade Français) URU: 2005, Western Province.
LEROUX Nicolas (Mont-de-Marsan): Air France Sevens Paris; 2008, Canada.
LESCALMEL Alain (La Rochelle): 1988, Irlande (R).
LESCARBOURA Jean-Patrick (Dax): 1982, Argentine; 1984, Harlequins; 1987, Penarth; 1993, Centenaire de Grenoble.
LESGOURGUES Yann (UBB Bordeaux-Bègles): 2017, tournée en Afrique du Sud.
LESPIAUCQ Quentin (Pau): 2018, Crusaders (NZL), Highlanders (NZL).
LHERMET Jean-Marc (Montferrand): 1993, Australie (R); 1994, tournée en Australie, Barbarians britanniques.
LIEBENBERG Brian (Stade Français) FRA-AFS: 2009, tournée en Argentine.
LIÈVREMONT Marc (USAP Perpignan, Stade Français CASG): 1994, tournée en Australie; 1995, Nouvelle-Zélande; 1996, Air France Sevens Paris, Cambridge, Afrique du Sud; 1997, Lansdowne, Afrique du Sud.
LIÈVREMONT Matthieu (Agen): 2007, Argentine (R); 2009, FIRA.
LIÈVREMONT Thomas (USAP Perpignan): 1997, Afrique du Sud.
LINDE Rob (Bayonne) AFS: 2007, Argentine (R).
LOMBARD Thomas (Stade Français): 1999, tournée en Argentine; 2008, Canada.
LONCA Romain (UBB Bordeaux-Bègles): 2016, Australie.
LESGOURGUES Yann (UBB Bordeaux-Bègles): 2016, Australie.
LOPEZ Camille (UBB Bordeaux-Bègles): 2012, tournée au Japon.
LOPPY Léon (Toulon): 1992, Afrique du Sud.
LORIEUX Alain (Grenoble): 1981, Nouvelle-Zélande; 1984, Bataillon de Joinville.
LOUBÈRE Laurent (Agen): 1994, tournée en Australie.
LOUSTAU Ludovic (Stade Français): 1999, tournée en Argentine.
LUBBE Rickus (Grenoble) AFS: 2004, Australie.
LUND Erik (Biarritz) NOR: 2012, Japon.

M

MACH Brice (Castres): 2013, Samoa; 2015, tournée en Argentine.
MACHENAUD Maxime (Bayonne): 2022, Fidji.
MAESTRI Yohan (Toulon): 2010, Tonga.
MAFFINI Hugo (Cognac) ARG: 1987, Penarth.
MAGOIS Henri (La Rochelle): 1980, Écosse.
MAHÉ Grégory (Stade Français): 2004, Australie (R).
MALEIG Alain (Tarbes): 1982, Argentine.
MANNIX Simon (Gloucester-ANG) NZL: 2000, Galles (R).
MARCHAND Guillaume (LOU): 2021, Tonga.
MARCHAND Julien (Toulouse): 2018, Crusaders (NZL), Highlanders (NZL).
MARCONNET Sylvain (Biarritz): 2001, Fidji (R); 2010, Tonga.
MARFAING Michel (Toulouse): 1996, Cambridge (R), Afrique du Sud (R).
MARLU Jimmy (Montferrand): 1998, Air France Sevens Paris; 1999, tournée en Argentine.
MAROCCO Philippe (Montferrand): 1987, Penarth.
MARQUES Samuel (Carcassonne, Pro D2) POR: 2022, États-Unis.
MARSH Tony (Montferrand) FRA-NZL: 2003, XV du Président.
MARSHALL Justin (Leeds-ANG) NZL: 2005, Australie.
MARTICORENA Laurent (Castres): 2005, Western Province.
MARTIN Jean-Louis (Béziers): 1981, Nouvelle-Zélande.
MARTIN Rémy (Bayonne): 2009, XV des Présidents; 2010, Tonga.
MARTINEZ Arnaud (Narbonne): 2003, XV du Président.
MARTINEZ Gérald (Toulouse et Racing CF): 1981, Crawshays, Nouvelle-Zélande; 1985, Japon; 1986, Écosse.
MASET Thierry (Toulouse et Trévise, ITA): 1986, Nouvelle-Zélande; 1989, Fidji; 1990, Nouvelle-Zélande.
MASOE Chris (Castres): 2010, Tonga.
MASSABEAU Louis (Bayonne): 2008, Canada.
MATHY Maxime (Montauban): 2018, Géorgie.
MATIU Leni (Biarritz) FRA-NZL: 1997, Afrique du Sud.
MAXIMIN Jimi (Pau): 2022, États-Unis, Fidji.
MAYNADIER Clément (UBB Bordeaux-Bègles): 2021, Tonga; 2022, États-Unis.
MAZAS Laurent (Biarritz): 1996, Cambridge, Afrique du Sud.
MAZZONETTO Jean-Marc (Mont-de-Marsan): 2012, tournée au Japon.
McDOWELL Steve (Auckland) NZL: 1993, Centenaire de Grenoble.
McNEILL Hugo (Blackrock College) IRL: 1989, Fidji.
MEEUWS Kees (Castres) NZL: 2005, Australie; 2008, Canada.
MELA Arnaud (Brive): 2015, tournée en Argentine; 2017, tournée en Afrique

du Sud.
MÉLÉ David (USAP Perpignan): 2009, tournée en Argentine.
MENINI Alexandre (LOU): 2016, Australie.
MENKARSKA Grégory (Toulouse): 2005, Australie (R).
MERLE Olivier (Montferrand): 1999, tournée en Argentine.
MERLOS Thierry (Toulouse): 1981, Crawshays, Nouvelle-Zélande; 1982, Argentine.
MERMOZ Maxime (USAP Perpignan): 2010, Tonga.
MESLIER de ROCAN Jean-François (Auch): 2000, Galles.
MESNEL Franck (Racing CF): 1987, Penarth; 1988, Irlande; 1993, Australie.
MESNY Patrick (Grenoble): 1983, Melrose 7; 1984, Bataillon de Joinville.
MESSINA Geoffrey (Stade Français): 2007, Argentine; 2009, tournée en Argentine.
METCALFE Glenn (Castres) ECO: 2004, Australie.
MEXTED Murray (Wellington) NZL: 1982, Argentine.
MICHALAK Frédéric (LOU): 2017, tournée en Afrique du Sud.
MICHAUX Ludovic (Castres): 2009, FIRA (R).
MICHEL Serge (Nîmes): 1982, Argentine.
MIGNARDI Arnaud (Brive): 2017, tournée en Afrique du Sud.
MIGNONI Pierre (Dax): 2000, Nouvelle-Zélande (R).
MILHERES Christophe (Biarritz): 1998, Air France Sevens Paris; 2000, Nouvelle-Zélande; 2001, Fidji.
MILLO-CHLUSKI Romain (Toulouse): 2012, tournée au Japon.
MILLOUD Olivier (Bourgoin): 1998, Argentine.
MILNE Ian (Heriots) ECO: 1987, Penarth.
MODIN Rodolphe (Brive): 1987, Penarth.
MONRIBOT Jean (Agen): 2011, tournée en Argentine; 2016, Australie.
MONTES Yohan (Toulouse): 2009, XV des Présidents (R); 2012, Japon.
MONTLAUR Pierre (Agen): 1990, Nouvelle-Zélande.
MORGAN Garrick (Pau) AUS: 2004, Australie.
MORLAËS Nicolas (Agen): 2005, Australie (R); 2007, Argentine (R).
MOSCATO Vincent (Bègles-Bordeaux, Stade Français CASG): 1989, Fidji; 1997, Lansdowne, Afrique du Sud; 2000, Galles (R).
MUSCARDITZ Peyo (Bayonne): 2018, Géorgie.
MULLIN Brendan (Blackrock College) IRL: 1993, Centenaire de Grenoble (R).
MURPHY Phil (USAP Perpignan) CAN: 2001, Fidji.
MUTAPCIC Kenan (Grenoble) BOS: 2013, Samoa.
MYTTON Cliff (Stade Français) NZL: 2000, Nouvelle-Zélande.

N

NALLET Lionel (Bourgoin et Castres): 2000, Nouvelle-Zélande (R); 2005, Western Province.
NAKAITACI Noa (LOU): 2022, Fidji.
NARJISSI Jalil (Agen) MAR: 2005, Australie (R).
NICOL Éric (Montferrand): 2000, pays de Galles.
NIEUCEL Jean-Louis (Agen): 1980, Écosse (R); 1982, Argentine.
NOIROT Benjamin (Biarritz): 2008, Canada.
N'KINSI Hans (Grenoble): 2018, Géorgie.
NTAMACK Émile (Toulouse): 1993, Centenaire de Grenoble, Australie; 1994, Barbarians britanniques.
NTAMACK Romain (Toulouse): 2017, Maoris; 2018, Tonga.
NYANGA Yannick (Toulouse): 2009, XV des Présidents, tournée en Argentine.

O

O'CONNOR Marvin (Bayonne): 2012, tournée au Japon.
O'CONNOR Patrick (Irlande) IRL: 1997, Lansdowne.
OLLIVIER Gwendal (Grenoble): 2008, Canada.
ONDARTS Pascal (Biarritz): 1985, Japon; 1987, Penarth; 1992, Afrique du Sud; 1993, Centenaire de Grenoble; 1994, tournée en Australie.
ORIOLI Jean-Charles (Toulon): 2015, tournée en Argentine; 2016, Australie.
ORMOND Paul (Loughmore-IRL) IRL: 1997, Lansdowne (R).
ORSO Jean-Charles (Nice): 1983, Australie; 1984, Harlequins, Bataillon de Joinville; 1985, Japon.
OSSARD Thomas (Bègles-Bordeaux): 1997, Lansdowne.

P

PACO Alain (Béziers): 1980, Écosse.
PAILLAUGUE Benoît (Montpellier): 2014, Namibie (R).
PALIS Geoffrey (Castres): 2015, tournée en Argentine.
PALISSON Alexis (Toulon): 2013, Samoa; 2014, Namibie.
PALMIÉ Michel (Béziers): 1980, Écosse; 1984, Harlequins, Bataillon de Joinville.
PALU Boris (Racing 92): 2018, Tonga.
PAPAREMBORDE Robert (Pau et Racing CF): 1980, Écosse; 1981, Crawshays, Nouvelle-Zélande; 1983, Australie.
PARDO Laurent (Bayonne, Racing CF, Montferrand, Saint-Jean-de-Luz): 1981, Crawshays, Nouvelle-Zélande; 1983, Australie; 1984, Hong Kong 7, Harlequins, Bataillon de Joinville; 1985, Japon; 1986, Écosse, Nouvelle-Zélande; 1993, Centenaire de Grenoble (R).
PARISIEN Alfred (LOU): 2022, Fidji.
PATAT Grégory (Auch): 2005, Australie.
PEJOINE Jean-Baptiste (Brive): 2017, tournée en Afrique du Sud.
PÉLISSIÉ Adrien (UBB Bordeaux): 2017, Maoris; 2018, Tonga; 2022, États-Unis.
PELISSIE Jonathan (LOU): 2022, Fidji.
PELLOUX Jean-Paul (Nice et Montferrand): 1984, Bataillon de Joinville (R); 1987, Penarth.
PELOUS Fabien (Toulouse): 2009, XV des Présidents.
PENAUD Damian (Clermont): 2018, Crusaders (NZL), Highlanders (NZL).
PEPELNJACK Willy (Grenoble): 1987, Penarth.
PERCHE Jean-François (Bourg): 1981, Crawshays.
PÉRIÉ Michel (Toulon): 1994, tournée en Australie, Barbarians britanniques.
PERSICO Aaron (Agen) ITA: 2005, Australie (R).
PESENTI Baptiste (Pau): 2018, Crusaders (NZL).
PÉTRISSANS Roland (Bayonne): 1981, Nouvelle-Zélande.
PEYRAS Jean-Baptiste (Bayonne): 2009, tournée en Argentine, FIRA (R).
PEYRELONGUE Julien (Biarritz): 2008, Canada.
PEYRON Pascal (Bourgoin): 2005, Western Province.
PEYTRIN Alain (Tyrosse): 1984, Melrose 7; 1987, Hong Kong 7, Sydney 7; 1988, Hong Kong 7, Maoris.
PHILLIPS Ollie (Stade Français) ANG: 2012, tournée au Japon.
PICAMOLES Louis (Toulouse): 2010, Tonga; 2022, États-Unis.
PIERRE Julien (Bourgoin): 2007, Argentine; 2008, Canada; 2012, Japon.
PLACINES Alban (Biarritz): 2018, Géorgie.
PLANTÉ Adrien (USAP Perpignan): 2011, tournée en Argentine.
PLISSON Jules (Stade Français): 2014, Namibie.
POIDEVIN Simon (Randwick) AUS: 1994, tournée en Australie.
POINTUD Lucas (Bayonne): 2015, tournée en Argentine; 2016, Australie.
POIROT Jefferson (UBB Bordeaux-Bègles): 2022, États-Unis.
POITRENAUD Clément (Natal Sharks-AFS): 2005, Australie; 2017, tournée en Afrique du Sud.
POOL-JONES Richard (Biarritz, Stade Français) ANG: 1993, Centenaire de Grenoble (R), Australie; 1999, tournée en Argentine; 2001, Fidji.
POPELIN Pierre (La Rochelle): 2022, Fidji.
PORICAL Jérôme (USAP Perpignan): 2009, FIRA.
PORTOLAN Claude (Toulouse): 1989, Fidji.
PORTOLAN Gérard (Toulouse): 1986, Nouvelle-Zélande.
POULAIN Raphaël (Stade Français): 2001, Fidji.
POURAILLY Bastien (Pau): 2017, Maoris.
POUX Jean-Baptiste (Toulouse): 2003, XV du Président; 2007, Argentine; 2009, XV des Présidents, tournée en Argentine; 2010, Tonga; 2012, Japon; 2013, Samoa; 2015, tournée en Argentine; 2016, Australie.
POWLES Adey (Gloucester-ANG) ANG: 2000, pays de Galles (R).
PRIVAT Thibault (Nîmes): 2000, pays de Galles (R).
PUELOTO Sotele (Biarritz): 1997, Afrique du Sud (R).
PUJADE Patrick (Agen): 1986, Nouvelle-Zélande (R).
PURICELLI Julien (Castres): 2005, Australie.

Q

QUESADA Gonzalo (Stade Français) ARG: 2004, Australie (R).

R

RABADAN Pierre (Stade Français): 2005, Western Province; 2011, tournée en Argentine; 2012, Japon; 2013, Samoa.
RAMADE Jean-Pierre (La Rochelle): 1988, Irlande.
AMON Guy (Narbonne): 1984, Harlequins.
RAMOS Thomas (Toulouse): 2017, Maoris.
RANCOULE Jean-Michel (Toulouse): 1989, Fidji (R).
RAVIER Aimé (Bayonne): 1989, Fidji.
RAVOUVOU Joe (Bayonne): 2021, Tonga.
RAYNAUD Marc (Narbonne): 1998, Argentine.
RAYNAUD Tommy (Oyonnax): 2017, tournée en Afrique du Sud.

REBBADJ Swan (Toulon): 2017, Maoris; 2018, Crusaders (NZL), Highlanders (NZL), Tonga.
REGGIARDO Mauricio (Castres) ARG: 1996, Afrique du Sud.
REILHAC Yvan (Montpellier): 2018, Tonga.
RETIÈRE Arthur (La Rochelle): 2018, Crusaders (NZL), Highlanders (NZL), Tonga, 2021, Tonga.
REY Julien (UBB Bordeaux-Bègles): 2015, tournée en Argentine.
REYES Christophe (Grenoble): 1997, Lansdowne (R).
RIC Clément (Clermont): 2017, tournée en Afrique du Sud.
RIVES Jean-Pierre (Toulouse et Racing CF): 1980, Écosse; 1983, Australie; 1984, Harlequins; 1985, Japon.
RIZON Christian (Montferrand): 1987, Penarth.
RODRIGUEZ Laurent (Mont-de-Marsan et Dax): 1984, Bataillon de Joinville; 1986, Hong Kong 7; 1987, Penarth; 1992, Afrique du Sud; 1994, Barbarians britanniques.
ROLLAND Matthias (Castres): 2009, tournée en Argentine; 2011, tournée en Argentine; 2012, Japon.
ROMAND Jean-Marc (Grenoble): 1984, Bataillon de Joinville; 1986, Nouvelle-Zélande.
ROMEU Jean-Pierre (Montferrand): 1980, Écosse.
ROSE Marcus (Harlequins) ANG: 1982, Argentine.
ROSS Grant (Brive) NZL: 1996, Afrique du Sud.
ROSSIGNEUX Florent (Racing CF): 1994, tournée en Australie.
ROUGERIE Aurélien (Clermont): 2007, Argentine; 2013, Samoa; 2016, Australie; 2017, Maoris.
ROUMAT Alexandre (Toulouse): 2022, États-Unis, Fidji.
ROUMAT Olivier (Dax, Stade Français CASG): 1995, Nouvelle-Zélande; 1997, Lansdowne, Afrique du Sud; 2001, Fidji; 2003, XV du Président.
ROUSSET Yvon (Racing CF): 1986, Écosse, Nouvelle-Zélande.

S

SADOURNY Jean-Luc (Colomiers): 2000, pays de Galles, Nouvelle-Zélande.
SAIGNES Didier (Agde): 1997, Lansdowne (R).
SAINT-ANDRÉ Philippe (Montferrand): 1992, Afrique du Sud; 1993, Australie.
SALLEFRANQUE Marc (Dax): 1984, Bataillon de Joinville (R).
SAMSON Christophe (Toulon): 2009, FIRA; 2011, tournée en Argentine; 2013, Samoa.
SANCHEZ Stéphane (Gloucester-ANG): 2000, Galles.
SANCONNIE Fabien (Clermont): 2018, Highlanders (NZL).
SANOKO Djakaria (Biarritz) CIV: 1993, Centenaire de Grenoble.
SARRAMEA Olivier (Montpellier): 2009, XV des Présidents.
SARTHOU Michel (Dax): 1986, Nouvelle-Zélande (R).
SAUBADE Julien (Racing Métro 92): 2009, tournée en Argentine.
SAZY Romain (La Rochelle): 2016, Australie; 2017, tournée en Afrique du Sud; 2021, Tonga; 2022, États-Unis.
SÉGUIER Frédéric (Castres): Cambridge (R).
SEIGNE Laurent (Agen): 1990, Nouvelle-Zélande.
SELLA Philippe (Agen et Saracens, ANG): 1983, Australie; 1984, Hong Kong 7, Harlequins; 1989, Fidji; 1992, Afrique du Sud; 1994, Barbarians britanniques; 1996, Afrique du Sud; 1998, Air France Sevens Paris.
SEREVI Waisale (Leicester, ANG) FID: 1997, Afrique du Sud.
SERGUEEV Sergueï (Montauban) RUS: 2000, pays de Galles, Nouvelle-Zélande; 2001, Fidji (R); 2003, XV du Président; 2004, Australie (R).
SERRIÈRE Patrick (Racing CF): 1986, Écosse, Nouvelle-Zélande; 1990, Nouvelle-Zélande; 1994, tournée en Australie.
SERVAT William (Toulouse): 2012, tournée au Japon.
SERVIEN Jacques (Romans): 1984, Bataillon de Joinville.
SETIANO Emerick (Toulon): 2017, Maoris; 2018, Crusaders (NZL), Highlanders (NZL).
SID Farid (USAP Perpignan): 2009, FIRA.
SINGER Jean-Baptiste (Biarritz): 2018, Géorgie.
SIVIVATU Sitivenu (Clermont) FID: 2013, Samoa.
SKRELA David (Colomiers): 2001, Fidji; 2005, Western Force; 2013, Samoa.
SKRELA Jean-Claude (Toulouse): 1980, Écosse; 1981, Crawshays.
SLATTERY Fergus (Blackrock College) IRL: 1983, Australie.
SLIMANI Rabah (Stade Français): 2012, tournée au Japon.
SMAÏLI Mathieu (Toulon): 2022, Fidji.
SMITH David (Toulon) SAM: 2013, Samoa; 2014, Namibie.
SMITH George (Toulon) AUS: 2010, Tonga.
SOBELA Patrick (LOU): 2018, Crusaders (NZL), Highlanders (NZL).
SOLE David (Heriots) ECO: 1988, Maoris; 1990, Nouvelle-Zélande.
SOULETTES Cédric (Béziers): 1996, Cambridge; 1999, tournée en Argentine; 2000, Nouvelle-Zélande (R).
SOURGENS Olivier (Pau): 2003, XV du Président.
SPANGHERO Nicolas (Castres): 2005, Australie (R).
STEFANUTTI Romain (Carcassonne): 1982, Argentine.
STOLTZ Conrad (Agen) AFS: 2004, Australie; 2005, Australie.
SUDRE Grégory (Agen): 1996, Cambridge.
SUTA Jocelino (Toulon): 2008, Canada; 2015, tournée en Argentine.
SVERZUT Olivier (Dax): 1999, Air France Sevens Paris.

T

TAËLE Murphy (Montpellier) SAM: 2003, XV du Président.
TALÈS Rémi (La Rochelle): 2011, tournée en Argentine.
TANGA Yoan (Agen): 2018, Crusaders (NZL), Highlanders (NZL).
TANGUY Mathieu (Toulon): 2022, Fidji.
TAOFIFENUA Jean-Jacques (Grenoble): 1999, tournée en Argentine.
TAOFIFENUA Sébastien (UBB Bordeaux-Bègles): 2017, Maoris; 2018, Highlanders (NZL); 2022, États-Unis.
TAOFIFENUA Willy (Grenoble): 1994, tournée en Australie.
TARRIT Janick (Racing 92): 2022, Fidji.
TASTET David (Agen): 1993, Centenaire de Grenoble; 2015, tournée en Argentine.
TAULEIGNE Marco (UBB Bordeaux-Bègles): 2017, tournée en Afrique du Sud.
TCHALE-WATCHOU Robin (USAP Perpignan) CAM: 2012, tournée au Japon; 2013, Samoa; 2014, Namibie.
TCHAPTCHET Alexandre (LOU): 2021, Tonga.
TCHOUGONG KAMGA Arnaud (Bourgoin): 2008, Canada; 2009 : tournée en Argentine, FIRA.
TEKORI Josefa (Toulouse) SAM: 2021, Tonga.
TERRAIN Romain (Biarritz): 2011, tournée en Argentine.
TEULET Romain (Castres): 2009, FIRA; 2011, tournée en Argentine.
THIART Danie (Montpellier) AFS: 2009, FIRA.
THICOIPE Jean-Claude (Biarritz): 1988, Irlande, Maoris.
THION Jérôme (Biarritz): 2009, FIRA.
TIAN Silvère (Agen): 2011, tournée en Argentine; 2013, Samoa; 2015, tournée en Argentine.
TICHIT Antoine (Oyonnax): 2015, tournée en Argentine; 2018, Crusaders (NZL), Highlanders (NZL).
TITLEY Mark (Bridgend) GAL: 1987, Penarth.
TIXERONT Killian (Clermont): 2022, Fidji.
TOALA Filejo (La Rochelle) SAM: 2000, pays de Galles, Nouvelle-Zélande.
TOLEAFOA Philémon (Montpellier) SAM: 2004, Australie.
TOLOT Jean-Louis (Agen): 1989, Fidji.
TOMAS Julien (Montpellier): 2008, Canada; 2009, XV des Présidents.
TOMIKI Leiataua (Castres) TON: 2009, tournée en Argentine.
TORDO Jean-François (Bourgoin): 2000, Galles.
TOULOUZE Olivier (Grenoble): 1995, Nouvelle-Zélande; 1998, Argentine.
TOURNAIRE Franck (Toulouse et Narbonne): 2001, Fidji; 2005, Western Province.
TOUSSAINT Laurent (Castres): 1997, Lansdowne.
TOWNSEND Greg (Montpellier) ECO: 2004, Australie.
TRAILLE Damien (Pau et Biarritz): 2003, XV du Président (R); 2007, Argentine.
TRAILLE René (Oloron): 1984, Bataillon de Joinville.
TRIEP-CAPDEVIELLE Pierre (Pau): 1996, Afrique du Sud.
TRINH-DUC François (Montpellier): 2013, Samoa; 2022, États-Unis.
TUISOVA Josua (Toulon) FID: 2014, Namibie.

U

URDAPILLETA Benjamin (Oyonnax) ARG: 2015, tournée en Argentine.
UTHURRISQ Claude (Bayonne): 1983, Australie.

V

VALBON Ludovic (Brive): 2008, Canada.
VANAI Malino (Vannes): 2018, Géorgie.
VANTHOURNOUT Pascal (Mont-de-Marsan): 1988, Maoris (R).
VARTANOV Khatchik (Racing 92): 2017, tournée en Afrique du Sud.
VELARTE Lucas (USAP): 2022, Fidji.
VÉLO Frédéric (Grenoble): 1994, Barbarians britanniques.

VENDITTI David (Bourgoin et Brive) : 1995, Nouvelle-Zélande ; 1996, Afrique du Sud.
VERHAEGHE Clément (Toulouse) : 2017, Maoris ; 2018, Crusaders (NZL), Highlanders (NZL).
VERMEULEN Elvis (Montferrand) : 2007, Argentine ; 2009, XV des Présidents.
VERNET-BASUALDO Alberto (Toulouse) ARG : 2009, XV des Présidents (R).
VERSAILLES Jean-Philippe (Biarritz) : 1999, tournée en Argentine.
VIARS Jean-François (Aurillac) : 2005, Western Province.
VIARS Sébastien (Brive) : 1996, Afrique du Sud ; 1998, Air France Sevens Paris ; 2005, Western Province.
VILACECA Guillaume (USAP Perpignan) : 2011, tournée en Argentine.
VILQUIN Patrick (Angoulême) : 1982, Argentine.
VIVIÈS Bernard (Agen) : 1981, Crawshays, Nouvelle-Zélande ; 1986, Écosse.
VOSLOO Gerhard (Brive) FRA-AFS : tournée en Argentine ; 2013, Samoa.
VUNIBAKA Marika (Leicester-ANG) FID : 1997, Afrique du Sud (R).

W

WATREMEZ Yvan (Montpellier) : 2012, Japon.
WAVRIN William (Mont-de-Marsan, Pro D2) : 2022, États-Unis.
WHETTON Gary (Castres) NZL : 1993, Australie.
WHITAKER Peter (Cambridge-ANG) ANG : 1996, Cambridge (R).
WINTERBOTTOM Peter (Harlequins) ANG : 1989, Fidji.
WISNIEWSKI Jonathan (Grenoble) : 2014, Namibie.
WOLF Jean-Paul (Béziers) : 1981, Crawshays.

Y

YACHVILI Dimitri (Biarritz) : 2004, Australie (R) ; 2009, FIRA.
YAMEOGO Kévin (Montauban, Pro D2) : 2021, Tonga.
YANCI Jean-Michel (Boucau) : 1984, Harlequins, Bataillon de Joinville.

Z

ZEGUEUR Sacha (Pau) : 2022, Fidji.

BARBARIANS à 7

Ils sont 43 joueurs à avoir porté les deux maillots des Barbarians, à 15 et à 7. Leurs noms apparaissent en bleu clair dans la liste ci-dessus.

A

ABADIE Geoffrey (Stade Français CASG) : 1996, Air France Sevens Paris.
ANDRIEU Marc (Béziers et Nîmes) : 1983, Melrose 7 ; 1984, Hong Kong 7, Melrose 7 ; 1987, Hong Kong 7, Sydney 7 ; 1988, Hong Kong 7.
ARBO Laurent (USAP Perpignan) : 1997, Air France Sevens Paris.
ARRIETA David (Biarritz) : 1997, Air France Sevens Paris ; 1998, Air France Sevens Paris.
ARTIGUSTE Éric (Castres) : 1997, Afrique du Sud ; 1999, Air France Sevens Paris.
AUBIN Cyril (Stade Français CASG) : 1999, Punta del Este 7.
AUCAGNE David (Pau) : 1999, Air France Sevens Paris.

B

BALUE Laurent (Bourgoin) : 1999, Air France Sevens Paris.
BARBOTEAU Pierre (Angoulême et Cognac) : 1984, Melrose 7.
BASSABER Fabrice (Colomiers) : 2000, Air France Sevens Paris.
BAUDY Thomas (Oyonnax) : 2020 Supersevens UArena.
BENARD Alexandre (FFR) : 2020 Supersevens UArena.
BERTRAND Éric (Aurillac) : 2000, Air France Sevens Paris.
BETSEN Serge (Biarritz) : 1997, Air France Sevens Paris ; 1998, Air France Sevens Paris ; 1999, Air France Sevens Paris.
BIANCHI Jérôme (Toulon) : 1985, Hong Kong 7.
BLANC Éric (Racing CF) : 1988, Hong Kong 7.
BLANCO Serge (Biarritz) : 1983, Melrose 7 ; 1984, Hong Kong 7.
BOLO BOLO Emori (Stade Français-CASG) FID : 1997, Air France Sevens Paris.
BONAL Patrick (Aurillac) : 1985, Hong Kong 7 ; 1986, Hong Kong 7 ; 1987, Hong Kong 7, Sydney 7.
BONNET Joël (Mont-de-Marsan) : 1987, Sydney 7.
BOUETARD Cédric (Nîmes) : 1999, Punta del Este 7 ; 2000, Air France Sevens Paris.
BRAYER Charles (Mont-de-Marsan) : 2020 Supersevens UArena.
BRUSQUE Nicolas (Pau) : 1999, Air France Sevens Paris.

C

CABANNES Laurent (Pau et Racing CF) : 1985, Hong Kong 7 ; 1986, Hong Kong 7.
CALERO Bruno (Montauban) : 1997, Air France Sevens Paris.
CALVEL Renaud (Narbonne) : 1999, Air France Sevens Paris.
CAMBERABERO Didier (La Voulte, Béziers et Grenoble) : 1983, Melrose 7 ; 1984, Melrose 7.
CANCES Pascal (Aurillac) : 1987, Hong Kong 7, Sydney 7.
CASSIO Laurent (La Teste de Buch) : 1999, Punta del Este 7.
CASTAIGNÈDE Thomas (Toulouse) : 1998, Air France Sevens Paris.
CAUSSADE Alain (Lourdes) : 1984, Melrose 7.
CAZEDEPATS Titouan (Suresnes) : 2020 Supersevens UArena.
CÉCILLON Marc (Bourgoin) : 1986, Hong Kong 7.
CHADEBECH Pierre (Brive) : 1985, Hong Kong 7.
CHAMP Éric (Toulon) : 1985, Hong Kong 7.
CHARVET Denis (Toulouse, Racing CF et Stade Français CASG) : 1996, Air France Sevens Paris, Cambridge ; 1997, Air France Sevens Paris.
CODORNIOU Didier (Narbonne) : 1984, Hong Kong 7.
CORRIHONS Franck (Grenoble) : 1996, Air France Sevens Paris.
COURTIOLS Michel (Bègles-Bordeaux) : 1996, Air France Sevens Paris.

D

DAL MASO Marc (Mont-de-Marsan et Agen) : 1988, Hong Kong 7.
DALL'IGNA Manoël (FFR) : 2020 Supersevens UArena.
DELBREIL Christian (Agen) : 1985, Hong Kong 7.
DESLANDES David (Racing CF) : 1999, Punta del Este 7.
DINTRANS Philippe (Tarbes) : 1983, Melrose 7 ; 1984, Hong Kong 7.
DJOUDI Jawad (Gloucester, ANG) : 2000, Air France Sevens Paris.
DONZELLI Patrick (Lourdes) : 1984, Melrose 7.
DOUY David (Toulon) : 2000, Air France Sevens Paris.
DUBERNET Jérôme (Soustons) : 1999, Punta del Este 7.
DUCOURNEAU Bernard (Hagetmau) : 1983, Hong Kong 7, Sydney 7.

E

ÉLISSALDE Jean-Pierre (La Rochelle) : 1983, Melrose 7.
ETCHEVERRIA John ESP : 1996, Air France Sevens Paris.

F

FABRE Bruno (Bayonne) : 1987, Hong Kong 7, Sydney 7.
FAUGERON Didier (Brive) : 1984, Melrose 7 ; 1988, Hong Kong 7.
FILLOL Jérôme (Toulouse, Stade Français) : 1998, Air France Sevens Paris.
FOLIAKI Apolozi (Tahiti) : 1998, Air France Sevens Paris.
FORD Matthew (Suresnes) : 2020 Supersevens UArena.
FOURNIOLS Éric (Montauban) : 1983, Melrose 7 ; 1986, Hong Kong 7.

G

GELY Alain (Grenoble) : 1987, Hong Kong 7, Sydney 7.
GIORDANI Pascal (Dax) : 1996, Air France Sevens Paris.
GOMES Arthur (PUC) : 1996, Air France Sevens Paris.
GUILLAUMOND Victor (Grenoble) : 2020 Supersevens UArena.

H

HAIRABETIAN Laurent (Stade Français CASG) : 1996, Air France Sevens Paris.
HILL Anthony (Narbonne) AUS : 1999, Air France Sevens.
HUEBER Aubin (Bagnères et Toulon) : 1988, Hong Kong 7.
HUYARD Nisié (Tarbes) : 2020 Supersevens UArena.

J

JANECZEK Thierry (Tarbes) : 1986, Hong Kong 7.
JÉCHOUX Raphaël (Toulon) : 2000, Air France Sevens Paris.
JEFFERSON Willy (USAP Perpignan, Bègles-Bordeaux et Racing CF) USA : 1987, Hong Kong 7, Sydney 7.
JEHL Pascal (Toulon) : 1985, Hong Kong 7.
JOINEL Jean-Luc (Brive) : 1983, Melrose 7.
JOUBERT Alwin (USAP Perpignan) AFS : 1999, Air France Sevens Paris ; 2000, Air France Sevens Paris.

L

LACANS Pierre (Béziers): 1984, Hong Kong 7.
LAFOND Jean-Baptiste (Racing CF et Bègles-Bordeaux): 1983, Melrose 7.
LAGISQUET Patrice (Bayonne et Biarritz): 1984, Hong Kong 7.
LEROUX Nicolas (Mont-de-Marsan): Air France Sevens Paris.
LOM Bruno (Mont-de-Marsan): 1984, Melrose 7.
LUCAS Pierre (USAP Perpignan): 2020 Supersevens UArena.
LUPUYAU Pierre (Dax): 1986, Hong Kong 7.

M

MARLU Jimmy (Montferrand): 1998, Air France Sevens Paris.
MESNY Patrick (Grenoble): 1983, Melrose 7.
MILHÈRES Christophe (Biarritz): 1998, Air France Sevens Paris.
MANEVY Guillaume (Aubenas): 2020 Supersevens UArena.
MANEVY Jean-Baptiste (Nevers): 2020 Supersevens UArena.
METGE Nicolas (Narbonne): 2020 Supersevens UArena.
MOURNET Adrien (Bagnères): 1984, Melrose 7; 1986, Hong Kong 7.
MURAT Michel (Agen): 1987, Sydney 7.

O

OLOMBEL Walter (Béziers et Aurillac): 1997, Air France Sevens Paris.
OUEMBAEV Mourad (Béziers) KAZ: 1997, Air France Sevens Paris; 1998, Air France Sevens Paris.

P

PARDO Laurent (Bayonne, Racing CF, Montferrand, Saint-Jean-de-Luz): 1984, Hong Kong 7.
PESO Philippe (Marmande): 1988, Hong Kong 7.
PEUCHLESTRADE Thierry (Aurillac): 1986, Hong Kong 7; 1987, Hong Kong 7, Sydney 7.
PEYTRIN Alain (Tyrosse): 1984, Melrose 7; 1987, Hong Kong 7, Sydney 7; 1988, Hong Kong 7.
PIERRE Xavier (Biarritz): 1996, Air France Sevens Paris.
PLAUCHE Christian (Stade Français CASG): 1999, Punta del Este 7.
PLISSON François (Racing CF): 1999, Punta del Este 7.
PUJOS Xavier (Agen): 1997, Air France Sevens Paris.

R

RASCHI Pierre (Bourgoin): 1998, Air France Sevens Paris.
RODRIGUEZ Laurent (Mont-de-Marsan et Dax): 1986, Hong Kong 7.
ROUX Pierre (USAP Perpignan): 1984, Melrose 7.
RUTHERFORD John (Selkirk, ECO) ECO: 1986, Hong Kong 7.

S

SAINT-SARDOS Frédéric (Racing CF): 1999, Punta del Este 7.
SALSE Alain (Graulhet): 1984, Melrose 7; 1988, Maoris.
SANZ Henri (Graulhet et Narbonne): 1985, Hong Kong 7; 1988, Hong Kong 7.
SEPHO Jordan (FFR): 2020 Supersevens UArena.
SELLA Philippe (Agen et Saracens, ANG): 1984, Hong Kong 7; 1998, Air France Sevens Paris.
SOULAMA Aboubacar CIV: 1996, Air France Sevens Paris.
SOUVERBIE Jean-Marc (Bègles-Bordeaux): 1999, Air France Sevens Paris.
STROBLE Dave (Maisons-Laffitte) USA: 1999, Punta del Este 7.

T

TROUABAL Joachim (FFR): 2020, Supersevens.

V

VAN DER LINDEN Loïc (Brive) BEL: 1988, Hong Kong.
VIARS Sébastien (Brive): 1998, Air France Sevens Paris.
VIDAL Gilles (Strasbourg): 1997, Air France Sevens Paris.

ILS ONT ÉTÉ BARBARIANS AVANT D'ÊTRE INTERNATIONAUX

Les Barbarians ne sont pas seulement des joueurs d'un autre monde, pour qui le plaisir de jouer prend le pas sur toute autre considération. Ils ont toujours servi de rampe de lancement internationale à de jeunes espoirs en devenir (Émile et Romain Ntamack, Thomas Castaignède, Dominici, Belleau, Antoine Dupont, etc.), ou à des joueurs confirmés (Cadieu, Chavancy, Charvet, Marc Lièvremont, Julien Pierre, Cécillon, Laurent Cabannes, Camille Lopez, etc.) qui ont pris leur temps avant d'enfiler la tunique bleue du XV de France. On décompte 92 joueurs, à ce jour, qui furent Barbarians avant d'être sélectionnés en équipe de France.

Dorian ALDEGHERI (2018). Angleterre-France (2019)
Marc ANDREU (2008). pays de Galles-France (2010)
Julien ARIAS (2005). Australie-France (2009)
Jean-Marc AUÉ (1997). pays de Galles-France (1998)
David AURADOU (1998). Angleterre-France (1999)
Mathieu BABILLOT (2017). pays de Galles-France (2018)
Pierre-Louis BARASSI (2018). France-Tonga (2019)
Jacques BÉGU (1982). France-Argentine (1982)
Anthony BELLEAU (2017). France-Nouvelle-Zélande (2017)
David BERTY (1990). France-Nouvelle-Zélande (1990)
Pierre BONDOUY (1994). France-Écosse (1997)
Hugo BONNEVAL (2012). France-Italie (2014)
Guillaume BOUIC (1996). France-Afrique du Sud (1996)
Benjamin BOYET (2005). France-Irlande (2006)
Laurent CABANNES (1990). France-Nouvelle-Zélande (1990)
Jean-Marie CADIEU (1989). Roumanie-France (1991)
Judicaël CANCORIET (2017). France-Nouvelle-Zélande (2017)
Alain CARMINATI (1986). Roumanie-France (1986)
Stéphane CASTAIGNÈDE (1999). pays de Galles-France (1999)
Thomas CASTAIGNÈDE (1994). France-Roumanie (1995)
Marc CÉCILLON (1987). France-Irlande (1988)
Pierre CHADEBECH (1981). Roumanie-France (1982)
Denis CHARVET (1985). pays de Galles-France (1986)
Henry CHAVANCY (2012). Irlande-France (2017)
Alexandre CHAZALET (1998). Tonga-France (1999)
Anthony CLAASSEN (2011). Angleterre-France (2013)
Thierry CLÉDA (1996). France-Angleterre (1998)
Baptiste COUILLOUD (2017). France-Italie (2018)
Jean-Jacques CRENCA (1995). France-Afrique du Sud (1996)
Dylan CRETIN (2018). pays de Galles-France (2020)
François CROS (2018). France-Écosse (2019)
Marc DAL MASO (1988). Roumanie-France (1988)
Jonathan DANTY (2015). France-Italie (2016)
Marc DE ROUGEMONT (1994). Angleterre-France (1995)
Pieter DE VILLIERS (1997). pays de Galles-France (1999)
Christophe DOMINICI (1997). France-Angleterre (1998)
Luc DUCALCON (2009). Écosse-France (2010)
Antoine DUPONT (2016). Italie-France (2017)
Jean-Louis DUPONT (1981). France-Écosse (1983)
Jean-Baptiste ÉLISSALDE (1998). Écosse-France (2000)
Peter FITZSIMONS (1988). France-Australie (1989)
Anthony FLOCH (2007). France-Angleterre (2008)
Yannick FORESTIER (2011). France-Australie (2012)
Pascal GIORDANI (1998). Angleterre-France (1999)
Stéphane GLAS (1995). Écosse-France (1996)
Arthur GOMES (1994). Argentine-France (1998)
Jean-Baptiste GROS (2018). pays de Galles-France (2020)
Matthieu JALIBERT (2017). France-Irlande (2018)
Anthony JELONCH (2017). France-Nouvelle-Zélande (2017)
Jean-Louis JORDANA (1995). France-Écosse (1996)
Gabriel LACROIX (2017). France-Japon (2017)
Fabrice LALANNE (1999). Roumanie-France (2000)
Félix LAMBEY (2016). Nouvelle-Zélande-France (2018)
Rémi LAMERAT (2013). Australie-France (2014)
Christophe LAUSSUCQ (1997). France-Écosse (1999)
Bernard LAVIGNE (1983). Roumanie-France (1984)
Benoît LECOULS (2007). Australie-France (2008)
Laurent LEFLAMAND (1996). France-Afrique du Sud (1996)
Marc LIÈVREMONT (1994). France-Italie (1995)
Matthieu LIÈVREMONT (2007). Australie-France (2008)
Camille LOPEZ (2012). Nouvelle-Zélande-France (2013)
Léon LOPPY (1992). France-Roumanie (1993)
Brice MACH (2013). pays de Galles-France (2014)
Julien MARCHAND (2018). France-Fidji (2018)
Gérald MARTINEZ (1981). pays de Galles-France (1982)
Legi MATIU (1997). pays de Galles-France (2000)

Olivier MILLOUD (1998). Roumanie-France (2000)
Pierre MONTLAUR (1990). France-Angleterre (1992)
Vincent MOSCATO (1989). Roumanie-France (1991)
Émile NTAMACK (1993). pays de Galles-France (1994)
Romain NTAMACK (2017). France-pays de Galles (2019)
Pascal ONDARTS (1985). France-Nouvelle-Zélande (1986)
Geoffrey PALIS (2015). France-Irlande (2018)
Boris PALU (2018). France-Angleterre (2020)
Adrien PÉLISSIÉ (2017). France-Irlande (2018)
Michel PÉRIÉ (1994). France-Angleterre (1996)
Julien PIERRE (2007). Nouvelle-Zélande-France (2007)
Adrien PLANTÉ (2011). Nouvelle-Zélande-France (2013)
Lucas POINTUD (2015). Argentine-France (2016)
Jérôme PORICAL (2009). Argentine-France (2010)
Thibaut PRIVAT (2000). France-Afrique du Sud (2001)
Julien PURICELLI (2005). Nouvelle-Zélande-France (2009)
Thomas RAMOS (2017). Angleterre-France (2019)
Julien REY (2015). Argentine-France (2016)
Emerick SETIANO (2017). France-Écosse (2019)
Rabah SLIMANI (2012). France-Nouvelle-Zélande (2013)
Cédric SOULETTE (1996). France-Italie (1997)
Olivier SOURGENS (2003). Nouvelle-Zélande-France (2007)
Rémi TALÈS (2011). Nouvelle-Zélande-France (2013)
Sébastien TAOFIFENUA (2017). France-Afrique du Sud (2018)
Marco TAULEIGNE (2017). France-Irlande (2018)
David VENDITTI (1995). Roumanie-France (1996)

FRENCH BAA BAAS

Michel Pomathios leur a ouvert la voie

En cette année 1951, le XV de France écrit l'une des plus belles pages de son histoire du Tournoi des Cinq Nations, s'imposant pour la première fois dans le Temple du rugby britannique, à Twickenham. Guy Basquet et Jean Prat inscrivent les deux essais d'un retentissant succès français (11-3). Nous sommes le 24 février et la performance a tellement impressionné les observateurs qu'une invitation est lancée par les Barbarians britanniques à deux joueurs des lignes arrières tricolores : l'ouvreur basque de Tyrosse, André Alvarez, et l'ailier d'Agen, Michel Pomathios. Le premier doit décliner l'invitation, sa femme étant sur le point d'accoucher. Pomathios débarque à Londres et rejoint les célèbres Baa Baas britanniques, accompagné du trois quart centre du SNUC nantais, Guy Belletante, qui a remplacé Alvarez. Pomathios, superbe athlète, ancien nageur et sprinteur, va jouer trois des quatre matchs de la tournée de Pâques, que les Barbarians effectuent tous les ans au pays de Galles. Le 24 mars 1951, Michel Pomathios, surnommé « Blue Booties » par les Britanniques parce qu'il avait fait sensation en jouant contre l'Irlande dans le Tournoi avec des chaussures basses à crampons de couleur bleue, entre dans l'Histoire en devenant le premier joueur français à porter le célèbre maillot noir et blanc. Guy Belletante n'aura pas cette chance, restant sur le banc des remplaçants sans jouer une seule minute…

Il faudra attendre dix-sept ans pour voir le duo lourdais Gachassin-Lacaze représenter le rugby français dans la célèbre institution britannique. Claude Lacaze deviendra même le premier Français à porter le brassard de capitaine d'une équipe des Baa Baas. L'événement se produisit à Newport, dernier rendez-vous de la tournée pascale au pays de Galles. Brillant lors du match précédent, où il avait permis aux Barbarians de s'imposer dans l'antre de Swansea, le St Helens Ground (22-16), réussissant deux transformations et trois buts de pénalité, Claude Lacaze fut l'un des héros du match depuis son poste d'arrière. Pour le remercier de sa brillante prestation, le comité directeur des Baa Baas le fit capitaine d'un jour. Hélas ! il ne put mener son équipe à la victoire, battue 26-11 par les Dragons. L'année suivante, deux nouveaux invités français viennent participer à la fête des Baa Baas, Jo Maso et André Campaës. Dès lors, on retrouvera régulièrement des joueurs internationaux français dans les sélections des Baa Baas. C'est ainsi que naîtra l'idée d'une équipe de Barbarians français dans l'esprit de Jean-Pierre Rives, invité à porter le maillot noir et blanc pour le match du jubilé de la Reine, le 10 novembre 1977 à Twickenham face aux Lions britanniques et irlandais. Avec Jean-Claude Skrela et Jean-Pierre Bastiat, ils reformèrent la troisième ligne qui avait conquis le Grand Chelem dans le Tournoi au printemps précédent, pour un moment de partage inoubliable.

Dans l'histoire entre les Baa Baas britanniques et le rugby français, il n'y eut pas seulement des invitations faites aux plus brillants internationaux. Des joueurs moins connus furent conviés eux aussi à participer aux noces barbares… C'est le cas de Denis Cech, qui joua une saison aux Saracens avant d'être convoqué, de Nicolas Sestaret, qui évolua à Plymouth, ou encore de François Mounier, stadiste parti tenter l'aventure galloise à Cardiff une saison (2001-2002). « J'ai signé parce que Martyn Williams s'était pété l'épaule avec les Lions lors de la tournée estivale 2001 en Australie, raconte-t-il. Il leur fallait trouver un troisième ligne aile rapidement. J'ai débarqué à Cardiff avec des garçons comme Rob Appleyard, le Canadien Dan Barr, un Samoan, Sititi Semo et celui qui allait me cornaquer, Craig Quinnell. » À Cardiff, Mounier s'éclate. Il joue à domicile sur la pelouse du petit Arm's Park, dans une équipe conquérante. « Pas grand monde venait nous chatouiller chez nous, poursuit-il. À Cardiff, Craig Quinnell était le baron. Personne n'osait le toucher… » Est-ce son mentor ?, ou un autre de ses coéquipiers qui le recommanda ? Toujours est-il que le troisième ligne français se vit appeler pour jouer avec les Baa Baas ! Au mois d'avril, pour participer au Melrose Sevens en Écosse, et un mois plus tard, face à la sélection des East Midlands, à Northampton. « Tu ne sais pas trop qui a donné ton nom, quand tu arrives au bar, pour le premier rendez-vous, on te refile une enveloppe… Moi je ne voulais pas de cet argent. J'étais arrivé avec un magnum de bordeaux sous le bras… On m'a dit : "Tu la prends et tu ne dis rien ! C'est pour la troisième mi-temps…" Tu ne comprends pas tout ce qui se passe, mais c'est bonnard ! À la sortie, tu as des étoiles plein les yeux… »
Ce souvenir, impérissable, François Mounier l'exhume de temps à autre. Il se pince parfois pour admettre qu'il est un Baa Baas. Mais il l'est. Au même titre que Jean Gachassin, Jo Maso, Jean-Pierre Rives, Serge Blanco, Didier Codorniou… ou Michel Pomathios. Celui qui ouvrit la voie, il y a près de soixante-dix ans !

Qui sera le centième ?

À ce jour, ils sont 99 joueurs français (ses) à avoir porté le maillot des Baa Baas. Depuis 1997, et la création d'une équipe féminine, les Baa Baas se déclinent désormais au féminin. Trois Françaises ont eu l'honneur de porter le maillot noir et blanc : la Catalane Christelle Le Duff et la Bretonne Lénaïg Corson ont disputé le premier match de l'histoire des « Barbariannes », le 11 novembre 2017 au Munster (victoire 19-0). Gaëlle Mignot les a rejointes deux ans plus tard.
Benjamin Kayser reste le dernier Français à avoir été sélectionné chez les Barbarians. Il a joué, et gagné, contre l'Angleterre à Twickenham, le 27 mai 2018, pour ce qui reste comme le match le plus prolifique de l'histoire des Baa Baas (63-45).
Qui sera le (la) centième ? Les paris sont ouverts.

A

AGUIRRE Jean-Michel (Bagnères) : 1980, Cardiff, Swansea.
ARRIETA David (Biarritz) : 1996, pays de Galles.
AUDEBERT Alexandre (Clermont) : 2003, Leicester.
AUGUST Benoît (Biarritz) : 2010, Angleterre, Irlande ; 2012, Angleterre, Irlande, Galles.
AZAM Olivier (Gloucester-ANG) : 2006, Écosse, Géorgie ; 2009, Llanelli.

B

BABY Benoît (Clermont) : 2011, Angleterre, pays de Galles.
BALUE Laurent (Narbonne) : 2004, Leicester.
BASTAREAUD Mathieu (Stade Français) : 2011, Angleterre, pays de Galles.
BASTIAT Jean-Pierre (Dax) : 1977, Lions.
BÉLASCAIN Christian (Bayonne) : 1982, Swansea, Newport.
BENAZZI Abdel (Agen) : 1999, Leicester.
BÉNÉZECH Laurent (Racing CF) : 1995, Newport.
BERBIZIER Pierre (Agen) : 1991, Écosse, Old Wesley.
BERNAT-SALLES Philippe (Biarritz) : 1999, Leicester ; 2005, Leicester.
BERTRANNE Roland (Bagnères) : 1979, Leicester.
BETSEN Serge (Biarritz) : 2009, Angleterre, Australie.
BLANC Éric (Racing CF) : 1991, Écosse, Old Wesley.
BLANCO Serge (Biarritz) : 1984, Australie ; 1991, Leicester.
BLOND Xavier (Racing CF) : 1996, Cardiff.
BONDOUY Pierre (Montauban) : 2003, Leicester.
BONETTI Sébastien (Agen) : 2003, Leicester ; 2004, Leicester.
BROUZET Olivier (Grenoble) : 1996, Irlande.

BRUGNAUT Julien (Racing 92) : 2014, Angleterre.
BRUNO Sébastien (Sale-ANG, Toulon) : 2008, Belgique, Irlande, Angleterre ; 2009, Angleterre, Australie ; 2011, Galles.
BUTTIN Jean-Marcelin (Castres) : 2017, Ulster.

C

CABANNES Laurent (Racing CF) : 1991, Swansea ; 1992, Leicester ; 1996, Irlande.
CALIFANO Christian (Saracens-ANG, Agen) : 2002, Angleterre ; 2003, Angleterre ; 2005, Leicester ; 2006, Angleterre.
CAMBERABERO Didier (La Voulte) : 1984, Penarth, Swansea.
CAMPAES André (Lourdes) : 1968, Cardiff, Swansea.
CARBONNEAU Philippe (Pau) : 2001, Écosse, Angleterre.
CASTAIGNÈDE Thomas (Castres, Saracens-ANG) : 1999, Leicester ; 2000, Leicester ; 2002, Angleterre ; 2003, Angleterre ; 2004, Écosse, pays de Galles, Angleterre ; 2005, Écosse, Angleterre ; 2006, Angleterre.
CECH Denis (Saracens-ANG) : 2004, Leicester.
CHABAL Sébastien (Sale-ANG) : 2005, Angleterre.
CHARVET Denis (Toulouse, Racing CF) : 1986, Leicester ; 1990, Angleterre ; 1992, Krasny Yar, Russie ; 1995, Cardiff ; 1996, Cardiff.
COLLAZO Patrice (Gloucester-ANG) : 2008, Belgique, Irlande, Angleterre.
CONDOM Jean (Le Boucau, Biarritz) : 1985, Cardiff, Swansea ; 1987, Barbarians NZL.
CORSON Lénaïg (Stade Rennais) : 2017, Munster.

D

DAVID Yann (Toulouse) : 2017, Angleterre.
DINTRANS Philippe (Tarbes) : 1982, Cardiff, Newport ; 1983, Écosse.
DOURTHE Richard (Dax, Castres) : 1996, pays de Galles ; 2005, Leicester.
DUPONT Jean-Louis (Agen) : 1983, Leicester.
DUSAUTOIR Thierry (Toulouse) : 2017, Angleterre, Ulster.

G

GACHASSIN Jean (Lourdes) : 1968, Cardiff, Swansea.
GALASSO Alessio (Castres) : 2004, Leicester.
GALLION Jérôme (Toulon) : 1984, Australie.
GELEZ François (Agen) : 2005, Leicester.
GENESTE Michel (Bègles) : 1981, Penarth, Swansea, Newport.
GLAS Stéphane (Bourgoin) : 1996, pays de Galles ; 2001, Australie ; 2002, Angleterre.
GONZALEZ Jean-Michel (Lourdes) : 2005, Leicester.

H

HALL Steven (Béziers) : 2004, Leicester.
HARINORDOQUY Imanol (Biarritz) : 2013, Angleterre, Lions.
HEYMANS Cédric (Toulouse) : 2010, Angleterre, Irlande ; 2012, Irlande, pays de Galles.
HUEBER Aubin (Lourdes) : 1991, Swansea.

I

IBANEZ Raphaël (USAP, Castres, Saracens-ANG, London Wasps-ANG) : 1999, Leicester ; 2001, Australie ; 2002, pays de Galles, Écosse ; 2003, Angleterre, Écosse, pays de Galles ; 2005, Écosse, Angleterre ; 2006, Angleterre.

J

JANIK Karl (Toulouse) : 1990, Angleterre.
JEANJEAN Nicolas (Toulouse) : 2011, Angleterre.

K

KAYSER Benjamin (Clermont) : 2018, Angleterre.
KOCKOTT Rory (Castres) : 2017, Ulster.

L

LACAZE Claude (Lourdes) : 1968, Cardiff, Swansea, Newport.
LAFOND Jean-Baptiste (Racing CF) : 1983, Écosse ; 1987, Barbarians NZL ; 1988, Leicester ; 1990, Angleterre, pays de Galles, Leicester ; 1991, Swansea, Leicester ; 1992, Krasny Yar, Russie, Leicester ; 1993, Swansea.
LAFOND Jean-Marc (Racing CF) : 1991, Leicester ; 1992, Krasny Yar, Russie, Leicester.
LAGISQUET Patrice (Biarritz) : 1993, Leicester.
LAKAFIA Raphaël (Biarritz) : 2012, Angleterre, Irlande.
LAPANDRY Alexandre (Clermont) : 2014, Angleterre.
LAPERNE David (Dax) : 1995, Leicester.
LAPORTE Guy (Graulhet) : 1985, Penarth.
LE DUFF Christelle (USAP Perpignan) : 2017, Munster.
LOMBARD Thomas (Stade Français) : 2001, pays de Galles, Écosse, Angleterre.

M

MAGNE Olivier (Montferrand, London Irish-ANG) : 2001, Australie ; 2003, Écosse, pays de Galles ; 2004, pays de Galles, Angleterre ; 2006, Angleterre.
MARCONNET Sylvain (Biarritz) : 2011, Australie.
MARSH Tony (Clermont) : 2006, Écosse, Géorgie.
MASO Jo (Narbonne) : 1969, Cardiff, Swansea, Newport.
MESNEL Franck (Racing CF) : 1988, Leicester ; 1990, Leicester.
MIGNONI Pierre (Toulon) : 2010, Angleterre, Irlande.
MIGNOT Gaëlle (Montpellier) : 2019, Angleterre.
MOUNIER François (Cardiff) : 2002, Fidji, East Midlands.

N

NTAMACK Francis (Montauban) : 2005, Leicester.

O

ONDARTS Pascal (Biarritz) : 1987, Barbarians NZL.
ORSO Jean-Charles (Nice) : 1985, Penarth, Swansea, Italie.

P

PAPAREMBORDE Robert (Pau) : 1983, Écosse.
PARDO Laurent (Bayonne) : 1982, Cardiff, Swansea, Newport.
PENAUD Alain (Brive) : 1995, Cardiff.
POMATHIOS Michel (Agen) : 1951, Cardiff, Swansea, Newport.

R

RIVES Jean-Pierre (Toulouse) : 1977, Lions ; 1978, Nouvelle-Zélande ; 1979, Cardiff, Swansea, Leicester ; 1980, Cardiff.
ROUGERIE Aurélien (Clermont) : 2003, Écosse.
ROUMAT Olivier (Dax) : 1993, Nouvelle-Zélande.

S

SAINT-ANDRÉ Philippe (Montferrand, Gloucester-ANG) : 1990, pays de Galles ; 1994, Afrique du Sud ; 1999, Combined Services.
SELLA Philippe (Agen) : 1991, Leicester ; 1996, Irlande.
SESTARET Nicolas (Plymouth-ANG) : 2007, Combined Services.
SKRELA Jean-Claude (Toulouse) : 1977, Cardiff, Newport, Lions ; 1978, Nouvelle-Zélande.

T

THION Jérôme (Biarritz) : 2010, Angleterre, Irlande.
TILLOUS-BORDE Sébastien (Castres) : 2011, Angleterre, pays de Galles.
TOURNAIRE Franck (Leicester) : 2003, Angleterre, Écosse, pays de Galles.
TRAILLE Damien (Biarritz) : 2004, pays de Galles, Angleterre ; 2012, Irlande.
TRINH-DUC François (Montpellier) : 2014, Angleterre.

V

VILLEPREUX Pierre (Toulouse) : 1972, Cardiff, Newport, Cambridge.
VIVIÈS Bernard (Agen) : 1982, Penarth, Swansea, Newport.

W

WILLEMSE Paul (Montpellier) : 2017, Ulster.

Y

YACHVILI Dimitri (Biarritz) : 2013, Angleterre, Lions.

Barbarians français - Écosse 26-22 (0-13)
Le 1er mai 1980, à Agen.
Très beau temps. Bonne pelouse. 4 500 spectateurs. Vent à l'avantage de l'Écosse en première période puis des Barbarians français.
Arbitre : M. Chevrier (Provence).
Barbarians français : 4 essais, Fouroux (50e, 71e), Harize (54e), Jointe (62e) ; 1 but (41e), 1 drop (67e) et 2 transformations, Romeu.
Écosse : 3 essais, Laidlaw (20e), Dans (29e), Johnston (59e) ; 1 but (4e), Dois, 2 transformations, Dods et Robertson.
Barbarians français : Droitecourt (Montferrand) – Harize (Toulouse), Magois (La Rochelle), Cordorniou (Narbonne), Averous (La Voulte) – (o) Romeu (Montferrand), (m) Fouroux (Auch, cap.) – Skrela (Toulouse), Joinel (Brive), Rives (Toulouse) – Imbernon (Perpignan) puis Dubroca (Agen, 62e), Palmié (Béziers) puis Nieucel (Agen, 48e) – Paperemborde (Pau), Pace (Béziers), Cholley (Castres).
Écosse : Dois – Munro, Robertson, Johnton, Goosman – (o) Rutherford, (m) Laidlaw (cap.) – Dickson, MacKie, Paxton – Gray, MacCauley – McGuiness, Deans, Rowan.

Barbarians français - Crawshay's 34-4 (12-0)
Le 15 mai 1981, à Clermont-Ferrand.
Beau temps. Terrain excellent. 10 000 spectateurs.
Arbitre : M. Palmade (Limousin).
Barbarians français : 7 essais, Merlos (15e, 44e), Averous (29e, 76e), Joinel (36e), Blanco (53e), B. Viviès (59e) ; 3 transformations, B. Viviès.
Crawshay's : 1 essai, Fenwick (73e).
Barbarians français : Gabernet (Toulouse) – Blanco (Biarritz) puis Prado (Bayonne, 55e), Merlos (Toulouse), Prado (Bayonne) puis Chadebech (Brive, 55e), Averous (La Voulte) – (o) B. Viviès (Agen), (m) Martinez (Toulouse) – Skrela (Toulouse), Joinel (Brive), Genis (Perpignan) – Imbernon (Perpignan), Wolff (Béziers) – Dubroca (Agen) puis Dalès (Brive, 62e), Perche (Bourg), Paperemborde (Pau, cap.).
Crawshay's : JPR. Williams (cap.) – Browning, Fenwick, Burcher, Keen – (o) Thomes, (m) S. Williams – G. Williams, K. Williams, Horve – James, Watkins, Stephens.

Barbarians français - Nouvelle-Zélande 18-28 (6-9)
Le 7 novembre 1981, à Bayonne.
Temps doux et ensoleillé. Bonne pelouse. 7 500 spectateurs.
Arbitre : M. Yché (Pyrénées).
Barbarians français : 1 essai, Merlos (39e) ; 1 transformation, 4 buts (2e, 41e, 53e, 73e), Irvine.
Nouvelle-Zélande : 4 essais, Stone (13e), Wilson (43e, 54e), Salmon (82e) ; 1 but (76e), 1 drop (49e) et 3 transformations, Hewson.
Barbarians français : Irvine (Heriot's FP, Écosse) – Blanco (Biarritz), Merlos (Toulouse), Belascain (Bayonne), Pardo (Bayonne) – (o) B. Viviès (Agen), (m) Martinez (Toulouse) – Mi. Geneste (Bègles), Clémente (Oloron), Pétrissans (Bayonne) – Lorieux (Grenoble), Barnebougle (Bayonne) – Martin (Béziers), Dupont (Agen), Paperemborde (Pau, cap.).
Nouvelle-Zélande : Hewson – Wilson, Salmon, Stone, Woodman – (o) McKechnie, (m) Loverdige – Mourie (cap.), Old, Shaw – Haden, G. Whetton – Spiers, Reid, Ketels.

Barbarians français - Argentine 8-22 (0-10)
Le 11 novembre 1982, à Dax.
Chaud soleil. Bonne pelouse. 8 500 spectateurs.
Arbitre : M. Maurette (Côte basque).
Barbarians français : 2 essais, Lansaman (50e), Bégu (64e).
Argentine : 2 essais, Sanguinette (22e), Travaglini (77e) ; 1 transformation et 4 buts (5e, 33e, 48e, 58e) Porta.
Barbarians français : Rose (Harlequins-ANG) – Bégu (Dax), Merlos (Toulouse), Codorniou (Babonne), Brunel (Biarritz) – (o) Lescarboura (Dax), (m) Vilquin (Angoulême) – Mexted (Wellington), Nieucel (Agen, cap.), Lansaman (Hagetmau) – Maleig (Tarbes), Michel (Nîmes) – Dubroca (Agen), Dupont (Agen), Stéfanutti (Carcassonne).
Argentine : Sanguinetti – Campo, Madero, Loffreda, Varone – (o) Porta, (m) Miguens – Petersen, Ure, De Vedia – Travaglini, Iachetti – Dengra, Courrèges, Devotto.

Barbarians français - Australie 21-23 (10-13)
Le 23 novembre 1983, à Toulon.
Temps doux. Bon éclairage. Pelouse souple. 10 000 spectateurs.
Arbitre : M. Puget (Limousin).
Barbarians français : 4 essais, Rives (24e), Sella (31e), Barboteau (68e), Coulais (71e) ; 1 transformation et 1 drop (44e), Laporte.
Australie : 4 essais, M. Ella (18e), Gl. Ella (35e), Slack (62e, 65e) ; 2 transformations et 1 but (38e), Campese.
Barbarians français : Uthurriscq (Bayonne) – Sella (Agen), Barboteau (Angoulême), Pardo (Montferrand), Lavigne (Agen) – (o) Laporte (Graulhet), (m) Élissalde (La Rochelle) – Slattery (Blackrock College-IRL), Coulais (Toulon), Rives (Racing CF) puis Lacans (Béziers, 68e) – Orso (Nice) Condom (Boucau) – Paperemborde (Racing CF) (cap.), Dintrans (Tarbes), Detrez (Nîmes).
Australie : Gl. Elle – Campese, Slack (cap.) Lane, Moon – (o) M. Elle, (m) Parker – Poidevin, D. Hall, Roche – Williams, Hilhouse – Harding, Crerar, Coolican.

Harlequins - Barbarians français 20-42 (4-42)
Le 1er septembre 1984, à Twickenham.
Beau temps ensoleillé. Bon terrain. 3 000 spectateurs.
Arbitre : M. Quittenton (Angleterre).
Harlequins : 4 essais, van des Merwe (11e), Moriarty (45e, 79e), Dudman (54e) ; 2 transformations, Dudman.
Barbarians français : 8 essais, Blanco (8e, 58e), Ramon (24e), Averous (28e, 41e), Rives (51e), Pardo (63e, 71e) ; 5 transformations, Lescarboura.
Harlequins : Dudman – Moriarty, Salmon, Thompson, J. Butcher – (o) Cram, (m) Woodhouse – Cooke (cap.) puis Atkin, Jackson, Weekes – O'Brien, Cuthbertson – Van der Merwe, Olver, Curtis.
Barbarians français : Blanco (Biarritz) puis Gabernet (Toulouse, 60e) – Pardo (Montferrand), Sella (Agen), Averous (La Voulte), Lavigne (Agen)– (o) Lescarboura (Dax, (m), Ramon (Narbonne) – Lacans (Béziers), Bourbon (Pau), Rives (Racing CF, cap.) – Palmié (Béziers), Orso (Nice) – Yanci (Boucau), B. Herrero (Toulon), Dospital (Bayonne).

Barbarians français - Bataillon de Joinville 44-22 (22-6)
Le 1er novembre 1984, à Grenoble.
Temps doux. Pelouse parfaite. Éclairage satisfaisant. 3 000 spectateurs.
Arbitre : M. Michiardi (Alpes).
Barbarians français : 8 essais, Lorieux (4e), Estève (24e, 50e, 63e, 75e), Traille (32e), J.-B. Lafond (39e, 68e) ; 6 transformations, Servien.
Bataillon de Joinville : 4 essais, Bianchi (2e), Guillard (53e), Lopez (61e), Verdy (80e) ; 3 transformations, Bianchi.
Barbarians français : J.-B. Lafond (Racing) puis Sallefranque (Dax, 70e) – Estève (Narbonne), Mesny (Grenoble), Codorniou (Narbonne), Pardo (Montferrand) – (o) Servien (Romans), (m) Gallion (Toulon) – Rodriguez (Mont-de-Marsan), Orso (Nice), Traille (Oloron) – Palmié (Béziers) (cap.) puis Pelloux (Nice, 48e), Lorieux (Grenoble) – Yanci (Boucau), B. Herrero (Toulon) puis Duplantier (Aire, 70e), Romand (Grenoble).
Bataillon de Joinville : Bianchi – Deschamps, Guillard, Lopez, Dal Pos – (o) Pouyau, (m) Campos – Tordo, Montels, Verdy – Doumayrou, Berho – Volté, Audap, Chabowski puis Lavergne (48e).

Barbarians français - Japon 45-4 (19-0)
Le 22 octobre 1985, à Cognac.
Beau temps. Bon terrain. 6 000 spectateurs.
Arbitre : M. Frantschi (Drôme-Ardèche).
Barbarians français : 8 essais, Charvet (18e), Haget (25e), Barboteau (29e), Estève (48e, 50e, 54e), Cordier (65e), J.-B. Lafond (69e) ; 1 but (3e) et 5 transformations, Martinez.
Japon : 1 essai, Honjo (74e).
Barbarians français : J.-B. Lafond (Racing) – Pardo (Racing), Charvet (Toulouse), Chadebech (Brive), Estève (Narbonne) – (o) Barboteau (Cognac), (m) Martinez (Racing CF) puis Élissalde (La Rochelle, 70e) – Rives (Racing CF, cap.), Orso (Nice), Cordier (Béziers) – Haget (Biarritz), Exens (Cognac) – Dubroca (Agen), Dintrans (Tarbes), Ondarts (Biarritz).
Japon : Mukaï – Onuki, Yoshino, Kobayashi, Wakabayaschu – (o) Honjo, (m) Hagimoto – Chida, Nakayame, Kimura.

Barbarians français - Écosse 32-19 (16-13)
Le 10 mai 1986, à Agen.
Très beau temps chaud. Bon terrain. 2 000 spectateurs.
Arbitre: M. Salles (Périgord-Agenais).
Barbarians français: 6 essais, J.-B. Lafond (20e, 33e), Fourniols (29e, 51e), Pardo (43e), Serrière (79e); 4 transformations, B. Viviès (2), J.-B. Lafond (2).
Écosse: 3 essais, Callander (6e), J. Scott (36e), Paxton (75e); 2 transformations, 1 but (1e), Dods.
Barbarians français: Blanco (Biarritz) puis Jefferson (71e, Perpignan et États-Unis) – J.-B. Lafond (Racing CF), Rousset (Racing CF), Pardo (Racing CF), Foumiols (Montauban) – (o) Viviès (Nîmes, cap.), (m) Martinez (Racing CF) puis Élissalde (La Rochelle, 68e) – Janeczek (Tarbes), Joinel (Brive), Carminati (Béziers) – Serrière (Racing CF), Condom (Boucau) – Garuet (Lourdes), Duplantier (Pau), Dospital (Bayonne).
Écosse: Dods – D. Johnston, Wyllie, S. Scott, J. White – (o) Cramb, (m) J. Scott – D. White, Beattie, Jeffrey – Tomes, Paxton – Rowan, Callander (cap.), Brewster.

Barbarians français - Nouvelle-Zélande 12-26 (3-12)
Le 11 novembre 1986, à La Rochelle.
Beau temps. Bon terrain. 7 000 spectateurs.
Arbitre: M. Neyrat (Auvergne).
Barbarians français: 1 essai, Élissalde (49e); 1 transformation, J.-B. Lafond, 1 but Charvet (10e); 1 drop, Delage (43e).
Nouvelle-Zélande: 4 essais, Earl (20e), Green (45e), Wright (73e), Shaw (77e); 2 buts (20e, 39e) et 2 transformations, Crowley.
Barbarians français: J.-B. Lafond (Racing CF) – Gosper (Racing CF), Pardo (Montferrand), Charvet (Toulouse), Rousset (Racing CF) – (o) Delage (Agen), (m) Élissalde (La Rochelle) – Erbani (Agen), Joinel (Brive), Maset (Toulouse) – Serrière (Racing), Haget (Biarritz) puis Pujade (Agen, 65e) – Romand (Grenoble), Dintrans (Tarbes, cap.), G. Portolan (Toulouse) puis Sarthou (Dax, 19e).
Nouvelle-Zélande: Crowley – Wright, Gallagher, Berry, Green – (o) Botica, (m) Kenny – Shaw, Earl, Brooke – Cowden – Speight, G. Whetton – Loe, Reid, Brorevich.

Penarth - Barbarians français 13-48 (13-26)
Le 7 octobre 1987, à Penarth.
Temps pluvieux. Terrain lourd. 1 500 spectateurs.
Arbitre: M. Jones (pays de Galles).
Penarth: 2 essais, Lloyd, Rees; 1 transformation et 1 but, Cook.
Barbarians français: 9 essais, Blanco (2), Cécillon, Rodriguez, Titley, Gratton, I. Milne, Andrieu, Maffini; 6 transformations, Lescarboura.
Penarth: Emyr – Rees, Lloyd, Woodland, Keen – (o) Cook, (m) Lewis – Lakin, Evans, Barry – Clegg, John – Morris, Jackson, Swaine.
Barbarians français: Blanco (Biarritz) – Titley (Bridgend, pays de Galles), Mesnel (Racing), Andrieu (Nîmes, cap.), Lagisquet (Bayonne) – (o) Lescarboura (Dax), (m) Modin (Brive) – Maffini (Cognac, Argentine), Rodriguez (Dax) puis Gratton (Agen), Cécillon (Bourgoin) – W. Pepelnjak (Grenoble), Pelloux (Montferrand) – I. Milne (Heriot's FP, Écosse), Rizon (Montferrand), Marocco (Montferrand).

Barbarians français - Irlande 41-26 (15-8)
Le 22 mai 1988, à La Rochelle.
Beau temps, Bon terrain. 8 000 spectateurs.
Arbitre: M. Devant (pays de Galles).
Barbarians français: 7 essais, Alabarbe (36e), J.-B. Lafond (39e, 47e, 53e, 62e), Blanco (66e, 73e); 1 but (21e) et 5 transformations, J.-B. Lafond.
Irlande: 5 essais, Purcell (9e, 69e), Brady (13e, 44e), Galwey (75e); 3 transformations, Ward.
Barbarians français: Blanco (Biarritz, cap.) – J.-B. Lafond (Racing CF), Barboteau (Cognac), Blanc (Racing CF), Jefferson (Perpignan) – (o) Mesnel (Racing CF), (m) Kirk (Oxford, Nouvelle-Zélande) – Bertrand (Narbonne), Labat (Bègles) puis Joinel (Brive, 17e), Thicoïpe (Biarritz) – Fitzsimons (Brive, Australie), Ramade (La Rochelle) – Garuet (Lourdes) puis A. Lescalmel (La Rochelle, 63e), Brunat (Grenoble), Alabarbe (Brive).
Irlande: Murphy – J. Sexton, Clinch puis Barbinson (72e), Cunningham, Purcell) – (o) Ward, (m) Brady – Whittle, Anderson (cap.), McBride – Moyllett puis O'Hara (67e), Galwey – McCoy, Smith, Millar.

Barbarians français - Maoris 14-31 (10-12)
Le 1er novembre 1988, à Bordeaux.
Beau temps ensoleillé. Bon terrain. 4 000 spectateurs.
Arbitre: M. Megson (Écosse).
Barbarians français: 3 essais, Lansaman (13e), Dal Maso (22e), Vanthournout (73e); 1 transformation, Barthélemy.
Maoris: 4 essais, Rush (6e), Z. Brooke (45e, 68e), Botica (61e); 3 buts, Botica (29e, 34e, 51e), 3 transformations, Botica (2), Raki.
Barbarians français: Barthélemy (Grenoble) – Jefferson (Bègles, États-Unis), Salsé (Graulhet), Blanc (Racing CF), Dal Pos (Colomiers) – (o) Delage (Bègles), (m) Kirk (Oxford, Nouvelle-Zélande, cap.) – Lansaman (Hagetmau) puis Vanthournout (Mont-de-Marsan, 61e), Peytrin (Tyrosse), Thicoïpe (Biarritz) – Coker (Oxford, Australie), Fitzsimons (Brive, Australie) – Garat (Bayonne), Dal Maso (Mont-de-Marsan) Sole (Edinburg Academicals, Écosse).
Maoris: Raki – Timu, Botica, Stone, Simmonson puis Goldsmith (12e) – (o) Dunn, (m) Iti – Rush, Shelford (cap.), Z. Brooke – R. Brooke puis Heke (55e), Mason – Hotton, Reid, McDowell.

Barbarians français - Fidji 16-32 (7-14)
Le 22 octobre 1989, à Bordeaux.
Beau temps ensoleillé. Bon terrain. Vent en faveur des Fidji en première période puis des Barbarians. 5 000 spectateurs.
Arbitre: M. Norling (pays de Galles).
Barbarians français: 2 essais, Lacombe (27e), Winterbottom (76e); 1 but (32e), 1 drop (60e) et 1 transformation, Botha.
Fidji: 6 essais, Teleni (21e, 80e), Servi (25e), Wagavatu (39e), Savaï (55e), Naitiulagiligi (75e); 4 transformations Koroduadua (3), Serevi.
Barbarians français: MacNeill (Blackrock College, Irlande) – Lacombe (Agen) puis Rancoule (Toulouse, 40e), Sella (Agen) Charvet (Toulouse), Bonneval (Toulouse) – (o) Botha (Rovigo, Afrique du Sud), – (m) Berbizier (Agen, cap.) – Maset (Toulouse), Erbani (Agen), Winterbottom (Harlequins, Angleterre) – Ravier (Bayonne), Cadieu (Toulouse) – C. Portolan (Toulouse), Moscato (Bègles), Tolot (Agen).
Fidji: Koroduadua – Erenvula, Naituilagiligi, Naduika, Wagavalu – (o) Serevi, (m) Vesuvulagi – Naruma, Teleni, Dere – Rasari, Savaï – Tage (cap.), Naiviliawasa, Naituka.

Barbarians français - Nouvelle-Zélande 13-23 (3-10)
Le 27 octobre 1990, à Agen.
Temps doux. Bonne pelouse. Éclairage satisfaisant. 8 500 spectateurs.
Arbitre: M. Doyle (Irlande).
Barbarians français: 2 essais, Charvet (58e), Lacombe (78e); 1 transformation et 1 drop (34e), Montlaur.
Nouvelle-Zélande: 3 essais, Little (40e), Timu (43e), Pierce (55e); 1 transformation (55e) et 3 buts (11e, 21e, 67e), Fox.
Barbarians français: J.-B. Lafond (Racing CF) – Lacombe (Agen), Labat (Tarbes), Charvet (Racing CF), Berty (Toulouse) – (o) Montlaur (Agen), (m) Berbizier (Agen, cap.) – Cabannes (Racing CF), Benazzi (Agen), Maset (Trévise) – Cadieu (Toulouse), Serrière (Racing CF) – Seigne (Agen), Dintrans (Tarbes), Sole (Edinbourg Academicals, Écosse).
Nouvelle-Zélande: Crowley – Timu, Innes, Little, Tuigamale – (o) Fox, (m) McGahan – Henderson, Z. Brooke, Brewer – Pierce, G. Whetton (cap.) – Purvis puis Hullena (5e), Fitwpatrick, McDowell.

Barbarians français - Afrique du Sud 25-20 (19-10)
Le 31 octobre 1992, à Lille.
Beau temps. Température fraîche. 25 000 spectateurs.
Arbitre: M. Lasage (Côte Basque).
Barbarians français: 1 essai, Lagisquet (29e); 1 transformation, 5 buts (9e, 14e, 33e, 52e, 59e) et 1 drop (6e), D. Camberabero.
Afrique du Sud: 2 essais, Small (4e), Muller (41e); 2 transformations, 1 but (36e) et 1 drop (53e), Botha.
Barbarians français: Blanco (Biarritz, cap.) – Saint-André (Montferrand), Sella (Agen), Charvet (Racing CF), Lagisquet (Biarritz) – (o) D. Camberabero (Béziers), (m) R. Jones (Swansea, pays de Galles) – Loppy (Toulon), Rodriguez (Dax), Champ (Toulon), Condom (Biarritz), Benazzi (Agen) – Ondarts (Biarritz), Dal Maso (Agen), Lascubé (Biarritz).
Afrique du Sud: Reece-Edwards – Small, Muller, Fuls, Olivier – (o) Botha (cap.), (m) Wright – Smit, Strauss, Richter – Malan, Antherton – Andrews, Roberts, Styger.

Barbarians français - XV du Président 92-34 (47-24)
Le 1er juin 1993, à Grenoble.
Temps très chaud.
Arbitre: M. Bertherat (Alpes).
Barbarians français: 14 essais, Bonneval (5e), Ntamack (8e, 30e, 78e), Faugeron (17e), Charvet (21e), Dal Maso (27e, 33e), Lafond (49e), McDowell (50e), Estève (52e, 72e), Champ (60e), Carminati (68e); 11 transformations, Charvet (3), Lafond (6), Lescarboura, Mullin.
XV du Président: 5 essais, Geoghegan (31e), Adams (36e, 40e), Mesnel (45e), Ross (75e); 3 transformations et 1 but, F. Velo.
Barbarians français: Ntamack (Toulouse) – J.-B. Lafond (Bègles) puis Estève (Lavelanet, 51e), Bonneval (Racing CF), Charvet (Racing CF) puis Mullin (Blackrock College, Irlande, 71e), Faugeron (Brive) – (o) Lescarboura (Dax) puis Pardo (Saint-Jean-de-Luz, 75e), (m) Tastet (Agen) puis Bel (Rumilly, 45e) – Carminati (Castres) puis Bertrand (Narbonne, 70e), Ch. Deslandes (Racing CF), Champ (Toulon, cap.) – Sanoko (Biarritz), Erbani (Agen) puis Pool – Jones (Biarritz, Angleterre, 40e) – Ondarts (Biarritz) puis Lascubé (Biarritz, 40e), Dal Maso (Agen), McDowell (Auckland, Nouvelle-Zélande).
XV du Président: Velo (Grenoble) puis Hasagic (Rumilly, 60e) – Proctor (pays de Galles) puis Corrihons (Biarritz, 60e), Chris Thomas (pays de Galles), Blanc (Racing CF), Geoghegan (Irlande) – (o) Mesnel (Racing CF), (m) Moon (pays de Galles) – Chamayou (Béziers) puis Adams (Racing CF, 40e), Phil Davies (Galles), Kacala (Grenoble, Pologne) – Ross (Mont-de-Marsan, Nouvelle-Zélande), Moscato (Bègles), Ubogu (Angleterre) puis Gilbert (Bègles, 40e).

Barbarians français - Australie 26-43 (16-15)
Le 11 novembre 1993, à Clermont-Ferrand. Temps doux. Bonne pelouse. 13 000 spectateurs.
Arbitre: M. Hilditch (Irlande).
Australie: 3 essais, Lea (68e), Catchpole (78e), Campese (81e); 8 buts (7e, 9e, 17e, 32e, 38e, 59e, 66e, 73e), Roebuck, 2 transformations, Roebuck, J. Little.
Barbarians français: Ntamack (Toulouse) – Saint-André (Montferrand), Mesnel (Racing CF), Codorniou (Narbonne), Lagisquet (Biarritz) – (o) Charvet (Racing CF), (m) Farr-Jones (Sydney University, Australie), puis Galthié (Colomiers, 65e) – Champ (Toulon, cap.), Chaffardon (Grenoble) Pool-Jones (Biarritz) – G. Whetton (Castres, Nouvelle-Zélande), Benazzi (Agen) – Gallart (Béziers), Dal Maso (Agen), Lascubé (Biarritz).
Australie: Roebuck – Campese, J. Little, Horan, Lea – (o) Lynagh (cap.), (m) Catchpole – Wilson, Gavin, Finau – Morgan, McCall – McKenzie, Nucifora, Daly.

Université de Sydney - Barbarians français 36-62 (15-31)
Le 26 juin 1994, à l'université de Sydney.
Beau temps. Bon terrain.
Arbitre: M. Kinsey (Australie).
Université de Sydney: 5 essais; 4 transformations, 1 but.
Barbarians français: 9 essais, Bondouy (2), Taofifenue, Liévremont, Castaignède (2), Erbani, Jefferson (2); 7 transformations et 1 but, Charvat.
Université de Sydney: Egerton – Hill, Maher, Styoles, Naven – (o) Howard, (m) Merrick – Cocks Cheval, Myde – Ouffy, Johnson – French, Oakley, Baldwin.
Barbarians français: Bondouy (Narbonne) – Jefferson (Racing CF, États-Unis), Castaignède (Toulouse) puis Blanco (Biarritz), W. Taofifenua (Grenoble), L'aubère (Agen) – (o) Charvet (Racing CF, cap.), (m) Galthié (Colomiers) – M. Lièvremont (Perpignan) puis Poidevin (Randwick, Australie), Chaffardon (Grenoble), Champ (Toulon) – Condom (Biarritz), Serrière (Racing CF) – Lascubé (Biarritz) puis Andarts (Biarritz), Dal Maso (Agen), Périé (Toulon).

Barbarians australiens - Barbarians français 20-29 (14-16)
Le 29 juin 1994, Sydney Cricket Ground. Temps pluvieux. Terrain lourd. 16 000 spectateurs.
Barbarians australiens: 2 essais, Serevi (27e), Mendez (40e); 2 transformations et 2 buts, Serevi.
Barbarians français: 3 essais, Lagisquet (10e), Castaignède (31e), Poidevin (67e); 3 buts et 1 transformation, Charvet; 1 drop, Castaignède.
Barbarians australiens: Campese – Carozza, Howard, Roff, Constable – (o) Serevi (Fidji), (m) Farr-Jones (cap.) – Gavin, Kelager, Finau – Reynolds, Finegan – McKenzie (PUC) Bell, Mendez (Argentine).
Barbarians français: Bondouy (Narbonne) – Jefferson (Racing CF, États-Unis), Castaignède (Toulouse), W. Taofinenua (Grenoble), Lagisquet (Biarritz) – (o) Charvet (Racing CF, cap.), (m) Galthié (Colomiers) – Poidevin (Randwick, Australie), Champ (Toulon) puis Chaffardon (Grenoble), Erbani (Agen) – Condom (Biarritz), Serrière (Racing CF) puis F. Rossigneux (Racing CF) – Lascubé (Biarritz), Dal Maso (Agen), Périé (Toulon).

Barbarians français - Barbarians britanniques 35-18 (23-15)
Le 6 septembre 1994, à Paris (Charlety).
Soirée douce. Terrain en bon état mais glissant. 10 000 spectateurs.
Arbitre: M. Dumé (Côte d'Argent).
Barbarians français: 6 essais, Lagisquet, Jefferson (29e, 31e), Charvet (36e), Sella (54e), Gomes (75e); 1 but (9e) et 1 transformation, Charvet.
Barbarians britanniques: 2 essais, Joubert (34e, 40e); 1 but (57e), 1 transformation, Joubert; 1 drop, Hull (11e).
Remplacements temporaires pour les Barbarians français: Dal Maso par De Rougemont (Toulon, 20e, 23e); Charvet par Velo (Grenoble, 25e-31e).
Barbarians français: Campese (Randwick, Australie) – Ntamack (Toulouse), Selle (Agen), Bondouy (Narbonne), Lagisquet (Biarritz) puis Jefferson (Racing, 15e) puis Gomes (PUC, 70e) – (o) Charvet (Toulouse), (m) Farr-Jones (Sydney University, Australie, cap.) puis Galthié (Colomiers, 70e) – Kacale (Grenoble, Pologne), Rodriguez (Dax) puis Gordon (Colomiers, 58e), Lhermet (Montferrand) – Condom (Biarritz), Brouzet (Grenoble) – Lascubé (Biarritz), Dal Maso (Agen), Périé (Toulon).
Barbarians britanniques: Joubert (Afrique du Sud) – Dods (Écosse), Hopley (Angleterre), Shiel (Écosse), Walker (pays de Galles) – (o) Hull (Angleterre), (m) Bracken (Angleterre) – Back (Angleterre), Wainwright (Écosse) puis Peters (Écosse, 52e), Charron (Canada) – Eales (Australie), Tregaskis (Nouvelle-Zélande) – Clohessy (Irlande) puis Clark (Angleterre, 22e), Date (Angleterre), Lippert (États-Unis).

Barbarians français - Nouvelle-Zélande 19-34 (0-19)
Le 1er novembre 1995, à Toulon. Temps chaud. Bonne pelouse. 17 000 spectateurs.
Arbitre: M. Davies (pays de Galles).
Barbarians français: 3 essais, Toulouze (55e, 65e, 72e); 2 transformations, Charvet, D. Camberabero.
Nouvelle-Zélande: 3 essais, Rush (17e, 63e), Hewitt (74e); 4 buts (3e, 1e, 35e, 49e), 1 drop (12e) et 2 transformations, Culhane.
Barbarians français: Toulouze (Grenoble) – Bernat-Salles (Bègles), Charvet (Racing CF, cap.) puis Bondouy (Narbonne, 67e), Glas (Bourgoin), Venditti (Bourgoin) – (o) D. Camberabero (Grenoble), (m) Hueber (Toulon) – Carminati (Brive) puis Alarcon (Toulon, 67e), Blond (Racing CF), M. Mièvremont (Perpignan) – Eales (Queensland, Australie), Roumat (Dax) – Jordana (Pau), De Rougemont (Toulon), Crenca (Agen).
Nouvelle-Zélande: Osborne – Rush, Little Ieremia, Lomu – (o) Culhane, (m) Marshall – Barry, Z. Brooke (cap.), Blackardder – Fromont, I. Jones – Loe, Hewitt, Allen.

Cambridge - Barbarians français 41-76
Le 6 novembre 1996, à Cambridge.
Temps doux. Bon terrain.
Arbitre: M. Fox (Angleterre).
Cambridge: 7 essais, Bramley (2), Eliott, Earnshaw, Hyde, Jones, de pénalisation; 3 transformations, Ashforth.
Barbarians français: 12 essais, Leflamand (2), M. Lièvremont (2), Bouyssié (2), Charvet, Cécillon, Hairabeitan, Cleda, Whitaker, de pénalisation; 8 transformations, Mazas.
Cambridge: Janisch – Jones Lewis puis Green, Cheethal puis Hurst, Lipplett – (o) Ashforth, (m) Eliott – Hyde, Cocks, Earnshaw – Bramley (cap.) puis Homes, Craig – Godfray, Edwards, Reynolds.
Barbarians français: Corrihons (Grenoble) – Bouyssié (Bègles), Bouic (Agen) puis Whitaker (Cambridge), Charvet (Stade Français), Leflamand (Bourgoin) puis Marfaing (Toulouse) – (o) Mazas (Biarritz), (m) Sudre (Agen) puis Seguier (Castres) – Hairabetian (Stade Français), Adams (Racing CD, Nouvelle-Zélande), M. Lièvremont (Perpignan) – Cécillon (Bourgoin, cap.), Cléda (Pau) – Lacaille (PUC), Gonzalez (Bayonne) puis Landreau (Grenoble), Soulette (Béziers).

Barbarians français - Afrique du Sud 30-22 (27-12)

Le 23 novembre 1996, à Brive.
Temps gris. Terrain lourd. 5 000 spectateurs.
Arbitre: M. Thomas (Drôme-Ardèche).
Barbarians français: 3 essais, Dal Maso (1e), Venditti (18e), Mazas (39e); 3 transformations et 3 buts (10e, 36e, 52e), S. Viars.
Afrique du Sud: 4 essais, Oosthuizen (13e, 58e), Fyvie (32e), Bennet (42e); 1 transformation, Smith (13e).
Barbarians français: S. Viars (Brive) – Venditti (Brive) puis Arrieta (Biarritz, 60e), Sella (Saracens), Bouic (Agen), Corrihons (Grenoble) puis Marfaing (Toulouse, 29e) – (o) Mazas (Biarritz), (m) Galthié (Colomiers) – M. Lièvremont (Perpignan, cap.), Labrousse (Brive), Kronfeld (Otago, Nouvelle-Zélande) – Ross (Brive, Nouvelle-Zélande) puis James (69e, Perpignan, Canada), Cécillon (Bourgoin) puis Kacale (Brive, Pologne) – Reggiardo (Castres, Argentine) puis Crespy (Brive), Dal Maso (Agen) puis Gonzalez (Bayonne, 60e), Triep-Capdeville (Pau).
Afrique du Sud: Bennett – Snyman, Thompson, Muir, Gillingham – (o) Smith, (m) Putt – Oosthuizen, Erasmus, Fyvie (cap.) – Van Heerden, Strydom puis Otto (62e) – Hurter, Tromp, Pagel puis Van der Linde (58e).

Lansdowne - Barbarians français 24-31 (5-19)

Le 15 octobre 1997, à Dublin.
Beau temps. Bon terrain. 4 000 spectateurs.
Arbitre: M. Lewis (Irlande).
Lansdowne: 4 essais, Egan (39e), O'Mahony (62e), S. O'Connor (64e), Whelen (74e); 2 transformations, Elwood.
Barbarians français: 5 essais, M. Lièvremont (9e), Corrihons (11e, 48e), Dominici (15e, 45e); 3 transformations, Charvet (1), Arrieta (2).
Lansdowne: Whelan – Dillon, Nitland, McQuilkin (cap.) puis Reddan (49e), Hickie puis Quinn (54e) – (o) Governey puis Elwood (66e), (m) O'Mahony – Rooney, McEntes, Turner puis McCullen (50e) – S. O'Connor, Freeman – McKeen, Egan, Kelly.
Barbarians français: Arrieta (Biarritz) – Dominici (Stade Français), Aux (Castres), Ossard (Bègles) puis Reyes (Grenoble, 62e), Joubert (Perpignan, Afrique du Sud) – (o) Charvet (Stade Français, cap.) puis Ormond (Lansdowne, 68e), (m) Corrihons, (Grenoble) puis Laussucq (Stade Français, 64e) – M. Lièvremont (Stade Français), Keith (Pau, Nouvelle-Zélande) – Roumat (Stade Français), P. O'Connor (Lansdowne) puis Béraud (Dax, 55e) – Gonzalez (Pau) puis Lafforgue (Castres, 60e), Moscato (Stade Français), Toussaint (Castres).

Barbarians français - Afrique du Sud 40-22 (17-5)

Le 11 novembre 1997, à Biarritz.
Temps froid avec de fortes averses. Terrain spongieux.
Arbitre: M. Dumé (Côte d'Argent).
Barbarians français: 5 essais, Matis (2e), De Villiers (20e), Th. Lièvremont (73e, 82e), Vunibaka (77e); 3 transformations, 2 buts (34e, 70e) et 1 drop (43e), Serevi.
Afrique du Sud: 4 essais, Dtroske (28e), Skinstadt (52e), Montgomery (55e), de Beer (65e); 1 transformation, De Beer (65e).
Carton rouge pour l'Afrique du Sud: Van der Linde (39e).
Barbarians français: Brusque (Pau) – Bernat-Salles (Pau) puis Vunibaka (Leicester, Fidji, 5e), Artiguste (Castres), Dantiacq (Pau) puis Bellot (Perpignan, 79e), Dominici (Stade Français) – (o) Serevi (Leicester, Fidji), (m) Corrihons (Grenoble) puis Laussucq (Stade Français, 71e) – M. Lièvremont (Stade Français) puis Dispagne (Toulouse, 51e), Th. Lièvremont (Perpignan), Betsen (Biarritz) – Roumat (Stade Français), Matis (Biarritz) puis Pueloto (Biarritz, 44e) – De Villiers (Stade Français), Moscato (Stade Français, cap.), Crenca (Agen).
Afrique du Sud: Montgomery – Hendricks, Gillingham, Smith, Paulse puis Delport (74e) – (o) De Beer, (m) Swanepoel – Skinstadt, Aitken (cap.), Smith puis Brosnihan (17e) puis Meyer (39e) – Els, Basson – Theron, Drotske, Van der Linde.

Barbarians français - Argentine 38-30 (24-15)

Le 11 novembre 1998, à Bourgoin.
Beau temps ensoleillé. Bon terrain. 5 000 spectateurs.
Arbitre: M. Muir (Écosse).
Barbarians français: 6 essais, Dominici (2e, 9e), Laussucq (5e), Giordani (39e), Raynaud (77e), Toulouze (80e); 2 transformations, J.-B. Élissalde (2), Toulouze (2).
Argentine: 4 essais, Garcia (24e), J. Fernandez-Miranda (37e), N. Fernandez-Miranda (69e), Contepomi (74e); 2 transformations, J. Fernandez-Miranda, Contepomi.
Barbarians français: Brusque (Pau) puis Toulouze (Montferrand, 71e) – Dominici (Stade Français), Giordani (Dax), Bondouy (Toulouse), Garbajosa (Toulouse) puis Cambres (Brive, 71e) – (o) J.-B. Élissalde (La Rochelle), (m) Laussucq (Stade Français, cap.) puis Balue (Bourgoin, 68e) – Raynaud (Narbonne), Gabin (Montferrand) puis Chazalet (Bourgoin, 64e), Benetton (Agen) – James (Perpignan, Canada) puis Cécillon (Bourgoin, 17e), Auradou (Stade Français) – Bria (Pau), Bru (Toulouse) puis Gonzalez (Biarritz, 64e), Milloud (Bourgoin) puis De Besombes (Perpignan, 52e).
Argentine: Jurado – Bartolucci, Garcia, Orengo, Corletto – (o) J. Fernandez-Miranda puis Contepomi (52e), (m) N. Fernandez-Miranda puis Pichot (71e) – Ruiz, Camerlinckx, Travaglini puis Durand (64e) – Fernandez-Lobbe puis Longo (71e), Sporleder (cap.) – Hasan, Ledesma, Grau puis Mendez (57e).

Buenos Aires - Barbarians français 17-52 (14-28)

Le 16 juin 1999, à San Isidro.
Beau temps froid et sec. Bon terrain. 1 500 spectateurs.
Arbitre: M. Lamastra (Argentine).
Buenos Aires: 1 essai, Llanes (7e); 4 buts, Altube (3), Odrizola.
Barbarians français: 8 essais, Comba (1re, 41e), Bondouy (14e, 28e), De Villiers (35e), Corrihons (49e), Brusque (61e), Aucagne (78e); 6 transformations, Deylaud.
Buenos Aires: équipe non communiquée.
Barbarians français: Brusque (Pau) – Marlu (Montferrand), Comba (Stade Français) puis Arlettaz (Narbonne, 46e), Bondouy (Toulouse), Corrihons (Grenoble) – (o) Deylaud (Toulouse) puis Aucagne (Pau, 66e), (m) S. Castaignède (Montferrand) puis Fillol (Toulouse, 70e) – Pool Jones (Stade Français, Angleterre), Benetton (Agen, cap.) Castel (Béziers) puis Betsen (Biarritz, 70e) – Versailles (Biarritz), Cléda (Pau) puis Merle (Montferrand, 55e) – De Villiers (Stade Français), Gonzalez (Biarritz) puis J.-J. Taofifenua (Grenoble, 60e), Soullette (Béziers) puis Gomez (Grenoble, 70e).

Barbarians sud-américains - Barbarians français 28-45 (12-26)

Le 20 juin 1999, La Plata Stadium.
Beau temps. Beau terrain.
Arbitre: M. Lamastra (Argentine).
Barbarians sud-américains: 1 essai, Bourse (80e); 1 transformation et 7 buts (16e, 23e, 29e, 35e, 45e, 56e, 58e), Mendez.
Barbarians français: 7 essais, Loustau (2e), Lalanne (6e), Lombard (11e, 59e), de pénalité (31e), Corrihons (63e), de Villiers (66e); 5 transformations, Aucagne. Remplacement temporaire pour les Barbarians français: Lalanne par Versailles (27-32).
Barbarians sud-américains: Crispo – Pocai, Cizzikun, Tenca, Ojeda – (o) Mendez (cap.), (m) Aschero – Bourse, Brolese, Franzini – Lopez, Brance – Lemoine, Lemalas, Bocca.
Barbarians français: Bondouy (Toulouse) – Arlettaz (Narbonne), Comba (Stade Français), Lombard (Stade Français), Corrihons (Grenoble) puis Brusque (Pau, 65e) – (o) Aucagne (Pau) puis Deylaud (Toulouse, 65e) – (m) Loustau (Stade Français) puis S. Castaignède (Mont-de-Marsan, 65e) – Deroeux (Perpignan), Benetton (Agen, cap.) puis Versailles (Biarritz, 62e), Betsen (Biarritz) puis Pool-Jones (Stade Français, Angleterre, 62e) – Merle (Montferrand), Lalanne (Mont-de-Marsan) – Gomez (Grenoble), J.-J. Taofifenua (Grenoble) puis De Villiers (Stade Français, 56e), Soulette (Béziers) puis Gonzalez (45e).

Pays de Galles - Barbarians français 40-33 (21-14)

Le 27 mai 2000, au Millennium Stadium de Cardiff.
Disputé en nocturne stade couvert. Excellent terrain. 25 000 spectateurs.
Arbitre: M. Bevan (pays de Galles).
pays de Galles: 6 essais, Gough (23e, 30e), R. Smith (40e), Cooper (46e), Cardey (50e), Wells (68e); 5 transformations, A. Thomas.
Barbarians français: 5 essais, Joubert (26e), Chanal (34e), Furet (66e), Toala (69e), Sergueev (74e); 4 transformations, Nicol (2), Mannix (2).
Remplacement temporaire pour le pays de Galles: A. Jones par Dei. Jones (40e-50e).
pays de Galles: Cardey – G. Thomas puis D. Williams (58e), Taylor (cap.), Jones-Hugues, M. Jones – (o) A. Thomas puis Rees (69e), (m) R. Smith puis G. Cooper (40e) – Budgett, Lewais, M. Williams puis Gav, Thomas (61e) – Gough, A. Jones – Evans, G. Jenkins puis Wells (45e), P. Rogers puis Dun, Jones (40e).

Barbarians français : Sadourny (Colomiers, cap.) – Joubert (Perpignan), Chanal (Aurillac), Delmotte (Harlequins) puis Champ (Racing, 55e), Toala (La Rochelle, Samoa) – (o) Nicol (Montferrand) puis Mannix (40e, Gloucester, Nouvelle-Zélande), (m) Fillol (Toulouse) puis Courrent (Bobigny, 70e) – Furet (Perpignan) puis Forgues (Toulouse, 70e), Aqua (Toulon), Diaz (Castres, Espagne) – Sergueev (Montauban, Russie), Chasseriau (La Rochelle) puis Privat (Nîmes, 45e) – Meslier de Rocan (Auch), Tordo (Bourgoin) puis Moscato (PUC, 60e), Sanchez (Gloucester) puis Powles (Gloucester, 40e).

Barbarians français - Nouvelle-Zélande : 23-21 (10-14)

Le 7 novembre 2000, Lens.
Temps froid et pluvieux. Bon terrain. Éclairage excellent.
30 000 spectateurs.
Arbitre : M. McHugh (Irlande).
Barbarians français : 2 essais, Toala (39e), Sergueev (64e) ; 2 transformations, Dominguez ; 3 buts, Dominguez (28e, 68e), Aucagne (86e).
Nouvelle-Zélande : 3 essais, McLeod (25e), Ralph (32e), Tipoki (76e) ; 3 transformations, Blair. Remplacement temporaire pour la Nouvelle-Zélande : Hayman par Mealamu (37e-41e).
Barbarians français : Sadourny (Colomiers) – Bernat-Salles (Biarritz), Chanal (Montferrand), Mytton (Stade Français) puis Jauzion (Colomiers, 77e), Toala (La Rochelle) – (o) Dominguez (Stade Français) puis Aucagne (Pau, 77e), (m) Fillol (Toulouse) puis Mignoni (Dax, 2e) – Milhères (Biarritz), Th. Lièvremont (Biarritz) puis Audebert (Montferrand, 65e), M. Lièvremont (Biarritz, cap.) – Sergueev (Montauban), I. Jones (Gloucester, Nouvelle-Zélande) puis Nallet (Bourgoin, 57e) – De Villiers (Stade Français), Gonzalez (Biarritz) puis Dal Maso (Pau, 65e) Crenca (Agen) puis Soulette (Béziers, 49e).
Nouvelle-Zélande : Blair – Muliaina, McLeod, Ai'i puis Tipoki (53e) – (o) Brown puis Holwell (67e), (m) Robinson – Ju. Collins, Tukino puis Vinisi (63e), Je. Collins – Taylor (cap.), Willis puis Jack (63e) – Hayman, McFarland puis White (53e), Hewitt.

Barbarians français - Fidji : 15-17 (10-10)

Le 18 novembre 2001, à Toulon.
Temps doux. Pelouse détrempée. 5 000 spectateurs.
Arbitre : M. McHugh (Irlande).
Barbarians français : 2 essais, Milhères (21e), Marconnet (62e) ; 1 transformation (21e), 1 but (13e), D. Skrela.
Fidji : 2 essais, Serevi (31e), Tuisese (54e) ; 2 transformations, 1 but (39e), Little.
Remplacement temporaire. Barbarians français : Cumier par Koniek (24e, 27e).
Barbarians français : Brusque (Biarritz) – Bernat-Salles (Biarritz), Isaac (Biarritz) puis Delmotte (Castres, 68e), Comba (Stade Français), Poulain (Stade Français) – (o) D. Skrela (Colomiers) puis Delaigue (Toulouse, 63e), (m) Fillol (Toulouse) puis Hueber (Toulon, 63e) – Pool-Jones (Stade Français), Murphy (Perpignan), Milhères (Biarritz) – James (Stade Français) puis Franchini (Toulon, 63e), Roumat (Biarritz, cap.) puis Sergueev (Montauban, 52e) – Tournaire (Toulouse), Culier (Biarritz) puis Koniek (Perpignan, 63e), Collazo (Toulouse) puis Marconnet (Stade Français, 52e).
Fidji : Serevi (cap.) – Lasagavibau, Ruivadra puis Satale (63e), Tuisese, Wainibatu – (o) Little, (m) Naiteqe puis Rabaka (49e) – Koyamaibole puis Derenelagi (72e), Davu Tuikabe-Katalau, Domolailai – Cabubati puis Nyholt (74e), Biutanaseva, Quiodravu puis Nagi (66e).

Barbarians français - XV du Président : 12-83 (12-40)

Le 20 septembre 2003, à Narbonne.
Beau temps. Vent latéral. Bon terrain. 10 000 spectateurs.
Arbitre : M. Jutge (Midi-Pyrénées).
Barbarians français : 2 essais, Taele (4e), Gonzalez (23e) ; 1 transformation, Dominguez (4e).
XV du Président : 13 essais : Poitrenaud (9e, 58e), Jauzion (12e, 32e, 62e), Magne (16e, 25e), Michalak (40e), Ibanez (44e), Dominici (47e), N. Spanghero (70e), Buada (73e), Ouembeav (79e) ; 9 transformations, Michalak (12e, 16e, 25e, 32e, 40e, 44e, 73e), Brusque (58e, 62e).
Barbarians français : Taele (Montpellier) puis Garbajosa (Toulouse, 64e) – Escalle (Béziers) puis Traille (Pau, 47e), Comba (Stade Français), Marsh (Montferrand) puis Albouy (Castres, 71e), Elhorga (Agen) – (o) Dominguez (Stade Français, cap.), (m) Albouy (Castres) puis C. Garcia (Montauban, 46e) – Benetton (Agen), Ch. Labit (Toulouse) puis Chabal (Bourgoin, 31e), Belzons (Narbonne) puis Roumat (Biarritz, 65e) – Roumat (Biarritz) puis Auradou (Stade Français, 46e), Sergueev (Montauban) – Poux (Toulouse) puis Sourgens (Pau, 46e), Gonzalez (Biarritz) puis Bru (Toulouse, 46e), A. Martinez (Narbonne) puis Gonzalez (Biarritz, 58e).
XV du Président : Brusque (Biarritz) – Rougerie (Montferrand), Poitrenaud (Toulouse), Jauzion (Toulouse), Dominici (Stade Français) puis Michalak (Toulouse, 71e) – (o) Michalak (Toulouse) puis G. Merceron (Montferrand, 57e), (m) D. Yachvili (Biarritz) puis Buada (Montpellier, 41e) – Magne (Montferrand) puis Ouembaev (Aurillac, 41e), Pelous (Toulouse) puis Crenca (Agen, 71e), Betsen (Biarritz), puis Ibanez (Saracens, 65e) – Thion (Biarritz), N. Spanghero (Castres) – Marconnet (Stade Français) puis Landreau (Stade Français, 57e) puis Betsen (Biarritz, 78e), Ibanez puis Szarzewski (Béziers, 52e), Crenca (Agen) puis Peyron (Bourgoin).

Barbarians français - Australie A : 15-45 (7-10)

16 novembre 2004, à Paris (Jean-Bouin).
Temps frais et humide. Terrain en bon état. Ballon glissant.
6 700 spectateurs.
Arbitre : M. Dickson (Écosse).
Barbarians français : 2 essais, Bernat-Salles (23e), August (68e) ; 1 transformation (23e), 1 but (50e), Townsend.
Australie A : 6 essais, Rathbone (40e), Tuirini (60e), Chisholm (60e), Sheperd (71e), Bernie (77e), Samo (81e) ; 6 transformations, 1 but (6e), Flatley.
Carton jaune. Barbarians français : Delannoy (52e).
Barbarians français : Metcalfe (Castres) – Bernat-Salles (Biarritz) puis Mahé (Stade Français, 28e), Stoltz (Agen), Lubbe (Grenoble), Lafforgue (Agen) – (o) Townsend (Montpellier) puis Quesada (Stade Français, 72e), (m) Galthié (Stade Français) puis D. Yachvili (Biarritz, 50e) – Bernad (Castres) puis Massabeau (Bayonne, 60e), Delannoy (Lyon), Goutta (Perpignan, cap.) – Morgan (Pau) puis Sergueev (Montauban, 55e), Brouzet (Stade Français) – Califano (Agen) puis Toleafoa (Montpellier, 69e), August (Biarritz) puis Guatieri (Pau, 69e), Toleafoa (Montpellier) puis Galasso (Castres, 46e).
Australie A : Rodgers – Sailor, Mitchell puis Rathbone (32e), puis Bernie (67e), Tuirini, Sheperd – (o) Fletley, (m) Henjak puis Valentine (41e) – Hoiles, Lyons, Samo – Chisholm, Campbell – Henderson, Connon puis Moore (61e), Dunning.

Western Province - Barbarians français : 22-20 (3-20)

Le 16 juin 2005, Stellenbosch, Afrique du Sud.
Western Province : 3 essais, Seconds, Grant, Watson ; 2 transformations, 1 but, Grant.
Barbarians français : 3 essais, Arias (2), Booyse ; 1 transformation, 1 but, Skrela.
Barbarians français : S. Viars (Clermont) – Arias (Stade Français), J.-F. Viars (Aurillac), Gobelet (Biarritz), Donguy (Brive), – (o) Skrela (Stade Français), (m) Fillol (Stade Français) – Frier (Bourgoin), Harinordoquy (Biarritz), Rabadan (Stade Français) – James (Paris, cap.), Booyse (Biarritz) – Peyron (Bourgoin), Blin (Stade Français), Toumaire (Narbonne).
Sont entrés en cours de match : Laurent (Bayonne), Nallet (Castres), Lemoine (Paris), Marticorena (Castres), Bernat-Salles (Biarritz), Albouy (Castres).
Western Province : Rossouw – Seconds, Theron, Greef (cap.), Ryland – (o) Grant, (m) McLeod – Karemaker, Hlungwani, Watson – Davis, Skeate – Barnard, Loubser, Moller.
Sont entrés en cours de match : Constant, Rautenbach, Hendricks, Linde, Carse, Uys, Pietersen, Potgieter, Gerber, Beukman.

Barbarians français - Australie A : 12-42 (12-23)

Le 1er novembre 2005, à Bordeaux.
Beau temps doux. Terrain en mauvais état. 25 000 spectateurs.
Arbitre : M. Joubert (Afrique du Sud).
Barbarians français : 2 essais, August (18e, 36e) ; 1 transformation, Dubois (36e).
Australie A : 5 essais, Croft (28e), Polota-Nau (39e), Ashley-Cooper (57e), Rodgers (69e), McMeniman (76e) ; 4 transformations (28e, 39e, 69e, 76e), 3 buts (10e, 12e, 17e), Sheperd.
Barbarians français : Poitrenaud (Toulouse) puis Boyet (Bourgoin, 72e) – Elhorga (Agen), C. Stoltz (Agen), Kunavore (Toulouse, Fidji) puis Garbajosa (Toulouse, 58e), Bobo (Biarritz, Fidji) – (o) Dubois (Toulouse), (m) Marshall (Leeds, Nouvelle-Zélande, cap.) puis Morlaës (Agen, 62e) – Rabadan (Stade Français), Patat (Auch) puis Narjissi (Agen, 70e), Puricelli (Castres) puis Pesico (Agen, Italie, 52e) – James (Stade Français), Couzinet (Biarritz) puis N. Spanghero (58e) – Meeuws (Castres, Nouvelle-Zélande) puis Menkarska (Toulouse, 4e), August (Biarritz), Forestier (Castres).

Australie A: Sheperd – Gerrars puis Mitchell (72e), Ashley-Cooper, Johansson, Ioane – (o) MacKay puis Rodgers (63e), (m) Henjak puis Sheehan (65e) – Croft (cap.), Houston puis Rue (62e), Fava – McMeniman, Wallace-Harrison puis Campbell (62e) – Fitter, Polota-Nau puis Moore (55e), Holmes puis Henderson (58e).

Barbarians français - Argentine: 14-28 (7-25)

Le 3 mars 2007, à Biarritz.
Temps doux. Bon terrain. 7 500 spectateurs.
Arbitre: M. Rolland (Irlande).
Cartons jaunes. Argentine: M. Contepomi (46e), Albacete (49e).
Barbarians français: 2 essais, Vermeulen (40e), Th. Lièvremont (61e); 2 transformations, Beauxis.
Argentine: 3 essais, Pichot (4e), Durand (16e, 25e); 2 buts (13e, 21e); 1 drop (65e), 2 transformations (4e, 25e), Hernandez.
Barbarians français: Floch (Clermont) puis Brusque (Biarritz, 59e) – Rougerie (Clermont), Messina (Stade Français), Traille (Biarritz) puis Baby (Clermont, 59e), Elhorga (Agen) – (o) Beauxis (Stade Français), (m) J.-B. Élissalde (Toulouse) puis Morlaës (Agen, 52e) – Dusautoir (Toulouse), Th. Lièvremont (Biarritz, cap.), Vermeulen (Clermont) puis Mat. Lièvremont (Agen, 56e) – Lamboley (Toulouse), Pierre (Bourgoin) puis Linde (Bayonne, 52e) – Poux (Toulouse) puis Emmanuelli (52e), August (Biarritz) puis Koniek (Perpignan, 54e), Emmanuelli (Clermont) puis Lecouls (Biarritz, 41e).
Argentine: Serra puis Senillosa (64e) – Agulla, Gaitan, M. Contepomi puis Gomez Cora (78e), Borges – (o) Hernandez, (m) Pichot (cap.) – Ostiglia puis Petrilli (62e), Longo, Durand – Albacete puis Carizza (62e), Alverez-Kairelis – Hasan, M. Ledesma, Roncero puis Scelzo (37e).

Canada - Barbarians français: 7-17 (0-12)

Le 28 juin 2008, à Victoria.
Canada: 1 essai, Brin-Keys; 1 transformation, Monro.
Barbarians français: 3 essais, Meeuws, Audrin, Andreu; 1 transformation, Peyrelongue.
Barbarians français: Leroux (Brive) – Audrin (Montauban), Lombard (Racing Métro), Valbon (Racing Métro), Cabannes (Biarritz) – Peyrelongue (Biarritz), J. Tomas (Montpellier) – Ollivier (Grenoble), Suta (Mont-de-Marsan), Dridi (Biarritz) – Auradou (Stade Français, cap.), Pierre (Bourgoin) – Meeuws (Castres), Noirot (Biarritz), Tchougong (Bourgoin).
Sont entrés en cours de match: Debaty (Agen, Belgique), Bereck (Dax), Forgues (Brive), Massabeau (Bayonne), Andreu (Toulon).
Canada: Piatek – Pritchard, Bryn – Keys, Grant, La Carte – (o) Monro, (m) Fleck – Kleesburger, Carpenter, Webb-Ault, Hodsen – Theil, Reordan (cap.), Buydens.
Entrés en cours de match: Pletch, Wooldridge, Johnson, L. Cudmore, Wilson, Dala, Buchanan.

Barbarians français - XV des présidents: 26-33 (5-21)

Le 22 mars 2009, à Toulouse (Stade Ernest-Wallon).
5 600 spectateurs.
Barbarians français: 4 essais, Donguy (23e), Jacquet (44e), Martin (48e), Lamboley (68e); 3 transformations: Peyrelongue (44e, 48e, 68e).
XV des présidents: 5 essais, Cronjé (9e), Pichot (21e), Vahafalau (37e), Britz (63e), McIntyre (79e); 4 transformations, McIntyre (9e, 21e, 37e, 63e).
Barbarians français: Sarraméa (Montpellier) – Candelon (Perpignan) puis Borges (Dax, 59e), Avramovic (Montauban), Mermoz (Perpignan) puis Candelon (Perpignan, 73e), Donguy (Toulouse) puis Ahotaeiloa (Toulouse, 49e) – (o) Peyrelongue (Biarritz), (m) J. Tomas (Montpellier) puis Durand (Perpignan, 49e) – Martin (Bayonne), Vermeulen (Clermont) puis Lamboley (Toulouse, 73e), Nyanga (Toulouse) puis Lamboley (Toulouse, 56e) – Pelous (Toulouse, cap.) puis Jacquet (Clermont, 67e), Jacquet (Clermont) puis Auradou (Stade Français, 56e) – Ducalcon (Castres) puis Poux (Toulouse, 17e), August (Biarritz) puis Vernet-Basualdo (Toulouse, Argentine mi-temps), Brugnaut (Dax) puis Montès (Toulouse, mi-temps).
XV des présidents: Russel (Clermont) – N'Gwenya (Biarritz), Kunavore (Toulouse) puis Nalaga (Clermont, 77e), Gower (Bayonne) puis Paku (Montauban, 42e), Nalaga (Clermont) puis Esterhuizen (Clermont, 49e) – (o) McIntyre (Castres), (m) Pichot (Stade Français) – Vahafalau (Biarritz) puis Etien (Clermont, 58e), Sowerby (Toulouse), Cronjé (Biarritz) puis Vahafalau (Biarritz, 70e) – Williams (Bourgoin, 73e) – Sa (Montauban) puis Scelzo (Clermont, 47e), Ledesma (Clermont, cap.) puis Lozupone (Clermont, 65e), Roncero (Stade Français) puis Sa (Montauban, 75e).

Rosario - Barbarians français: 30-54 (20-14)

Le 14 juin 2009, à Rosario.
Arbitre: Sergio Tizon
Rosario: 3 essais, Nannini (5e), J. Imhoff (23e), de pénalisation (68e); 3 buts Todeschini (4e, 38e, 42e), 3 transformations, Todeschini (5e, 23e), T. Pucciariello (68e).
Barbarians français: 8 essais, Tomiki (20e, 62e), Saubade (24e), Gobelet (44e, 50e), Mélé (58e), Brusque (64e), Donguy (77e); 7 transformations, Fauqué (20e, 24e), Mélé (44e, 58e, 62e, 64e), Durand (77e).
Rosario: Mangiarnelli – Francesio, Nannini, Fradua, J. Irnhoff – (o) Todeschini, (m) Lobrauco – Galatro, Boffelli, Milessi – Roldán, Massafra – Massetti, F. Pucciarello (cap.), Iguri.
Sont entrés en cours de jeu: Giacoponi, Costa Repetto, Tavema, Massucco, Schusterman, Preumayr, T. Pucciarello.
Barbarians français: Jeanjean (Stade Français) – Saubade (Stade Français), Gobelet (Biarritz), Messine (Stade Français), Peyras (Aviron Bayonnais) – (o) Fauqué (Toulon), (m) Mélé (Perpignan) – Giraud (Mont-de-Marsan), Lamboley (Stade Toulousain), Tomiki (Castres) – Rolland (Montauban), Auradou (Stade Français, cap.) – Poux (Stade Toulousain), Blin (Stade Français), Tchougong (Bourgoin).
Sont entrés en cours de jeu: L. Faure (Clermont), August (Biarritz), F. Faure (Castres), Attoub (Stade Français), Nyanga (Toulouse), Durand (Perpignan), Brusque (Biarritz), Donguy (Toulouse), Liebenberg (Stage Français).

Argentine - Barbarians français: 32-18 (20-3)

Le 20 juin 2009, à Buenos Aires.(Stade Velez Sarsfield), 32 000 spectateurs.
Argentine: 3 essais, Leguizamon (40e), Fernandez (41e), Carnacho (64e); 3 transformations, 5 buts (6e, 17e, 19e, 22e, 26e), Hernandez.
Barbarians français: 2 essais, Tomiki (52e), Gobelet (80e); 1 transformation (52e), 1 but (45e), 1 drop (24e), Mélé. Carton jaune: Durand (58e, faute technique). Carton rouge: Nyanga (21e, brutalités).
Argentine: Gonzalez Amorosino – Borges, Tiesi puis Martin Aramburu (40e), Fernandez, Camacho puis Comuzzi (64e), – (o) Hernandez, (m) Lalanne puis Vergallo (72e) – Fernandez-Lobbe (cap.), Leguizamon puis Galindo (64e) – Fessia, Albacete, Alvarez-Kairelis puis Lozada (51e) – Ayerza, Ledesma puis Vernet Basualdo (72e), Roncero puis Guinazu (72e).
Barbarians français: Brusque (Biarritz) puis Peyras (Bayonne, 50e) – Gobelet (Biarritz), Messina (Stade Français), Liebenberg (Stade Français, 56e) – (o) Mélé (Perpignan) puis Fauqué (Toulon, 69e), (m) Durand (Perpignan) – F. Faure (Castres), Tomiki (Castres) puis Lamboley (Toulouse, 59e), Nyanga (Toulouse) – Rolland (Montauban) puis Giraud (Mont-de-Marsan, 68e), Auradou (Stade Français, cap.), Attoub (Stade Français) puis Poux (Toulouse, 50e), August (Biarritz) puis Blin (Stade Français, 50e), Tchougong (Bourgoin) puis Attoub (Stade Français, 68e).

FIRA-AER - Barbarians français: 26-39

Le 14 novembre 2009, à Bruxelles, stade Roi-Baudouin.
FIRA-AER: 4 essais, Laharrague (32e), Bonfils (64e), Dimofte (70e), Visser (73e); 3 transformations, Laharrague (32e, 64e), Chartier (70e).
Barbarians français: 7 essais, Thiers (6e), Andreu (14e, 57e, 63e), Porical (20e, 35e), Garcia (64e); 2 transformations (6e, 20e), Yachvili.
FIRA-AER: Chartier (Pol) – Pace (Ita.), Portela (Por.), Christophers (Ang.), Visser (Hol.) – (o) N. Laharrague (Fra.), (m) Feijo (Esp.) – M. Lund (Ang.), Mohr (All.), Clarkin (NZ.) – Uva (Por.), Socol (Rou.) – Debaty (Bel.), Caudullo (Fra.), Tissot (Fra.).
Sont entrés en cours de jeu: Bonfils (Fra.), Siepielski (Fra.), Murre (Por.), Pissarra (Por.), Dinofte (Rou.), Sempere (Fra.), Hendricks (Bel.).
Barbarians français: Porical (Perpignan) – Sid (Perpignan), Hunt (Biarritz), Garcia (Castres), Andreu (Castres) – (o) Peyrelongue (Biarritz), (m) Yachvili (Biarritz, cap.) – Clément (Albi), Le Corvec (Perpignan), Mat. Lièvremont (Dax) – Samson (Clermont), Thion (Biarritz) – Thiart (Montpellier), Bruno (Toulon), Tchougong (Bourgoin).
Sont entrés en cours de jeu: Blin (Stade Français), Michaux (Castres), Frier (Bourgoin), Teulet (Castres), Jaouher (Castres), Avril (Bayonne), Iguiniz (Bayonne), Payras (Bayonne).

2010

Barbarians français-Tonga : 27-28 (3-3)

Le 26 novembre 2010, à Grenoble (Stade des Alpes).
18 000 spectateurs.
Arbitre : M. JP Doyle (Irlande)
Barbarians français : 3 essais, Caucaunibuca (50e), Kelleher (61e), Hayman (63e) ; 3 transformations, 1 pénalité (60e), Baby, 1 pénalité, Élissalde (31e).
Tonga : 3 essais, Lilo (65e), Malupo (68e), Fono (76e) ; 2 transformations (65e, 76e), 3 pénalités (3e, 43e, 47e), Filisau.
Barbarians français : Heymans (Toulouse) – Clerc (Toulouse), Bastareaud (Stade Français) puis Fillol (Racing Métro 92, 66e), Mermoz (USAP Perpignan), Caucaunibuca (Toulouse) puis Fall (Racing Métro 92, 52e) – (o) Élissalde (Toulouse) puis Baby (Clermont, 44e), (m) Kelleher (Toulouse, Nouvelle-Zélande) – Masoe (Castres), Picamoles (Toulouse) puis Martin (Bayonne, 52e), G. Smith (Toulon) – Maestri (Toulon) puis Jacquet (Clermont, 61e), Linde (Bayonne) – Heyman (Toulon) puis Faure (Clermont, 72e), Kayser (Castres) puis Cabello (Brive, 66e), Marconnet (Biarritz) puis Poux (Toulouse, 52e). **Entraîneurs :** Guy Novès, Yannick Bru (Toulouse) et Patrick Lagisquet.
Tonga : Lilo – Helu, Taufa (Toupéo, 72e), Mailei, Malupo – (o) Filisau (cap.), (m) Masipalu (Palu, 41e) – F. Maka (cap.), Vahafolau, Kalamafoni – Lokotui (Havéa, 66e), Kauhenga (Fono, 61e) – Pulu, Taukafa (Ma'asi, 52e, puis Polu, 80e), Telefoni (Noucu, 69e).

2011

Argentine-Barbarians français : 23-19 (12-12)

Le 5 juin 2011, à Buenos Aires (Estadio Libertadores de America Avellaneda).
23 000 spectateurs.
Arbitre : M. Francisco Pastrana (Argentine)
Argentine : 3 essais, Fessia (23e), Figuerola (38e), Contepomi (52e) ; 1 transformation (23e), 2 pénalités (58e, 74e), Contepomi.
Barbarians français : 3 essais, Boussès (12e), Planté (29e), Vosloo (66e) ; 2 transformations (27e, 66e), Beauxis.
Argentine : R. Gurruchaga – Borges, Bosch, San Martin, Camacho – (o) Contepomi (cap.), (m) Figuerola (Lalanne, 52e) – Leguizamon, Senatore, Fessia (Campos, 51e) – Galarza (Guzman, 75e), Carizza – Bustos (Orlandi, 51e), Creevy (cap.), Roncero (Guiñazu, 62e).
Entraîneur : Santiago Phelan.
Barbarians français : Tian (Agen) puisTalès (La Rochelle, 70e) – Planté (USAP Perpignan) puis Audrin (Castres, 57e), Cabannes (Castres), Boussès (Stade Français), Andreu (Castres) – (o) Beauxis (Stade Français), (m) Dupuy (Stade Français) puis Cibray (Toulon, 61e) – Rabadan (Stade Français) (cap.), Chouly (USAP Perpignan), Vosloo (Brive) – Rolland (Castres), Samson (Toulon), – Attoub (Stade Français), Bonello (Castres) puis E. Coetzee (Biarritz, 57e), Forestier (Castres).
Entraîneurs : Laurent Travers et Laurent Labit (Castres).

Argentine-Barbarians français : 18-21 (12-10)

Le 11 juin 2011, à Resistencia (Estadio Centenario). 20 000 spectateurs.
Arbitre : M. Lasego Legoethe (Afrique du Sud)
Argentine : 6 pénalités (18e, 29e, 32e, 39e, 45e, 53e), Sanchez.
Barbarians français : 2 essais, Lapeyre (27e, 49e) ; 1 transformation (27e), 3 pénalités (3e, 42e, 57e), Teulet.
Argentine : Gonzalez Amorosino – Gosio, Gauthier (Camacho, 62e), Ascarate, Carballo – (o) Sanchez (Bosch, 70e), (m) Lalanne (Bruzzone, 41e) – De Achaval (Fessia, 74e), Senatore, Cabello – Macome (Campos, 58e), Carizza – Scelzo (Orlandi, 41e), Creevy (cap.), Figallo (Guiñazu, 65e).
Entraîneur : Santiago Phelan.
Barbarians français : Teulet (Castres) – Arias (Stade Français), Audrin (Castres) puis Cabannes (Castres, 70e), Boussès (Stade Français), Lapeyre (Toulon) – (o) Talès (La Rochelle) puis Beauxis (Stade Français, 68e), (m) Cibray (Toulon) puis Dupuy (Stade Français, 58e) – Rabadan (Stade Français) puis Vosloo (Brive, 50e), Claassen (Brive), Monribot (Agen) – Vilaceca (USAP Perpignan) puis Samson (Toulon, 74e), Rolland (Castres) – Attoub (Stade Français) puis Forestier (Castres, 68e), Terrain (Biarritz) puis Bonello (Castres, 50e), Lafond (Bayonne) puis E. Coetzee (Biarritz, 41e).
Entraîneurs : Laurent Travers et Laurent Labit (Castres).

2012

Japon-Barbarians français : 21-40 (7-32)

Le mercredi 20 juin 2012, à Tokyo (Prince Chichibu Memorial Stadium).
9 761 spectateurs.
Arbitre : M. Bryce Lawrence (NZL)
Japon : 3 essais, Ono (33e), Tamura (41e), Ito (68e) ; 3 transformations, Tamura.
Barbarians : 5 essais, Lapeyre (2e, 30e), Lacrampe (10e), O'Connor (40e), Arias (80e) ; 3 transformations, Lopez (11e, 30e, 40e) ; 3 buts, Lapeyre (23e), Lopez (38e), Bernard (79e).
Cartons jaunes : Lopez (12e), Lacrampe (50e) pour les Barbarians.
Remplacement temporaire : Rabadan par Claassen (61e, 70e) pour les Barbarians.
Japon : Nagatomo – Hirose (cap.) (Goromaru, 60e), Senba, Tamura, Takenaka – (o) Ono, (m) Fujii (Uchida, 60e) ; Sasaki (Tatekawa, 65e), Ito, Murata (Makabe, 57e) – Broadhurst, Shinozuka – Yamashita (Tuboi, 62e), Arita (Kizu, 41e), Nagano.
Entraîneur : Eddie Jones.
Barbarians français : Lapeyre (Toulon) – Arias (Stade Français), Chavancy (Racing Métro 92), Boussès (Racing Métro 92) puis H. Bonneval (Stade Français, 60e), O'Connor (Bayonne) – (o) Lopez (UBB Bègles-Bordeaux) puis Bernard (Castres, 60e), (m) Lacrampe (Castres) – Rabadan (Stade Français), Chouly (Clermont), Diarra (Castres) puis Claassen (Brive, 70e) – Millo-Chluski (Toulouse), Rolland (Castres) puis Tchale-Watchou (USAP Perpignan, 53e) – Slimani (Stade Français) puis Iguiniz (Bayonne, 53e), Servat (Toulouse) (cap.) puis Bonello (Castres, 70e), Forestier (Castres) puis Slimani (Stade Français, 77e).
Entraîneurs : Laurent Travers et Laurent Labit (Castres).

Japon-Barbarians français : 18-51 (8-17)

Le 24 juin 2012, à Tokyo (Prince Chichibu Memorial Stadium).
17 000 spectateurs.
Arbitre : M. Bryce Lawrence (NZL).
Japon : 2 essais, Takenaka (40e + 2'), Broadhurst (58e) ; 1 transformation (59e), 2 pénalités (29e, 44e), Goromaru.
Barbarians : 6 essais, Hugo Bonneval (27e), Lacrampe (31e), Bernard (57e), Gunther (66e), Claassen (68e), Rabadan (80e) ; 6 transformations, Teulet (27e, 80e), Bernard (33e, 57e, 67e, 68e) ; 3 pénalités, Bernard (16e, 51e, 54e).
Remplacements temporaires : Faure par Forestier (51e-57e), Bonello par Servat (75e-79e) pour les Barbarians.
Japon : Goromaru – Tatenaka, Nicholas, Tatewaka, Onozawa – (o) K.Ono (Tamura, 21e), (m) Hiwasa (Fujii, 69e) – Mochizuki, (Ito, 60e), Kikutani (Makabe, 67e) – H.Ono, Broadhurst – Hatakeyama (Yamashita, 60e), Kizu (Arita, 59e), Nagano.
Entraîneur : Eddie Jones.
Barbarians français : Teulet (Castres) – Mazzonetto (Mont-de-Marsan), Chavancy (Racing Métro 92), H.Bonneval (Stade Français) puis Boussès (Racing Métro 92, 63e), Phillips (Stade Français) (ANG) – (o) Bernard (Castres), (m) Lacrampe (Castres) puis Lapeyre (Toulon, 58e) – Gunther (Toulon), Claassen (Brive), Diarra (Castres) puis Rabadan (Stade Français, 67e) – Tchale-Watchou (USAP Perpignan) puis Millo-Chluski (Toulouse, 63e), Rolland (Castres) – Iguiniz (Bayonne), Servat (Toulouse) (cap.) puis Bonello (Castres, 65e), Faure (Clermont).
Entraîneurs : Laurent Travers et Laurent Labit (Castres).

Barbarians français-Japon : 65-41 (24-17)

Le 25 novembre 2012, au Havre (Stade Océane).
11 000 spectateurs.
Arbitre : M. Francisco Pastrana (ARG).
Barbarians français : 9 essais, H. Bonneval (17e), Lopez (25e), Lapeyre (40e, 80e + 2'), Claassen (41e), Heini Adams (45e), Mazzonetto (48e, 50e), essai de pénalité (65e) ; 7 transformations, Lopez (17e, 25e, 41e, 48e), Fillol (50e, 65e, 80e + 2') ; 2 pénalités, Lopez (3e), Fillol (76e).
Japon : 6 essais, Onozawa (1re), Tanaka (23e), Tamura (56e), Yamada (68e, 78e), Aruga (71e) ; 4 transformations, (1re, 23e, 56e, 68e), 1 pénalité (9e), Goromaru.
Carton jaune : Watremez (71e) pour les Barbarians.
Remplacement temporaire : Hatakeyama par Yamashita (47e-58e) pour le Japon.
Barbarians français : H. Bonneval (Stade Français) – Lapeyre (Toulon), Chavancy (Racing Métro 92) puis O'Connor (Bayonne, 55e), Jauzion (Toulouse), Mazzonetto (Mont-de-Marsan) – (o) Lopez (UBB Bègles-

Bordeaux) puis Fillol (Stade Français, 48e), (m) Doussain (Toulouse) puis Adams (Bordeaux-Bègles, 26e) – Bouilhou (Toulouse), Claassen (Brive) puis Rabadan (Stade Français, 46e), Diarra (Castres) – E. Lund (Biarritz) (NOR), Rolland (Castres) puis Pierre (Clermont, 49e) – Montès (Toulouse) puis Iguiniz (Bayonne, 48e), Servat (Toulouse) (cap.) puis Héguy (Biarritz, 62e), Poux (Toulouse) puis Watremez (Montpellier, 48e).
Entraîneurs: Laurent Travers et Laurent Labit (Castres).
Japon: Goromaru – Hirose (cap.) (Yamada, 62e), Senba (Aruga, 56e), Tamura, Onozawa – (o) K.Ono, (m) Tanaka (Hiwasa, 52e) – Tui, Kikutani (Holani, 47e), Leitch – Makabe (Ito, 65e), H.Ono – Hatakeyama (Yamashita, 47e), Horie, Nagae.
Entraîneur: Eddie Jones.

2013

Barbarians français-Samoa: 20-19 (12-12)

Le 16 novembre 2013, à Clermont-Ferrand (Stade Marcel-Michelin).
Temps très froid. 10 138 spectateurs.
Arbitre: M. JP Doyle (Angleterre)
Barbarians Français: 3 essais, Adams (26e, 60e), Vosloo (36e); 1 transformation, Trinh-Duc (26e); 1 pénalité, Courrent (76e).
Tonga: 3 essais, Leiua (1re), Vaaulu (17e), Fotualii (42e); 2 transformations (17e, 42e), Fotualii.
Carton jaune: Tekori (61e) pour plaquage haut.
Barbarians français: Palisson (Toulon) – Sivivatu (Toulon), Rougerie (Clermont) (cap.), Lamerat (Castres), D. Smith (Toulon) puis Tian (Oyonnax, 62e) – (o) Trinh-Duc (Montpellier) puis Skrela (Colomiers, 62e), (m) Adams (UBB Bordeaux-Bègles) puis Courrent (Grenoble, 56e) – Rabadan (Stade Français), Bonnaire (Clermont) puis Best (Grenoble, 49e), Vosloo (Clermont) – Tchale-Watchou (Montpellier), Samson (Castres) puis Lassalle (Oyonnax, 62e) – Attoub (Stade Français) puis Iguiniz (Bayonne, 62e), Mach (Castres) puis Bonfils (Stade Français, 62e), Poux (UBB Bordeaux-Bègles) puis Mutapcic (Grenoble, 41e).
Entraîneurs: Fabrice Landreau et Franck Corrihons (Grenoble), Philippe Rougé-Thomas.
Tonga: Autagavaia – Leiua, Tuifua, Leoata, Vaaulu (Faapale, 62e) – (o) Fotualii (cap.), (m) Sua – J.Lam, Levave (Treviranus, 50e), Faosiliva – Tekori, Faasalele (Teo Paulo, 54e) – J.Johnston (Sa, 41e), Ti'i Paulo (Avei, 72e), Afatia (Perenise, 53e).

2014

Barbarians français-Namibie: 35-14 (28-14)

Le 14 novembre 2014, à Toulon (Stade Mayol).
Grosse averse en 2e mi-temps. Terrain détrempé. 5 000 spectateurs.
Arbitre: M. Leighton Hodges (pays de Galles)
Barbarians Français: 5 essais, Capo-Ortega (12e), Plisson (16e), Palisson (26e), Bias (37e), Fresia (42e); 5 transformations, Plisson.
Namibie: 2 essais, van Lill (5e), Kotzé (32e); 2 transformations, Kotzé (5e), R. de la Harpe (32e).
Cartons jaunes: Debaty (35e) et Fresia (78e) pour les Barbarians. Schlechter (35e) et Uanivi (78e) pour la Namibie.
Barbarians français: Palisson (Toulouse) – D. Smith (Toulon), Chavancy (Racing 92) (cap.), Le Bourhis (UBB Bordeaux-Bègles), Tuisova (Toulon-FID) – (o) Plisson (Stade Français), (m) Fillol (Stade Français) – Ghezal (LOU), Clarkin (UBB Bègles-Bordeaux) puis Capdeillayre (La Seyne-Féd.1, 60e), Bias (Castres) – Tchale-Watchou (Montpellier), Capo Ortega (Castres-URU) – Ducalcon (Racing 92) puis Menini (LOU, 45e), Orioli (Toulon) puis Bonfils (Stade Français, 45e), Debaty (Clermont).
Entraîneurs: Bernard Laporte et Pierre Mignoni (RC Toulon), Sylvain Marconnet.
Remplaçants: Le Devedec (UBB Bordeaux-Bègles), Jenneker (Oyonnax), Fresia (Toulon), Montès (Castres), Capo Ortega (Castres-URU), Capdeillayre (La Seyne), Paillaugue (Montpellier), Wisniewski (Grenoble), Estebanez (LOU).
Namibie: van Wyk – Dames, Greyling, D. de la Harpe, Moore – (o) Kotzé, (m) R. de la Harpe – Th. Du Plessis, van Lill, Kitshoff (cap) – Uanivi, Blom – Schlechter, van Jaarsveld, Engens (Viviers, 38e).
Entraîneur: Danie Vermeulen.
Remplaçants: Becker, Redelinghuys, Viviers, Neustädt, Forbes, Buitendag, Kaizemi, Philander.

2015

Argentine-Barbarians français: 22-28 (10-19)

Le 20 juin 2015, à Rosario (Old Resian Club).
10 000 spectateurs.
Arbitre: M. Angus Gardner (Australie).
Argentine: 3 essais, Cubelli (31e), Noguera (42e), Cordero (45e); 2 transformations (32e, 43e), 1 pénalité (17e), Socino.
Barbarians français: 3 essais, Tastet (7e), de pénalité (27e), Orioli (38e); 2 transformations (27e, 38e); 3 pénalités (57e, 61e, 70e), Urdapilleta.
Carton jaune: Postiglioni (71e) pour l'Argentine.
Remplacement temporaire: Suta par Méla (18e-32e) pour les Barbarians.
Argentine: Miralles – Tuculet (B. Agulla, 61e), Moroni, De la Fuente (Gonzalez-Iglesias, 52e), Cordero – (o) Socino, (m) Cubelli (cap.) (Landajo, 61e) – Desio, Macome (Isa, 48e), Lezana (De Chazal, 70e) – Alemmano, Petti – Tetaz-Chaparro (Diaz, 47e), Cortese (Iglesias-Valdez, 48e), Noguera (Postiglioni, 61e).
Entraîneur: Daniel Hourcade.
Barbarians français: Germain (Brive) – Jane (France 7) puisTian (Oyonnax, 61e), Chavancy (Racing Métro 92), Rey (UBB Bordeaux-Bègles), Lapeyre (Racing Métro 92) – (o) Urdapilleta (Oyonnax) puis Bosch (Carcassonne, 73e), (m) Adams (AFS) (UBB Bordeaux-Bègles) (cap.) puis Fillol (Stade Français, 66e) – Ghezal (LOU), Bruni (Toulon) puis Guyot (La Rochelle, 63e), Tastet (Mont-de-Marsan) – Suta (Toulon), Lassalle (Oyonnax) puis Méla (Brive, 52e) – Desmaison (Racing Métro 92) puis Poux (UBB Bordeaux-Bègles, 41e), Orioli (Toulon) puis Mach (Castres, 48e), Pointud (Bayonne) puis Tichit (Oyonnax, 48e).
Entraîneurs: Fabrice Landreau et Philippe Rougé-Thomas.

Argentine-Barbarians français: 21-9 (11-6)

Le 25 juin 2015, à Buenos Aires (La Plata Rugby Club).
16 000 spectateurs.
Arbitre: M. Ben O'Keefe (Nouvelle-Zélande)
Argentine: 2 essais, Matera (31e), Ortega Desio (61e); 1 transformation (62e), 3 pénalités (25e, 37e, 45e), Socino.
Barbarians français: 3 pénalités (3e, 35e, 54e), Urdapilleta.
Argentine: Miralles (Gonzalez Amorosino, 70e) – Moroni, De la Fuente, Socino, Carrio – (o) Gonzalez-Iglesias (Sanchez, 54e), (m) Landajo (cap.) (Cubelli, 65e) – Desio, Isa, Matera (Macome, 44e) – Lavanini, Petti (Alemmano, 65e) – Diaz (Tetaz-Chaparro, 60e), Montoya (Iglesias-Valdez, 61e), Noguera (Postiglioni, 65e).
Entraîneur: Daniel Hourcade.
Barbarians Français: Palis (Castres) – Lapeyre (Racing Métro 92), Chavancy (Racing Métro 92) puis Rey (UBB Bordeaux-Bègles, 65e), Danty (Stade Français), Tian (Oyonnax) – (o) Urdapilleta (Oyonnax) puis Bosch (Carcassonne, 75e), (m) Fillol (Stade Français) (cap.) puis Adams (AFS) (UBB Bordeaux-Bègles, 65e) – Rabadan (Stade Français) puis Tastet (Mont-de-Marsan, 54e), Bruni (Toulon), Burban (Stade Français) – Méla (Brive) puis Suta (Toulon, 71e), Lassalle (Oyonnax) – Poux (UBB Bordeaux-Bègles) puis Desmaison (Racing Métro 92, 61e), Mach (Castres) puis Orioli (Toulon, 46e), Tichit (Oyonnax) puis Pointud (Bayonne, 46e).
Entraîneurs: Fabrice Landreau et Philippe Rougé-Thomas.

2016

Barbarians français-Australie: 19-11 (3-8)

Le 24 novembre 2016, à Bordeaux (Stade Chaban-Delmas).
30 028 spectateurs.
Arbitre: M. Juan SYLVESTRE (Argentine).
Barbarians français: 1 essai, Lakafia (77e); 1 transformation, Dumora; 4 pénalités, Lonca (30e), Dumora (53e, 61e, 70e).
Australie: 1 essai, Mowen (3e); 2 pénalités, Frisby (8e), Godwin (75e).
Carton jaune: Godwin (23e) pour l'Australie.
Remplacements temporaires: Kimlin par Ready (24e, 34e), Ryan par Fa'agese (41e, 45e) pour l'Australie.
Barbarians français: A. Bonneval (Toulouse) puis Caminati (Castres, 59e) – Connor (UBB Bordeaux-Bègles), Aguillon (La Rochelle), Rougerie (Clermont) (cap.) puis Dupichot (Racing 92, 66e) – (o) Lonca (UBB Bordeaux-Bègles) puis Dumora (Castres, 43e), (m) Lesgourgues (UBB Bordeaux-Bègles) puis Dupont (Castres, 43e) – Gérondeau (Clermont) puis Monribot (Bayonne, 53e), Lakafia (Stade Français), Sazy (La Rochelle) – Capo Ortega (Castres) puis Jacquet (Castres, 59e), Lambey (LOU) –

Brugnaut (Racing 92) puis Menini (LOU, 45e), Bonfils (Stade Français) puis Orioli (Toulon, 45e), Pointud (Brive) puis Poux (UBB Bordeaux-Bègles, 45e).
Entraîneurs: Raphaël Ibañez, Heini Adams (UBB Bordeaux-Bègles) et Xavier Garbajosa (La Rochelle).
Australie: Morahan – Koroibete, Gerrard (Clunies-Ross, 77e), Godwin, Naiyaravoro – (o) Lance (Kellaway, 10e), (m) Frisby (Stirzaker, 61e) – Dempsey (Vanderglass, 69e), Mowen (Fardy, 50e), Kimlin – Carter, Skelton (cap.) – Robertson (Lolohea, 78e), Charles (Ready, 50e), Ryan (Fa'agese, 78e).

2017

Afrique du Sud « A »-Barbarians français: 36-28 (22-21)

Le 16 juin 2017, à Durban (Moses Mabhida stadium). 10 000 spectateurs.
Arbitre: M. Quinton Immelman (Afrique du Sud)
Afrique du Sud « A » : 6 essais, Mapimpi (20e), Notshe (23e), Vorster (31e, 67e), Mvovo (12e, 77e); 3 transformations, L.Cronje (12e, 23e, 31e).
Barbarians français: 4 essais, Lesgourgues (9e), Michalak (14e), Belleau (38e, 55e); 1 transformation, Dumora; 4 transformations, Michalak.
Afrique du Sud « A » : Mvovo – Combrinck, De Jongh (F.Venter, 68e), Vorster, Mapimpi – (o) L.Cronje (Zeilinga, 68e), (m) Vermaak (Duvenage, 67e) – Ackermann (Ntsila, 68e), Noshke, Cassiem – R.Botha, Ferreira (Jenkins, 58e) – W.Louw (Nyakane, 58e), F.Marais (Samuels, 58e), Th. Du Toit (Nche, 58e).
Barbarians français: Dupichot (Racing 92) puis Belleau (Toulon, 21e) – Lacroix (La Rochelle) (Dupichot (Racing 92), 21e), Danty (Stade Français) puis Belleau (Toulon, 44e), Dubié (UBB Bordeaux-Bègles) puis Poitrenaud (Natal Sharks-AFS, 44e), A. Bonneval (Stade Toulousain) – (o) Michalak (LOU) (cap.), (m) Lesgourgues (UBB Bordeaux-Bègles) puis Péjoine (Brive, 67e) – Cancoriet (Clermont) puis Sazy (La Rochelle, 5e) Tauleigne (UBB Bordeaux-Bègles), Jelonch (Castres) – Méla (Brive) puis Lambey (LOU, 41e), Flanquart (Stade Français) – Hamadache (Pau) puis T. Raynaud (Oyonnax, 41e), Bonfils (Stade Français) puis Étrillard (Toulon, 47e), Vartanov (Racing 92) puis Ric (Clermont, 47e).
Entraîneurs: Christophe Urios (Castres), Heini Adams (UBB Bordeaux-Bègles) et Jacques Delmas.

Afrique du Sud « A »-Barbarians français: 48-28 (24-14)

Le 23 juin 2017, à Soweto (Orlando Stadium).
Temps froid, température hivernale. Pelouse dure. 7 000 spectateurs.
Arbitre: M. Jaco Van Heerden (Afrique du Sud)
Afrique du Sud « A » : 6 essais, Gelant (2e, 80e), Cloete (19e, 41e), Nche (31e), Mapoe (51e); 6 transformations, Zeilinga (2e, 19e, 31e, 41e, 51e,), Vermaak (80e + 1'), 2 pénalités (40e, 61e) Zeilinga.
Barbarians français: 4 essais, Estebanez (4e), L.Dupont (27e), Tauleigne (55e), Dupichot (78e); 4 transformations, Michalak (4e, 27e, 55e) et Belleau (78e).
Carton rouge: Ruan Botha (38e) pour l'Afrique du Sud, déblayage dangereux.
Carton jaune: Dubié (39e-49e), pour les Barbarians.
Remplacements temporaires: Ric par Hamdache (14e-16e, puis 17e-21e), L. Dupont par Dubié (36e-49e), Dubié par Péjoine (39e-49e) pour les Barbarians.
Afrique du Sud « A » : Gelant – Mvovo, Mapoe (De Jongh, 72e), F.Venter, Senatla – (o) Zeilinga (L.Cronje, 72e), (m) Duvenage (Vermaak, 66e) – Notshe (Cassiem, 72e), Ntsila, Cloete (Ackermann, 46e) – R.Botha, Jenkins – Nyakane (Louw, 56e), Samuels (F.Marais, 56e), Nche (T. Du Toit, 56e).
Barbarians français: Dumora (Castres) – Dupichot (Racing 92) puis Belleau (Toulon, 21e), Estebanez (Grenoble) puis Dubié (UBB Bègles-Bordeaux, 67e), Mignardi (Brive), L. Dupont (Grenoble) – (o) Michalak (LOU) (cap.) puis Belleau (Toulon, 57e), (m) Lesgourgues (UBB Bordeaux-Bègles) puis Péjoine (Brive, 55e) – Erbani (Agen) puis Jelonch (Castres, 49e), Tauleigne (UBB Bordeaux-Bègles), Sazy (La Rochelle) puis Méla (Brive, 53e) – Lambey (LOU) puis Flanquart (Stade Français, 41e) – Ric (Clermont) puis Hamadache (Pau, 51e), Étrillard (Toulon) puis Bonfils (Stade Français, 51e), Vartanov (Racing 92) puis T. Raynaud (Oyonnax, 55e).
Entraîneurs: Pierre Mignoni (LOU), Heini Adams (UBB Bordeaux-Bègles) et Jacques Delmas.

Barbarians français-Maoris Nouvelle-Zélande: 19-15 (8-3)

Le 10 novembre 2017, à Bordeaux (Stade Chaban-Delmas).
Pluie. Terrain glissant. 30 072 spectateurs.
Arbitre: M. Shuhei Kubo (Japon).
Barbarians français: 2 essais, Chouzenoux (23e), Pélissié (47e); 3 pénalités, Ramos (15e), Ntamack (63e, 69e).
Maori Nouvelle-Zélande : 2 essais, Wainui (44e), de pénalité (72e); 1 transformation (72e),
1 pénalité (12e), Garden-Bachop.
Cartons jaunes: Barbarians: Fresia (72e). Maoris: Manihera (56e).
Barbarians français: Ramos (Toulouse) puis Jalibert (UBB Bordeaux-Bègles, 41e) – Pourailly (Pau), Rougerie (Clermont), Aguillon (La Rochelle) puis Dupichot (Racing 92, 66e), Dubié (UBB Bordeaux-Bègles) – (o) Ntamack (Toulouse), (m) Couilloud (LOU) puis Iribaren (Racing 92, 62e) – Devergie (Montpellier), Chouzenoux (Racing 92) puis Babillot (Castres, 45e), Diaby (UBB Bordeaux-Bègles) puis Verhaegue (Toulouse, 62e) – Flanquart (Stade Français), Rebbadj (Toulon) – Gomez Sa (Racing 92) puis Setiano (Toulon, 64e), Pélissié (UBB Bordeaux-Bègles) puis Étrillard (Toulon, 53e), S. Taofifenua (UBB Bordeaux-Bègles) puis Fresia (Toulon, 62e). Entraîneurs: Franck Azéma et Bernard Goutta.
Maoris Nouvelle-Zélande: Ngatai – Wainui, Bateman, Thompson (Walden, 41e), Stevenson – (o) Garden-Bachop (West, 62e), (m) Weber (Raru, 48e) – Henwood (Pryor, 51e), A.Ioane, Franklin – Mewett (Mahinera, 55e), Hempopo – Renata (Lomax, 41e), Dixon (cap.) (Polwart, 62e), Eves (Wright, 51e).

2018

Géorgie-Barbarians français: 16-15 (6-7)

Le 31 mai 2018, à la Dinamo Arena de Tbilissi.
Temps pluvieux. 40 000 spectateurs.
Arbitre: M. Ridley (Angleterre).
Géorgie: 2 essais, Matiashvili (51e), Todua (76e); 2 buts de pénalité, Matiashvili (20e, 24e).
Barbarians français: 2 essais, Placines (40e), Muscarditz (80e + 1') ; 1 transformation, Laousse-Azpiazu (40e), 1 pénalité, Bosviel (64e).
Géorgie: Kvirikashvili (Tsiklauri, 51e) – Matiashvili, Kveseladze, Mchelidze, Sichinava (Todua, 60e) – (o) Jintchvelashvili (Khmaladze, 66e), (m) Lobzhanidze (Khutsishvili, 51e) – Shengelia (Shubitidze, 61e), Gachechiladze (Sutiashvili, 41e), Tsutskiridze – Nemsadze (cap.) (Cheishvili, 41e), Giorgadze – Melikidze (Mirtskhulava, 41e), Mamukashvili (Chkoidze, 63e), Tetrashvili (Zhvania, 41e).
Barbarians français: Laousse-Azpiazu (Mont-de-Marsan) – Guillemin (Grenoble), Klemenzack (Dax) puis Laborde (Mont-de-Marsan, 68e), Laborde (Mont-de-Marsan) (Muscarditz (Bayonne), 41e), Hamdaoui (Biarritz) – (o) Mathy (Montauban) (cap.) puis Bosviel (Montauban, 41e), (m) Écochard (USAP) puis Blanc (Béziers, 41e) – Fabrègue (Nevers) puis Garrault (Mont-de-Marsan, 41e), Brazo (USAP), Placines (Biarritz) puis Fabrègue (Nevers, 60e) – Granouillet (Aurillac) puis Singer (Biarritz, 41e), Nkinsi (Grenoble) puis Granouillet (Aurillac), 60e) – Desmaison (Mont-de-Marsan) puis Dumas (Vannes, 41e), David (Mont-de-Marsan) puis Carbou (USAP, 41e), Forletta (USAP) puis Vanai (Montauban, 41e).

Crusaders-Barbarians français: 42-26 (28-14)

Le 15 juin 2018, à l'AMI Stadium de Christchurch.
Temps agréable. 5 500 spectateurs.
Arbitre: M. Doleman (Nouvelle-Zélande).
Crusaders: 6 essais, Drummond (2e, 70e), Hunt (21e, 38e), Poihipi (24e), Dagg (50e); 6 transformations, Hunt.
Barbarians français: 4 essais, Penaud (28e, 34e), J. Marchand (45e), Cancoriet (79e); 3 transformations, Doussain (28e, 34e, 79e).
Crusaders: Hunt – Dagg, Faingaanuku, Poihipi (Bird, 66e), Macilai (Makene, 25e) – (o) Delany (Stratton, 72e), (m) Drummond (cap.) – Harmon (Douglas, 39e), Blackadder, Dunshea – Dalzell (L.Romano, 52e), Strange – Alaalatoa (King, 56e), Makalio (Siataga, 56e), Brighouse (Coxon, 61e).
Entraîneurs: S.Robertson et R.O'Gara.
Barbarians français: Dumora (Castres) – Battle (Castres), Penaud (Clermont), Fouyssac (Agen), Camara (Stade Français) puis Retière (La Rochelle, 26e) – (o) Doussain (LOU), (m) Balès (La Rochelle) puis Daubagna (Pau, 65e) – Pesenti (Pau) puis Sobela (LOU, 19e), Cros (Toulouse, cap.), Cancoriet (Clermont) puis Tanga (Agen, 61e) – Jolmes (La Rochelle) puis Rebbadj (Toulon, 52e), Verhaeghe (Toulon) – Setiano (Toulon) puis Aldegheri (Toulouse, 52e) puis Setiano, 76e), J. Marchand (Toulouse) puis Lespiaucq (Pau, 61e), Tichit (Castres) puis Béthune (Agen, 52e).
Entraîneurs: Christophe Urios (Castres) et Xavier Garbajosa (La Rochelle).

2018

Otago Highlanders-Barbarians français : 29-10 (5-3)

Le 22 juin 2018, au Rugby Park Stadium d'Invercargill.
Temps froid (5 °C). Bon éclairage. 10 000 spectateurs
Arbitre : M. Fraser (Nouvelle-Zélande).
Highlanders : 5 essais, Lentjes (17e), McKay (47e), Sopoaga (61e), Pleasants-Tate (67e), Thompson (79e) ; 2 transformations, Sopoaga (61e), Ioane (79e).
Barbarians français : 1 essai, Bonneval (80e + 2') ; 1 transformation, Dumora ; 1 pénalité, Doussain (13e).
Highlanders : McKay – Faddes (J.Ioane, 51e), Thompson, Buckman (Umaga-Jensen, 60e), Li (Buckman, 60e) – (o) Sopoaga, (m) Renton (Hammington, 51e) – Lentjes, E.Dixon (Mikaele Tu'u, 67e), J.Dickson (Pryor, 51e) – Parkinson, Ainley – Tokolahi (Lomar, 50e), A.Dixon (cap.) (Pleasants-Tate, 63e), Seiuli (Millar, 63e). **Entraîneur :** Aaron Mauger.
Barbarians français : Dumora (Castres) – Retière (La Rochelle), Penaud (Clermont), Fouyssac (Agen), Bonneval (Toulon) – (o) Doussain (LOU) (cap.) puis Balès (La Rochelle, 41e), (m) Daubagna (Pau) – Sobela (LOU) puis Bourgarit (La Rochelle, 67e), Sanconnie (Clermont) puis Cros (Toulouse, 61e), Tanga (Agen) puis Cancoriet (Clermont, 55e) – Rebbadj (Toulon), Verhaeghe (Toulon) puis Jolmes (La Rochelle, 69e) – S. Taofifenua (Toulon) puis Setiano (Toulon, 51e), Lespiaucq (Pau) puis J. Marchand (Toulouse, 51e), Béthune (Agen) puis Tichit (Castres, 51e).
Entraîneurs : Christophe Urios (Castres) et Xavier Garbajosa (La Rochelle).

Barbarians français - Tonga : 38-49 (7-28)

Le 10 novembre 2018, à Bordeaux (Stade Chaban-Delmas).
Pluie. Terrain glissant. 12 542 spectateurs.
Arbitre : M. Dan Jones (pays de Galles)
Barbarians français : 6 essais, Daubagna (34e), Ntamack (52e), Barassi (62e), Laveau (66e), Reilhac (69e), Laporte (77e) ; 4 transformations, Carbonel (34e, 53e), Ntamack (62e), Balès (78e).
Tonga : 7 essais, Fisi'ihoi (4e), Takulua (15e, 48e), Vailanu (28e), Taufa (40e + 1'), Fosita (54e), Lilo (59e) ; 7 transformations, Takulua.
Cartons jaunes : Barbarians : Rebbadj (43e). Tonga : Sakalia (75e).
Barbarians français : Hamdaoui (Stade Français), (Retière (La Rochelle), 57e) – Laporte (Agen), Barassi (LOU), Ntamack (Toulouse), Laveau (Castres) – (o) Carbonel (Toulon) puis Reilhac (Montpellier, 60e), (m) Daubagna (Pau), Balès (La Rochelle), 51e) – Joseph (Racing 92), Sobela (LOU, cap.) puis Godener (Grenoble, 57e), Cretin (LOU) – Jolmes (La Rochelle), Rebbadj (Toulon) puis Palu (Racing 92, 57e) – Guillamon (Montpellier) puis Hamadache (Pau, 45e), Pélissié (UBB Bordeaux-Bègles) puis Baubigny (Racing 92, 6e), Béthune (Agen) puis Gros (Toulon, 67e).
Tonga : Lilo – Lolohea puis Vaeno (63e), Taufa, Piutau (cap), Kilioni – (o) Morath (Fosita, 34e, puis Fukofuka (60e), (m) Takulua – Vailanu, Lokotui puis Kapeli (49e), Faleafa – Fifita, Ulufonua puis Mapapalangi (70e) – Fia puis Tameifuna (40e), Ngauamo puis Sakalia (57e), Fisi'ihoi puis Fahamokioa (56e).

2021

Barbarians français - Tonga : 42-17 (21-10)

Le 13 novembre 2021, à Lyon (Matmut Stadium de Gerland).
Temps frais. 11 266 spectateurs.
Arbitre : M. Nika Amashukeli (Géorgie).
Barbarians français : 6 essais, Tekori (9e), Lambey (23e), Acébès (40e, 52e), Ravouvou (45e, 57e), Hirigoyen (53e) ; 6 transformations, Belleau.
Tonga : 2 essais, Tutuila Vaea (31e), Hingano (69e) ; 2 transformations, 1 B (22e), Faiva.
Cartons jaunes : Barbarians : Falgoux (30e). Tonga : Kata (43e), Faleafa (74e).
Barbarians français : Laporte (LOU) pui Retière (La Rochelle, 57e) – Ravouvou (Bayonne-FID) puis Tchaptchet (LOU, 58e), Combezou (Castres) puis Hervé (Brive, 59e), Acébès (USAP), Laveau (Castres) – (o) Belleau (Toulon), (m) Coly (Mont-de-Marsan) puis Blanc (Toulon, 54e) – Hirigoyen (Biarritz) puis Bachelier (USAP, 71e), Habel-Kueffner (Pau-SAM), Bachelier (USAP) puis Abadie (Brive, 58e) – Tekori (cap.) (Toulouse-SAM) puis Sazy (La Rochelle, 51e), Lambey (LOU) – Corato (Pau) puis Yaméogo (Montauban, 60e), Maynadier (Bordeaux-Bègles) puis G.Marchand (LOU, 51e), Falgoux (Clermont) puis Béthune (Stade Français, 51e).
Entraîneurs : Christian Labit (Carcassonne) et Xavier Garbajosa (sans club).
Tonga : Haisila puis Latunipulu (51e) – W. Fifita, Taumoepeau, Tutuila Vaea puis Hingano (60e), Kata puis Halo (60e) – (o) Faiva, (m) Taka – Kafatolu puis Lokotui (71e), Timani, Halaifonua – Funaki puis Faleafa (55e), L. Fifita – Tameifuna puis Lolohea (63e), Maile puis Ngauamo (60e), Fisi'ihoi puis Felemi (63e).

2022

Barbarians français - Fidji : 14-46 (7-26)

Le 19 novembre 2022, à Lille (Pierre-Mauroy).
Temps frais et couvert. 18 762 spectateurs.
Barbarians français : 2 essais, Roumat (20e), Zegueur (44e) ; 2 transformations, Machenaud.
Fidji : 7 essais, Nayacalevu (11e), Wainiqolo (22e, 64e), Habosi (35e, 80e + 3'), Ratuniyarawa (40e), Maqala (60e) ; 4 transformations (11e, 35e, 40e, 64e), 1 pénalité (52e), Volavola.
Carton jaune : Popelin (70e) pour les Barbarians.
Barbarians français : Bielle-Biarey (UBB) – Nakaitaci (Lyon), Parisien (Lyon), Tauzin (Toulouse), Bonneval (Toulouse) puis Smaïli (Toulon, 54e) – (o) Barré (Stade Français) puis Popelin (La Rochelle, 41e), (m) Machenaud (cap.) (Bayonne) puis Pélissié (Lyon, 41e) – Zegueur (Pau), Roumat (Toulouse), Tixeront (Clermont) puis Le Corvec (Toulon, 49e) –Tanguy (Toulon), Kornath (Castres) puis Maximin (Pau, 46e) – Azar (Castres) puis Joly (USAP, 46e), Tarrit (Racing 92) puis Velarte (USAP, 46e), Bibi Biziwu (Clermont) puis Brennan (Brive), 46e).
Entraîneurs : Christian Labit (Carcassonne, Pro D2) et Frédéric Charrier (UBB).
Fidji : Tuicuvu (Brive) – Wainiqolo (Toulon), Nayacalevu (cap.) (Toulon) puis Maqala (Bayonne, 46e), Ravouvou puis Cocagi (Castres, 70e), Habosi (Racing 92) – (o) Volavola (cap.) (Racing 92), (m) Kuruvoli puis Matawalu (56e) – Kamikamica (Racing 92) puis Dolokoto (72e), Mata puis Bonasso (41e), Nasilasila – Mayanavanua (Lyon) puis Dyer (Biarritz, 64e), Ratuniyarawa – Saulo (Cognac-Saint Jean d'Angély, Nat.1) puis Tagi (Provence Rugby, 62e), Matavesi puis Ikanivere (66e), Mawi (Natave, 62e).
Entraîneur : Vern Cotter (NZL).

Bordeaux, terre « barbarianne »

En France, c'est Bordeaux qui accueilli le plus souvent les Barbarians. Sur leurs 34 matchs joués sur le sol français, ils se sont produits à cinq reprises en terre girondine. Un match s'est joué à Sainte-Germaine, le stade du SBUC (1989), les quatre autres à Chaban-Delmas. Le stade Maillol de Toulon suit juste derrière, avec quatre matchs organisés au bord de la Rade.
5 matchs : Bordeaux (1 à Sainte-Germaine,1989 ; 4 à Chaban-Delmas, 2005, 2016, 2017, 2018)
4 : **Toulon** (stade Maillol, 1983, 1995, 2001, 2014)
3 : **Agen** (Armandie, 1980, 1986, 1990), **Clermont-Ferrand** (Marcel-Michelin, 1981, 1993, 2013) et **Grenoble** (Lesdiguières, 1984, 1993, 2010)
2 : **La Rochelle** (Marcel-Deflandre,1986, 1988), **Paris** (Charléty, 1994 ; Jean-Bouin, 2004) et **Biarritz** (Aguiléra,1997, 2007)
1 : **Bayonne** (Jean-Dauger), Dax (Parc municipal des sports,1982), **Cognac** (Parc des Sports, 1985), **Mont-de-Marsan** (Guy-Boniface,1988), **Brive** (Stadium, 1996), **Bourgoin-Jallieu** (Pierre-Rajon, 1998), **Lens** (Félix-Bollaert, 2000), **Narbonne** (Parc des sports et de l'amitié, 2003), **Toulouse** (Ernest-Wallon, 2009) et **Le Havre** (Stade Océane, 2012)

BARBARIANS

LES POINTS

Denis Charvet est le recordman des points inscrits sous le maillot des Barbarians français. En quinze apparitions sous le maillot bleu-bleu-bleu, dont deux à 7, il a marqué 91 points (5 essais, 10 transformations et 16 buts).
Jean-Baptiste Lafond reste le meilleur marqueur d'essais, avec 10 réalisations, une de plus que le TGV ariégeois, Patrick Estève. Lafond détient également le record de points inscrits par un Barbarian en un seul match : 29 des 41 de la victoire française contre l'Irlande, le 22 mai 1988 à La Rochelle (41-26), dans le cadre du jubilé de Jean-Pierre Élissalde.

Les points des Barbarians :
Victoires : 35.
Défaites : 25.
Pour : 1 809 points, soit une moyenne de 30 par match.
Contre : 1 561, soit 26 par match.
Score moyen : 30-26 par match.
Essais : 263 (dont 73 à 4 points et 190 à 5 points*), soit 4,4 par match.
Transformations : 174, soit 2,9 par match.
Buts de pénalité : 64, soit 1,06 par match.
Drops : 9, Romeu, G. Laporte, Delage, Botha (AFS), Montlaur, D. Camberabero, Th. Castaignède, Serevi (FID), Mélé.

PALMARÈS

Matchs, victoires, défaites
Afrique du Sud : 5 3 2
Australie : 5 2 3
Argentine : 8 3 5
Barbarians australiens : 1 1
Barbarians britanniques : 1 1
Barbarians sud-américains : 1 1
Bataillon de Joinville : 1 1
Buenos Aires RC : 1 1
Cambridge RUFC (ANG) : 1 1
Canada : 1 1
Crawshay's RFC (PDG.) : 1 1
Crusaders (NZL) : 1 1
Écosse : 2 2
Fidji : 2 2
Géorgie : 1 1
Harlequins (ANG) : 1 1
Highlanders (NZL) : 1 1
Irlande : 1 1
Japon : 4 4
Lansdowne RFC (IRL) : 1 1
Maoris Nouvelle-Zélande : 2 1 1
Namibie : 1 1
Nouvelle-zélande : 5 1 4
Pays de Galles : 1 1
Penarth RFC (PDG.) : 1 1
Rosario (ARG) : 1 1
Samoa : 1 1
Tonga : 2 2
Université Sydney : (AUS) 1 1
Western Province : (AFS) 1 1
XV Fira : 1 1
XV du Président : (1993) 1 1
XV du Président : (2003) 1 1
XV des Présidents : 1 1

TOTAL : 60 36 24

RUGBY A 7

Les Barbarians ont souvent été invités à participer à des tournois de rugby à 7. Ils ont même représenté le rugby français pendant cinq ans au prestigieux Hong Kong Sevens, entre 1984 et 1988. Pour leur première sortie à sept, en 1983, à Melrose, ils ont même remporté le tournoi du Centenaire, organisé pour fêter les cent ans de la naissance du rugby à 7, en Écosse. En 2020, reprenant une vieille tradition, les Barbarians ont engagé une équipe à la première édition du Supersevens, organisé dans l'enceinte de l'UArena, à Nanterre. Ils s'inclinèrent en quart de finale, face aux futurs vainqueurs, le Racing 92.
Les tournois à 7 disputés par les Barbarians :
1983 : Melrose (ECO)
1984 : Melrose (ECO) et Hong Kong
1985 : Hong Kong
1986 : Hong Kong
1987 : Hong Kong et Sydney (AUS)
1988 : Hong Kong
1996 : Air France Sevens Paris
1997 : Air France Sevens Paris
1998 : Air France Sevens Paris
1999 : Punta del Este (URU) et Air France Sevens Paris
2000 : Air France Sevens Paris
2020 : Supersevens du Paris-La Défense Arena
2021 : Supersevens du Paris-la Défense Arena
2022 : Supersevens du Paris-la Défense Arena

TABLE DES MATIÈRES

ANNEXES

REMERCIEMENTS

L'auteur tient à remercier : Francis Deltral, Guy Savoy, Gareth Edwards, Richard Bohringer.
Jean-Pierre Bastiat, trop tôt disparu, et tous ses copains Baa Baas de la première heure : JPR, son fantôme préféré, Gérard, Alain, « Patou », Jeff, « la Palme », Jean-Claude, Jacques, « le petit caporal », JPR 2, le gaulois moustachu, Jean-Luc, Roland, François, Dominique et Jean-Mi. Jacques Brunel, Jean-Luc Joinel, Richard Astre, Jo Maso, Serge Blanco, Serge Kampf. Antoine Dupont, Fabien Galthié. Que ceux que j'oublie me pardonnent… comme je pardonne à ceux qui m'ont offensé ! Amen ! Trop tard, la messe est dite !

Crédits

Collection Christian Salive : p. 21
DR : p. 4-5, 22-23, 78, 81
Getty Images/Bob Thomas/Popperfoto : p. 15 ; Mike Brett/Popperfoto : couverture, p. 18
Patrick Derewiany/Midi Olympique : p. 90-91, 128-129, 130
Pressesports : 4e de couverture, p. 8, 28, 32, 40, 47, 48, 50, 55, 56, 107 ; Alain Mounic : couverture, p. 13, 108-109, 117 ; Christian Rochard : p. 72, 92 ; Daniel Bardou : p. 100 ; Denys Clément : p. 64, 74, 126 ; Franck Séguin : p. 39 ; Frédéric Stucin : p. 123 ; Jean-Claude Pichon : couverture, p. 87 ; Jean-François Robert : p. 37 ; Jean-Marc Pochat : p. 99 ; Marc Francotte : p. 68-69 ; Nicolas Luttiau : p. 82, 96 ; Pierre Lahalle : p. 6 ; Robert Legros : p. 62, 88 ; Romain Perrocheau : p. 60, 114 ; Western Mail Archive/MirrorPix : p. 24

MIXTE
Papier issu de
sources responsables
FSC™ C003309

Les papiers utilisés dans cet ouvrage
sont issus de forêts durablement gérées.

Gravure : Les Caméléons, Paris
Achevé d'imprimer en septembre 2023 par Pollina en France - 47709
ZI de Chasnais - 85407 Luçon Cedex
ISBN : 9782749166100
Dépôt légal : septembre 2023